균형의 마음, 우뻬카

프라즈냐 총서
42

균형의 마음, 우뻬카

| 불교수행에서 우뻬카의 역할과 기능, 그 실천적인 성격에 대한 고찰 |

박재은 著

운주사

머리말

우뻬카(upekhā, upekkhā)는 마음이 어느 한쪽으로 기울거나 치우치지 않도록 조절해주는 기능을 가진 정신적인 요소이다. 개인적인 상념이나 편견 등에 의해서 특정한 정신적인 요소들이 부족하거나, 아니면 과도하게 넘칠 경우 마음은 안정을 잃고서 동요한다. 그러면 우뻬카는 부족한 부분은 채우고 넘치는 부분은 줄이는 방향으로 움직여서 곧 동요를 잠재운다. 동요를 가라앉히고 안정을 유지하는 일이 가능한 이유는 정신적인 요소들이 고르게 조화를 이루어 균형감을 회복했기 때문이다.

균형감을 바탕으로 한 고요한 평정심과 공평한 관찰력은 우뻬카의 대표적인 기능인데, 여기서 평정심이 정서적인 차원이라면 관찰력은 지성적인 차원에 해당할 수 있다. 일단 마음이 균형을 잃으면 쉽게 동요할 수 있어서 내적인 고요함이나 공정하게 대상을 바라보는 힘은 약해질 수밖에 없다. 따라서 균형감은 무엇보다 가장 중요한 특성으로 작용한다.

대표적인 불교 수행법으로는 계율을 바탕으로 한 싸마타의 선정과 위빳싸나의 통찰 수행을 병행하는 방법이 제시된다. 이른바 계율과 선정, 지혜가 모두 포함된 체계로서 여기에는 점차적인 닦음에 의해서 최종의 완성을 향해 나아가는 일련의 방법들이 총동원된다. 그리고 그러한 점진적인 향상의 과정에서 싸띠(sati)와 같은 경우는 싸마타의 선정과 위빳싸나의 통찰 수행에서 반드시 필요로 하는 핵심적인 기법으로 소개된다.

근래에 들어 싸띠에 대한 활발한 학문적인 연구 성과에 힘입어 그 주요 기법은 신심의 병리적인 현상에 접목되기 시작하였고, 그 결과 치유적인 차원의 가시적인 효과가 인정되면서 그간 적지 않은 세간의 관심을 받아오고 있다. 그렇지만 싸띠에는 우뻬카의 기능적인 장점이, 반면에 우뻬카에는 싸띠의 기능적인 장점이 발견되지 않는다. 싸띠가 대상에 마음을 확고하게 붙여두고 집중력을 키우거나 유지할 때, 그리고 법(현상)의 본질을 파악할 때 우뻬카는 동요하지 않는 고요한 평정심과 공평한 관찰이 이루어지도록 정신적인 균형감을 유지한다. 한편으로 싸띠의 확립은 곧 우뻬카의 동반성장을 가져오므로 우뻬카 단독만으로는 또한 완전해지기 어렵다. 이들은 서로를 성립시키면서 상호관계를 지속적으로 유지해 나가야만 최종의 목표에 원만히 도달할 수 있다.

우뻬카는 그것이 지닌 여러 가지 장점과 실질적인 효용에도 불구하고 그동안 별다른 주목을 받지 못한 채 주로 담론의 중심 밖에 머물러 왔다. 그에 따라서 이 글은 우뻬카의 고유한 기능과 기본적인 특성에 초점을 맞추고, 불교 수행에 있어서 우뻬카의 역할과 필요성, 그리고 현실적인 유용성 등에 대하여 검토해 보고자 한다.

이러한 논의를 위해서 빠알리(Pāli)어로 쓰인 문헌들이 기본 텍스트로 제시될 것이다. 현재 빠알리 문헌들은 현존하는 경장 중에서 가장 잘 정비된 형태의 니까야(Nikāya)와 함께 이후에 전개된 아비담마 논장을 비롯한 주석서들과 율장의 체계를 온전히 보유하고 있기 때문에 비교적 일관성 있는 논의가 이루어질 수 있는 장점을 지니고 있다. 오부五部 니까야를 주 텍스트로 하되 그 밖에 니까야의 주석서와 논장, 논장의 주석서들을 보조 자료로써 활용할 것이다. 그리고 후대에 성립한 아비담마 강요서인 『아비담맛타쌍가하(*Abhidhammatthasaṅgaha*)』도 함께 살펴볼 것이다. 또한 비교 고찰을 위해서 필요할 경우 싼쓰끄리뜨(Sanskrit)어본의 한역 경전인 아함경(Āgama)과 북방 아비담마 논서인 『아비달마구사론』이 참고로 제시된다. 여기에 더하여 근현대 제 문헌 및 연구 논문들에 대한 성과도 비판적으로 검토해서 활용할 것이다. 상좌부불교에서 전개된 우뻬카에 대한 이해를 도모하기 위해서는 『위쑫디막가(*Visuddhimagga*)』, 이른바 『청정도론淸淨道論』을 저본으로 하였다. 현재 우뻬카에 대한 논의는 대부분 이 문헌을 토대로 이루어지고 있는 실정이기 때문에 특히 주목해야 할 필요가 있다. 이상의 텍스트와 문헌자료들을 바탕으로 이 책은 다음의 순서와 내용으로 구성된다.

제1장은 우뻬카의 어원적인 개념 및 사전적인 의미를 살펴보고, 근현대 문헌들에서 이루어진 우뻬카에 대한 이해와 현대적인 해석의 양상을 추적한다.

제2장은 초기불교의 의미와 성립 인연, 문헌사적인 범주 및 내용을 정리한 다음, 초기불교의 실천수행도인 37보리분법의 구도 안에서 우뻬카의 수행적인 위치를 점검한다. 그리고 같은 방식으로 상좌부불교의 의미와 배경, 삼장의 성립과 구성에 대하여 정리한 다음, 상좌부불교의 특색을 이루는 40업처業處 수행에서 우뻬카의 수행적인 위치를 정립한다. 이러한 과정에 의해서 초기 및 상좌부불교의 의미와 범주가

보다 분명하게 드러나게 되며, 아울러 초기경전인 빠알리니까야는 비록 현재의 상좌부불교의 전적이지만 문헌사적인 관점에서 보면 초기불교와 상좌부불교는 서로 구분된다는 사실을 알 수 있다.

제3장은 초기불교에 있어서 우뻬카의 종류에 따른 기능과 특성을 알아본다. 이는 우뻬카의 고유성을 파악하기 위한 시도로서 지금까지 알려진 것보다 좀 더 다채롭고 폭넓게 우뻬카에 대한 이해의 지평을 넓힐 수 있다.

제4장은 상좌부불교 전승의 아비담마 논서와 그 주석서들에 나타나는 우뻬카에 대한 설명과 이해방식을 살펴본다. 그리고 『위쑫디막가』가 전하는 우뻬카에 대한 분류방식을 초기경전을 준거로 비교분석해본 다음 공통점과 차이점, 그리고 문제점을 함께 짚어본다. 이러한 논의를 통하면 초기경전에서 출발해 후대 상좌부불교로 이어지면서 전개된 추이를 파악할 수 있기 때문에 보다 명료하게 이론적인 토대를 확보할 수 있다. 그런 다음에 『위쑫디막가』에 나타난 이해방식과는 차별되는 대안을 제시해 봄으로써 우뻬카가 지닌 다원적인 측면을 강조한다.

제5장은 싸마타의 선정 수행에서 우뻬카의 기능과 역할을 점검하고, 선정 수행에서 도구로써 활용되기도 하는 지닌 심해탈에 대한 우뻬카가 지닌 내용적인 장점과 특징을 알아본다. 그리고 네 번째 선정에서 우뻬카와 싸띠는 상보적이라는 구도를 통해서 싸띠를 지지하는 우뻬카의 활동성에 대해서 논의한다. 이어서 상수멸想受滅에서 우뻬카의 수행적인 위치를 점검해 보고, 이를 토대로 구차제주九次第住에서 그 정점에 놓인 상수멸의 수행론적 의의에 대한 비판적인 검토를

시도한다. 그런 다음에 싸마타 수행과 위빳싸나 수행을 연결시켜주는 일종의 교량적인 역할의 가능성을 지닌 우뻬카를 상정한다.

제6장은 위빳싸나의 사념처 수행에서 우뻬카의 기능과 역할을 점검하고, 『쿧다까니까야(*Khuddakanikāya*)』에 편입된 『빠띠쌈비다막가(*Paṭisambhidāmagga*)』에 보이는 우뻬카의 용례를 소개한다. 그리고 붓다의 입멸이 네 번째 선정에서 이루어진 이유를, 네 번째 선정의 요소로서 두각을 나타내는 우뻬카의 활동성을 예로 들어 추정해 본다.

제7장은 성인이 닦아야 하는 우뻬카바라밀의 성격은 무엇인지, 또 성인의 성취과정에서 족쇄를 제거하기 위해서 우뻬카는 어떠한 역할을 할 수 있는지, 그리고 완전함을 이룬 아라한의 내면은 어떤 상태를 유지하는지에 대하여 차례대로 논의한다.

제8장은 마지막으로 우뻬카를 계발하고 유지하기 위해서 필요한 일상의 현실적인 노력들을 알아본다.

이러한 논의를 통해 다음과 같은 효과를 기대해 볼 수 있을 것이다. 먼저, 지금까지 알려진 방식에 의한 것보다 좀 더 다각적인 측면에서 우뻬카에 대한 이해를 도모할 수 있다. 그리고 초기불교를 계승한 상좌부불교 전통에서 전개된 전승적인 추이를 파악함으로써 우뻬카에 대한 보다 명료한 이론적인 차원의 토대를 확보할 수 있다. 또한 우뻬카가 지닌 실질적인 역할과 기능에 대해서 사전에 숙지함으로써 수행의 기제를 보다 효과적으로 이해할 수 있기 때문에 실수實修에 있어서 도움이 될 수 있다. 뿐만 아니라 싸띠가 활동할 때 우뻬카도 요청되기 때문에 싸띠와 우뻬카의 동반 필요성에 새로이 주의를 환기

시킬 수 있다. 게다가 출가자는 물론 보다 안정적이고 여유로운 삶을 추구하는 재가자에게도 유용한 생활 태도라는 점에서 일상에 접목 활용될 수 있는 하나의 계기가 마련될 수 있다.

어느 날인가 수행 관련 자료를 보다가 문득 우뻬카에 대한 관심이 생기기 시작하였다. 그 시작의 발단은 다름 아닌 '괴롭지도 즐겁지도 않은 우뻬카'란 표현이 주는 모호함 때문이었다. 괴롭지도 즐겁지도 않으면 그들의 중간을 말하는가? 그렇다면 그 중간의 상태는 구체적으로 무얼 의미하는가? 간혹 중간자적인 입장을 두고서 이도 저도 아닌 무덤덤함이나 무관심 또는 냉담함과 같은 것이라고 말하기도 하는데, 그래도 상관없는 표현인가? 경전에 따르면 신체적·정신적으로 괴롭지도 즐겁지도 않은 우뻬카는 특히 색계 네 번째 선정이나 번뇌를 제거하고 완전함을 이룬 상태에서 발현되는 정신적인 요소이기도 하다. 그렇다면 일시적이거나 아니면 완전하게 정화된 마음에서 발현되는 것일진대 무덤덤함이나 무관심, 냉담함 등과는 뭔가 달라야만 하는 어떤 것은 아닌가?

그러한 단순한 호기심과 의문을 가진 덕에 꽤나 생경스럽게 느껴졌던 우뻬카를 비교적 원석의 모습 그대로 대면할 수 있었다. 글의 중반부 정도에 이를 때까지만 해도 별다른 느낌 없이 담담했지만, 우뻬카에 내재된 매력에 이끌리기 시작하면서 어느 때부터인가는 차츰 감흥이 더해가기 시작했던 것 같다. 미로를 헤매던 것과 같던 초반의 막연함은 서서히 걷히고 거칠게나마 그 출구를 가늠해볼 수 있게 된 지금, 잠시 동안에 그치고 마는 지적인 만족으로서가 아닌,

내 삶과 유리될 수 없는 것으로서 우빠카는 늘 함께해야 할 마음의 양식임을 비로소 절감한다.

이 글은 필자의 박사학위논문을 전거로 작성된 것인데, 한동안의 시간이 흐른 후 논문을 다시 넘겨보니 미진한 부분들이 새삼스러이 눈에 들어와 부끄러운 마음 감출 길이 없었다. 따라서 내용을 다시 점검하여 수정하고, 덧붙여 그간의 실수實修를 통한 체험적인 앎의 내용을 보완해서 정리하였다. 누구보다 출판을 권유하시고 또 그 과정에서 격려를 아끼지 않으면서 함께해주신 밝은사람들연구소 박찬욱 소장님께 먼저 깊은 감사의 말씀을 올린다. 그리고 본 연구의 결과물이 나오기까지 이끌어주신 지도교수님께 감사의 말씀을 드린다. 끝으로 부족함에도 불구하고 선뜻 출판에 응해주신 운주사 대표님과 관계자분들의 수고로움에도 감사한 마음을 전한다.

2018년 11월

박재은

머리말 • 5
약어 • 17

제1장 우뻬카의 의미 19

제2장 불교의 구성과 우뻬카의 수행적 위치 33

1. 초기불교 • 33
   1) 초기불교의 의미와 배경 • 33
   2) 문헌사적 범주 • 42
   3) 경장 및 율장 • 46
      (1) 경장經藏, Suttapiṭaka • 46
      (2) 율장律藏, Vinayapiṭaka • 52
   4) 37보리분법에서 우뻬카의 위치 • 54
2. 상좌부불교 • 60
   1) 상좌부불교의 의미와 배경 • 60
   2) 삼장의 성립 • 63
   3) 경장 및 율장 • 66
   4) 논장論藏, Abhidhammapiṭaka • 74
   5)『위쑫디막가(*Visuddhimagga*)』• 77
   6)『아비담맏타쌍가하(*Abhidhammatthasaṅgaha*)』• 78
   7) 40업처業處에서 우뻬카의 위치 • 80

제3장 다차원적 스펙트럼; 초기불교 수행의 우뻬카 89

1. 종류 • 89
2. 기능과 특성 • 116

제4장 전승 및 비선형적 전개; 상좌부불교 수행의 우뻬카 123

1. 아비담마 논서와 주석서 • 123
2. 『위숟디막가(*Visuddhimagga*)』 • 131
   1) 『위숟디막가』의 수행론 • 131
   2) 우뻬카의 기능적 분류와 특징 • 134
   3) 초기경전과 『위숟디막가』의 비교 • 138
   4) 기능적 분류가 지닌 제한적인 성격 • 140
      (1) 기능적 분류의 문제 • 141
      (2) 따뜨라맞잔따따(Tatramajjhattatā)의 오류 • 155
   5) 대안적인 분류법 제시 • 157

제5장 고요한 평정; 싸마타 수행의 우뻬카 169

1. 색계 선정(rūpajhāna, 色界禪定) • 170
   1) 선정의 요소와 우뻬카의 관계 • 170
   2) 네 번째 선정에서 우뻬카와 싸띠(sati)의 상보성 • 182

2. 무색계 선정(arūpajhāna, 無色界色定) • 191
3. 심해탈心解脫에 대한 우뻬카 • 197
4. 상수멸(saññāvedayitanirodha, 想受滅)의 재평가 • 204
1) 우뻬카의 연속과 불연속성 • 204
2) 불연속성이 지닌 문제 • 212
5. 위빳싸나와의 교량적 역할 • 229

제6장 공평한 관찰;
위빳싸나 수행의 우뻬카 239

1. 사념처와의 밀접성 • 239
2. 쌍카라우뻬카-냐나(saṅkhārupekkhāñāṇa) • 247
3. 붓다의 반열반 • 251

제7장 우뻬카의 완성과 유지 259

1. 우뻬카바라밀(Pārami)의 수습 • 259
2. 족쇄(saṁyojana, 足鎖) 제거 • 263
3. 아라한(arahant) • 280

약어

AN: *Aṅguttara-nikāya*

Abhidh-s: *Abhidhammatthasaṅgaha*

DN: *Dīgha-nikāya*

Dhp: *Dhammapada*

Dhp-a: *Dhammapada Aṭṭhakathā*

Dhs: *Dhammasangaṇi*

Dhs-a: *The Atthasālinī*

It.: *Iti-vuttaka*

Kv: *Kathāvatthu*

Kv-a: *Kathāvatthuppakaraṇa-Aṭṭhakathā*

MN: *Majjhima-nikāya*

Mp: *Manoratha-pūraṇī*

Nett: *Netti-Pakaraṇa*

Nd Ⅰ: *Maha-Niddesa*

Pp: *Puggala-Paññatti*

Pp-a: *Puggala-Paññatti Atthakathā*

Ps: *Papañcasūdanī*

Pj Ⅱ: *Paramatthajotikā*

Paṭis: *Paṭisambhidāmagga*

Paṭis-a: *Paṭisambhidāmagga Atthakathā(Saddhamma-Pakāsinī)*

Pp: *Puggalapaññatti*

SN: *Saṃyutta-nikāya*

Spk: *Sārattha-Ppakāsinī*

Sn: *Sutta Nipāta*

Sv: *Sumaṅgala--vilāsinī*

Th and Thī: *Thera and Therī-Gāthā*

Vism: *The Visuddhimagga of Buddhaghosa*

Vibh: *Vibhaṅga*

Vin: *Vinaya Piṭaka*

T:『大正新修大藏經』

제1장 우빼카의 의미

우빼카는 빠알리(Pāli)어 'upekhā', 또는 'upekkhā(sk. upekṣā)'[1]를 우리말로 음사한 것이다. 'upekkhā'는 'upa'와 '√īkṣ'의 합성어인데 여기서 'upa'는 '위에', '보다 높은', '가까운', '아주', '조금' 등의 뜻을 가지는 부사어이고, 'īkṣ'는 'ikkhati(to look)'라는 동사의 명사형 어미이다. 그러므로 어원상으로 볼 때 이 술어는 위쪽 방향이나 아주 가까운 곳에서 어떤 대상을 바라보는 행위와 관련되어 있다는 사실을 알 수 있다.

보통 우리말로 옮길 때는 '중립', '공평', '평정', '침착', '무관심', '무관심하게 바라봄', '평온', '괴롭지도 즐겁지도 않은 신체적인 느낌'이나 '괴롭지도 즐겁지도 않은 정신적인 느낌' 등 여러 형태가 쓰인다.

---

1 문헌에는 'upekkhā'와 'upekhā'를 별다른 구분 없이 혼용하지만, 여기서는 보다 일반적으로 통용되는 'upekkhā'를 사용하고, 그것의 우리말 음사는 '우뻭카' 대신에 보다 순화된 형태인 '우빼카(upekhā)'로 대신한다.

영어로는 'look on(in an uninterested way)', 'disregard', 'equanimity', 'disinterestedness', 'hedonic neutrality', 'neutral feeling or zero point between joy & sorrow', 'indifference', 'calm' 등으로 영역된다.[2] 싼쓰끄리뜨(sanskrit)어로는 '우뻭샤(upekṣā)'인데 이는 고대 인도의 대서사시 『라마야나(*Ramayana*)』, 『마하바라타(*Mahabharata*)』 등의 문헌에서 무시無視나 묵시默視의 의미로 사용되며, 요가의 수습修習 과정 중에도 나타난다. 싱할라어(Singhalese)로는 무시나 무관심, 냉정이나 중용中庸 또는 평범함 등의 의미가 있다.[3] 한자로는 '사捨'로 옮기는데 이 '사'의 의미는 버리고 그냥 내버려두는 것이다. '짜가(cāga)'의 한역도 동일하게 '사捨'로 옮기지만 이 경우는 '베푼다'는 의미를 지닌 '시施'가 되어 그 쓰임은 구분된다.[4] 또한 마음(心)에 수반되는 정신적 요소인 심소心所들 중의 하나로 소개되기도 하는데, 이때는 마음이 한쪽으로 치우치지 않게 해주고 혼침昏沈과 도거掉擧가 사라져서 생각에 잠긴다거나, 그와 반대로 들뜨지 않고 평정이나 평등을 유지시켜주는 작용을 하기 때문에 종종 '무관심'으로 불리기도 한다.[5]

이상에서 열거한 우리말 표현들, 즉 '무관심', '무관심하게 바라봄', '공평', '평정', '침착', '평온', '중립', '냉담함', '괴롭지도 즐겁지도 않은

---

2 Andersen, Dines and Helmer, Smith. ed.(1924~1948), vol.2, p.506; T. W. Rhys Davids & William Stede(1986), p.150; Ven. Nyanatiloka(2004), p.220; 전재성(2005), p.264.

3 柏原信行(1999), p.846.

4 예를 들어 싸마타(samatha)의 수행 주제인 십수념十隨念에서 사수념捨隨念은 같은 '捨'로 한역하지만 이때는 베풂이나 보시(施, cāga)의 의미이다.

5 水野弘元(2005), p.69.

신체적인 느낌', '괴롭지도 즐겁지도 않은 정신적인 느낌'들은 대부분 우뻬카에 대한 개념적인 이해를 돕고 있지만 일부는 본래적인 의도와는 다소 동떨어진 의미를 지니기도 한다. 이 문제에 대한 진위는 이후 초기불교에 나타난 우뻬카의 용례들을 검토하는 장에서 보다 구체적으로 논의될 것이다.

비록 우뻬카의 표현방식은 이처럼 다양하지만 그 진위 여부를 떠나서 이들의 중요한 공통점이 발견된다. 그것은 마음이 어느 한쪽으로 기울거나 치우치지 않고 일정하게 고른 균형의 상태를 유지한다는 점이다. '균형'은 우뻬카가 지닌 중요한 공통적인 특성으로 작용한다. '공평公平'이나 '평정平靜'도 마찬가지로 균형의 상태를 의미하지만 이들은 무게 중심을 어디에 두느냐에 따라서 달리 표현될 수 있다. 공평은 지적인 판단을 하는 데 있어서 편파적이지 않고 공정한 것이고, 평정은 보다 감성적인 측면에 대한 것으로서 고요하고 평온하다거나 침착하여 동요가 없는 것이다. 말하자면 공평이 지성적인(intellectual) 차원에 대한 것이라면, 평정은 정서적인(emotional) 차원에 보다 무게가 실린 표현인 것이다. 공평이나 평정은 균형이 전제되지 않으면 성립할 수 없다. 균형이 없으면 공평하기 어렵고, 공평하지 않으면 쉽게 평정을 잃는다. 공평이나 평정이 있는 곳엔 반드시 균형의 마음이 자리 잡는다. 공평, 평정, 균형은 기능과 특성에 따른 구분일 뿐, 동일한 의미의 서로 다른 표현에 불과하다. 우뻬카는 균형감을 바탕으로 한 '공평한 관찰'과 '고요한 평정'의 기능과 특성을 담지한다.

'공평'의 경우는 특히 우뻬카의 어원 'upa+√īkṣ'에서 'upa'에 대한 이해와 직접적인 관련이 있다. 이때는 'upa'가 가진 '근접해서(near)'라는 의미에 초점을 맞추어서 '가까이 응시하다' 또는 '밀착해서 보다'라고 해석한다. 공평은 공정한 관찰 태도를 가지고 대상을 바라보며(ajjhupekkhanā) '장애(nivaraṇa) 없이' 사물을 주시하는 태도이다. 여기서 장애 'nivaraṇa'는 'nis(밖으로)+√vṛ(to cover)'에서 파생된 중성명사로 '덮어버림'이라는 문자적인 뜻에서 장애로 옮기고 '개蓋'로 한역한다.[6] 장애 없이 사물을 주시하는 태도는 주관적인 상념이나 관념을 배제한 채 가까이서 면밀하면서도 공평하게 관찰하는 것이다.[7]

그런가 하면, 'upa'는 '~를 향하여(toward)'란 의미로 쓰일 때가 있다. 이때는 '거리상 떨어져서 보는 상태(over-looking a situation from a distance)'가 된다.[8] 일정하게 거리를 두고 바라보는 행위는 장애 없이 사물을 주시하는 태도, 즉 주관적인 상념이나 관념을 배제하고 공평하게 관찰하는 태도와 다름 아니다. 거리를 두고 바라보는 태도는 주관성을 배제하기 위해서 취해야 할 선제조건이다. 다만 대상과의 간격을 유지하되 강한 집중력을 가지고 면밀하게 살피고 관찰한다.

또한 'upa'를 'yuttito(치우치지 않게, impartially)'라고 하여 'yuttito ikkhati', 즉 '편파적이지 않게 바라보다'로 해석할 때는 균형 잡힌 마음으로 대상을 관찰하는 것이다.[9] 대상을 편파적이지 않게 바라보는 행위와 주관성을 배제한 공평한 관찰 태도는 의미상으로는 서로 동일

6 대림·각묵스님(2009), pp.596~597.

7 Bhikkhu Ñāṇamoli(1982), p.135; 임승택(2001), p.113.

8 Anālayo(2012), p.238.

9 Nārada Mahā Thera(1980), p.53.

하다.

정리하면, 'upa'가 '가까이'란 뜻으로 불릴 때는 공평한 관찰 태도를, '~를 향하여'란 식으로 이해할 때는 주관성을 배제한 관찰 태도를, 그리고 '치우치지 않게'라고 해석할 때는 '편파적이지 않게 관찰하는 태도'가 된다. 이와 같이 'upa'는 '공평한', '주관성을 배제한', '편파적이지 않은' 관찰 태도 등과 같이 몇 가지 해석의 틀을 제공하지만, 한쪽으로 치우치거나 쏠리지 않는 고른 균형감은 이들이 지닌 공통적인 특성으로 작용한다.

그런데 우뻬카는 '어느 한쪽으로 치우치지 않는' 특성이 있기 때문에 흔히 중도(majjhimapaṭipadā, 中道)와 개념적으로 서로 혼동하기 쉽다. 이들은 외견상으로 유사한 듯 보이지만 실제로는 그렇지 않다. 일반적으로 중도는 이론과 실천의 두 가지 측면으로 이해할 수 있다. 연기를 바르게 보는 정견正見이 이론적이라면, 팔정도에 대한 올바른(majjhima, 中) 수습은 곧 실천적인 측면이 된다. 이론과 실천을 고루 겸비하면서 진행되는 중도의 실현과정에서 우뻬카는 중도가 원만히 이루어질 수 있도록 일종의 기술적인 힘을 제공해주는 역할을 한다. 중도의 실현과정은 우뻬카에 의해서 지지되며 중도의 완성에 있어서 그 정점에 위치한다. 다시 말해 팔정도를 올바로 실천해서 구경의 정견을 성취하는 것이 중도가 표방하는 목표라면, 우뻬카는 그러한 목표에 도달하게끔 이끌어주는 수단이자 최종적인 결과와도 함께한다.

그럼 여기서 근현대에 진행되어온 우뻬카에 대한 이해방식을 살펴보는 것도 흥미로울 것이다. 먼저 게틴(R. M. L. Gethin)의 경우를 주목해보자. 그는 무엇보다 균형(balance)에 무게 중심을 둔다. 그러면서 정신적인 요소들이 균형을 상실하면 불안정해지기 때문에 선한 마음에서 불선한 마음으로 미세하게 동요되는 것을 막고 선한 정신적인 요소들이 균형을 잘 유지할 수 있도록 해주는 역할을 가장 중요한 우뻬카의 특성으로 손꼽는다. 또한 우뻬카는 선한 마음이자 동시에 능숙한(skillful) 마음의 균형 상태이며 정신적인 요소들이 잘 조화를 이루게 해주는 일종의 힘(force)이라고도 말한다. 그리고 이어서 열 가지 양상의 우뻬카에 대한 용례를 소개한 후 이들을 압축해서 다시 다음과 같이 네 가지 범주로 재배치한다. 여기서의 범주화는 후대의 『위쑫디막가』, 이른바 『청정도론』의 전통과 일치한다. 이들 네 가지 범주는 ① 특수한 균형(specific balance; tatramajjhattatā)의 우뻬카 6가지, ② 느낌(feeling; vedanā)의 우뻬카 1가지, ③ 실행력(strength; viriya)의 우뻬카 1가지, ④ 지혜(wisdom; paññā)의 우뻬카 2가지이다. 여기서 눈에 띄는 점은 우뻬카를 ① 따뜨라맞잔따따(tatramajjhattatā)로 표기하고 이를 'specific balance'로 영역한다는 점이다.[10] 그런데 여기의 '특수한(specific)'이란 표현은 빠알리어 'tatramajjhattatā'에서 'tatra'를 의역한 것으로서 이 단어의 본래적인 의미인 '거기에', '그때에', '바로' 등과는 사실상 거리가 있는 표현이다.

그런가 하면 구나라타나(H. Gunaratana)는 '편견 없이 공평하게 일어나는 대로 보는 것'이라고 하면서 우뻬카의 '보는(to see)', 즉 '관찰하는' 기능에 주목한다. 그러면서 빠알리니까야에 나타난 우뻬카는 모두 열 가지라고 소개하는데, 이 역시 『위쑫디막가』에 나타난

10 R. M. L. Gethin(1992), pp.158~160.

우뻬카에 대한 분류방식을 그대로 재인용하고 있는 모습을 보인다. 그가 인용한 열 가지 종류는 구체적으로 ①six-factored equanimity, ②equanimity as a divine abiding, ③equanimity as an enlightenment factor, ④equanimity of energy, ⑤equanimity about formations, ⑥equanimity as a feeling, ⑦equanimity about insight, ⑧equanimity as specific neutrality, ⑨equanimity of jhāna, ⑩equanimity of purification이다.[11] 그런데 이들 중에서 『위쑫디막가』와 한 가지 다른 것은 'viriya(정진)'의 우뻬카를 'equanimity of energy'로 대체한 점이다. 후술하겠지만, 그가 말하는 에너지(energy)란 것은 물리적인 활동성에 의한 산물이라기보다 정신적인 행위에 의한 것으로서 어떤 지속적인 마음의 흐름을 나타낸다. 그 밖에 '괴롭지도 즐겁지도 않은 신체적인 느낌(⑥equanimity as a feeling)'과 '정신적인 중립(⑧equanimity as specific neutrality)'을 서로 구분한 후에 정신적인 중립의 경우에는 앞의 게틴과 마찬가지로 '따뜨라맛잔따따', 곧 '특수한 중립(specific neutrality)'이라고 부른다.[12]

---

11 Henepola Gunaratana(2009), p.88. 열 가지 종류는 『위쑫디막가』와 정확히 일치하는데, ①six-factored equanimity는 육근의 우뻬카, ②equanimity as a divine abiding는 범주의 우뻬카, ③equanimity as an enlightenment factor는 평정각지 우뻬카, ④equanimity of energy는 정진의 우뻬카, ⑤equanimity about formations는 쌍카라 우뻬카, ⑥equanimity as a feeling는 느낌의 우뻬카, ⑦equanimity about insight는 위빳싸나 우뻬카, ⑧equanimity as specific neutrality는 중립의 우뻬카, ⑨equanimity of jhāna는 선정의 우뻬카, ⑩equanimity of purification는 사념청정의 우뻬카에 각각 배대된다.

12 Henepola Gunaratana(2009), p.99. 초기경전에 따르면 괴롭지도 즐겁지도 않은 느낌의 우뻬카는 신체적·정신적인 영역 모두를 포함하는 개념이다. 그럼에도

우 실라난다(U Sīlānanda)도 『위쑫디막가』와 같은 표현을 써서 다음과 같이 우뻬카를 설명한다. 마음과 마음에 수반되는 요소들(cetasikā)을 고르게 전달하는 특성으로 인해서 여러 가지 마음의 요소들은 부족하거나 지나치지 않게 각자의 기능을 제대로 수행할 수 있게 되고, 결핍이나 과잉을 막아주기 때문에 한쪽으로 쏠리는 현상을 막아준다. 그리고 우뻬카는 모두 열 가지 종류가 있는데 각각은 서로 동일하지 않다. 예를 들어 평정각지 우뻬카(enlightenment factor of equanimity)는 중립적인 느낌(indifferent feeling)의 우뻬카와는 서로 다르며, 또 중립(neutral)의 우뻬카가 있을 때 중립적인 느낌의 우뻬카는 부재한다.[13] 이처럼 그는 우뻬카가 지닌 균형의 특성과 우뻬카의 기능이 모두 동일하지 않다는 사실을 『위쑫디막가』에서 전하는 대로 여과 없이 전한다.

한편 쏠레레리스(Amadeo Sole-Leris)와 같은 경우는 범주(sublime state, 梵住)의 요소인 심해탈에 대한 우뻬카에 주목하면서 다음과 같이 말한다. 이 우뻬카는 네 번째 선정을 얻기 위한 명상의 주제이고, 집착이나 혐오 등에 의해서 방해받지 않는 진정한 의미의 이타주의(altruism, 利他)가 가능한 유일한 원천이며, 신체적인 즐거움과 괴로움, 그리고 정신적인 기쁨과 슬픔 등 긍정적이거나 부정적인 모든 평가로부터 자유로운 상태이다.[14] 선정의 명상주제, 이타주의, 긍정과

정신적인 중립의 느낌만을 단독으로 설정하는 배경에는 『위쑫디막가』에서 명시한 열 가지 우뻬카에 대한 개념적인 이해가 그 배경에 놓여 있다. 이에 대한 상세한 내용은 '상좌부불교 수행의 우뻬카의 장'에서 살펴볼 것이다.

13 U Sīlānanda(2002), p.133.

부정으로부터의 자유라는 표현들에 의해서 이 우뻬카의 성격적인 특성이 비교적 잘 전달된다.

다음은 앞선 사례들과 유사하면서도 차별되는 경우가 있어 눈길을 끈다. 아날라요(Anālayo)는 집중(concentration)에서 비롯된 기울지 않는 마음 상태가 우뻬카이며, 이 상태는 세상 어떠한 것에도 집착하지 않고 균형(equipose)을 잘 유지할 수 있는 일종의 힘(power)이라고 기술한다.[15] 주지하듯이 기울지 않는 균형감은 우뻬카의 기본적인 특성이며, 차후로 살펴보겠지만 집중은 우뻬카의 계발과 직결되어 간과할 수 없는 필수적인 요소로 작용한다.

그런 한편 우 빤디따(U Pandita)는 '에너지의 균형(balancing of energy)'이라는 좀 독특한 표현방식을 차용한다. 그는 에너지의 균형이란 마음이 어느 한 극단으로 쏠리지 않고 정중앙에 머무는 상태로 부족하거나 넘치는 부분이 생길 때 어느 한쪽으로 쏠리는 현상을 막아주어 전체적인 균형을 유지하도록 해준다는 것이다.[16]

에너지의 용도를 좀 더 파악해 보기 위해 여기서 골드스타인(J. Goldstein)의 설명을 빌려보자. 에너지는 일종의 지속적인 감각 또는 지각(sensation)의 '흐름이나 순환(flow)'을 의미한다. 감각의 흐름은 신체의 각 부분에서 끊임없이 진행되므로 집중력과 알아차림의 힘이 강해지면 그와 같은 흐름을 좀 더 예리하게 감지할 수 있게 된다.[17]

---

14 Amadeo Sole-Leris(1992), pp.65~67, p.120.

15 Anālayo(2012), p.237.

16 U Pandita(1991), p.155.

17 Joseph Goldstein(2003), p.51.

따라서 그가 말하는 에너지란 지속적인 감각의 흐름 자체를 의미한다. 에너지라 하면 보통 물리적인 대상과 연관된 것이 보다 일반적이지만, 우 빤디따의 기술처럼 이때는 다양한 마음의 지속적인 활동이나 흐름을 설명하는 키워드로서 차용되었다는 것을 알 수 있다.

반면에 월폴라 라훌라(Walpola Rahula)는 다양한 삶의 부침에 직면하여도 동요하지 않고 고요하게 살 수 있는 능력이라고 하여[18] 삶을 대면하는 데 있어서 우리가 취해야 할 의연한 정신적인 태도로서 우뻬카를 조망한다.

마지막으로 쿠안(Tse-fu Kuan)이 있는데, 그는 다음과 같이 욕망(desire)의 부재를 키워드로서 활용한다. 우뻬카는 욕망의 부재를 바탕으로 하는데, 여섯 가지 감관으로부터 경험하는 어떠한 대상에 대해서도 감정적으로 방해받지 않고 초연하게(detached) 지내는 상태이다. 그리고 이것은 대상의 본질인 무상성과 불만족에 대하여 명상함으로써 얻어지는데, 좋아하는 것과 싫어하는 것을 구분한다거나 이득과 손실을 셈하는 것으로부터 자신을 분리시키는 것이다. 욕망의 부재를 바탕으로 한 우뻬카는 무지에서 비롯된 냉담함(apathy)이나 무신경함(insensitivity) 같은 것이 아니라 경험하는 대상의 진정한 본질을 통찰(penetration of true nature)하는 데서 생기는 정신적인 자질이다.[19] 우뻬카가 명상에 의해서 생긴다는 점에 주목한 사실이나, 냉담한 무관심이나 무신경함도 아닌 욕망의 부재나 통찰에 의해서 얻어진다는 견해는 지금까지와 차별되는 한층 돋보이는 이해방식이다.

---

18 Walpola Rahula(1959), p.75.

19 Tse-fu Kuan(2008), p.29.

이상과 같이 근현대에 이루어진 개념적인 이해는 부분적이거나 아니면 전체적인 틀을 조망하면서 비교적 다양한 형식을 빌려 전개되어 왔다고 볼 수 있다. 그 가운데 눈길을 끄는 표현들은 능숙함(skill), 힘(force), 에너지(energy), 꿰뚫어봄(penetration), 이타주의(altruism), 욕망의 부재 등이다. 이러한 표현들은 앞서 우뻬카의 어원 및 사전적인 개념에서 살펴본 것들과 비교하면 좀 다른 각도에서 바라본 이해방식들임을 알 수 있다. 그리고 '따뜨라맞잔따따'라는 술어가 우뻬카를 대신하는 것을 볼 수 있으며, 'tatramajjhattatā'의 'tatra'가 영역되는 과정에서 본래의 의미가 상실되고 'specific'으로 바뀌어 소개되는 등 일종의 변환과정도 엿볼 수 있다. 이 '따뜨라맞잔따따'는 『위쑫디막가』에 처음 소개되어 있는데, 근현대 와서 이를 거의 여과 없이 수용하고 있는 모습을 보인다. 우뻬카를 '따뜨라맞잔따따'로 표기하는 문제 이외에 무엇보다 가장 두드러진 특징은 『위쑫디막가』에 나타난 우뻬카의 분류방식을 그대로 답습하고 있다는 점이다. 이 문헌에 나타난 우뻬카와 관련된 제 문제는 '상좌부불교 수행의 우뻬카'의 장에서 구체적으로 논의될 것이다.

이상의 내용을 정리하면 다음과 같다.

우뻬카는 빠알리어 'upekhā'나 'upekkhā'의 우리말 음사인데 '균형'이나 '공평', '평정' 등으로 옮길 수 있다. 어느 한쪽으로 마음이 기운다거나 치우치지 않고 일정하게 고른 상태를 유지하기 때문에 균형감은 가장 중요한 특성으로 작용한다. '공평'은 어느 한쪽으로 기울지 않고 공정公正하다는 뜻이고, '평정'은 기울지 않는 균형감을 바탕으로 하기 때문에 평안하고 고요하다거나 침착하여 동요가 없는 것이다. 공평이 지성적인 차원이라면, 평정은 좀 더 정서적인 내적 상태에 대한 묘사라고 볼 수 있다.

우뻬카는 균형감을 바탕으로 한 '공평한 관찰'과 '고요한 평정'의 기능과 특성을 담지한다. 빠알리어 'upekkhā'는 'upa+īkṣ'의 합성어인데 '공평'의 경우는 특히 'upa'에 대한 이해와 관련이 있다. 먼저 'upa'를 '가까이'로 해석하면 공평한 관찰 태도를 가지고 주관적인 상념想念이나 관념을 배제한 채 면밀하게 관찰해서 보는 것을 말한다. 그리고 'upa'를 '~을 향하여'로 볼 때는 일정한 간격을 두고 바라보되 강한 집중력을 가지고 면밀히 살피고 관찰하는 것이다. 또 'upa'를 '공평하게 바라보다'로 풀이하면 균형 잡힌 마음으로 대상을 관찰하는 것이라고 이해한다. 이처럼 'upa'는 '공평한 관찰'이나 '간격을 두고 바라봄' 또는 '공평하게 바라봄' 등 몇 가지 해석의 틀을 제공하지만 균형은 그들이 지닌 공통적인 특성으로 작용한다.

그런데 우뻬카는 어느 한쪽으로 치우치지 않는다는 의미가 있기 때문에 흔히 중도中道와 개념적으로 서로 혼동하기 쉽다. 그러나 이 둘은 서로 비견될 수 있는 성질의 것은 아니다. 가령 중도가 이론상으로는 연기에 대한 정견이며 실천상으로는 팔정도에 대한 올바른 실천이라면, 우뻬카는 중도가 표방하는 목표를 원만히 달성하기 위해서 필요한 일종의 도구적인 역할을 하고 그 최종적인 목표와도 함께한다.

우뻬카에 대한 어원 및 사전적인 이해와는 좀 색다르게 근현대에 와서 다양한 표현들이 동원된다. 그들 중에서 우선 주목해야 할 것은 우뻬카를 구분하는 방식에 대한 것이다. 모두 열 가지 형태로 우뻬카의 용례를 정리한 후 이들을 다시 압축해서 네 가지 범주로 재배치하는데, 사실 이러한 방식은 후대 『위숟디막가』, 이른바 『청정도론』의 전통에 의한 것이다. 그리고 우뻬카를 정신적인 중립인 '따뜨라맞잔따따(tatramajjhattatā)'로 대치해서 표기하고 이를 다시 'specific balance'로 영역하기도 한다. 여기서 '특수한(specific)'이란 표현은 빠알리어 'tatramajjhattatā'의 'tatra'에 대한 영역으로 이 단어의 본래적인 의미와는 거리가 있는 표현이다. 또한 괴롭지도 즐겁지도 않은 신체적인 느낌과 괴롭지도 즐겁지도 않은 정신적인 느낌을 별도로 구분하여 정신적인 중립은 '따뜨라맞잔따따'에 귀속시키는 모습을 보인다.

근현대 제 문헌에 나타난 우뻬카에 대한 표현을 살펴보면, 우선 선한 마음이자 동시에 능숙한(skillful) 마음의 균형 상태이고 정신적인 요소들이 조화를 이루도록 해주는 '힘(force)'이라는 표현을 볼 수 있다. 그리고 사범주四梵住의 요소로서의 심해탈에 대한 우뻬카와 같은 경우엔 이타주의(altruism)의 원천이라는 표현을 쓰기도 한다. 또 집중(concentration)에서 비롯된 것으로 기울지 않는 마음 상태인데, 이 상태는 세상의 어떠한 것에도 집착하지 않고 균형(equipoise)을 유지하는 능력이라고도 말한다. 그런가 하면 '에너지의 균형(balancing of energy)'이라는 좀 독특한 표현방식도 눈에 띈다. 에너지는 본래 지속적인 감각의 흐름 그 자체를 의미하지만, 여기서는 정신적인 측면에 차용되어서 정신적인 에너지의 흐름이 전체적으로 균형을 유지하는 것이 되었다. 한편 삶에 있어서 취해야 할 의연한 정신적인 태도로 다양한 삶의 부침에도 평정하게 대면할 수 있는 능력이라고 하거나, 혹은 욕망(desire)과 관련지어 설명하기도 한다. 이때는 욕망의 부재를 바탕으로 한 우뻬카는 무지에서 비롯된 냉담함(apathy)이나 무신경함(insensitivity) 같은 것이 아니라 경험하는 대상의 진정한 본질을 통찰하는 데서 생기는 정신적인 자질이라고 부른다.

이와 같이 우뻬카에 대한 이해는 비교적 다양한 모습으로 전개되어 왔다. 이들 가운데 가장 눈길을 끄는 부분은 능숙함(skill), 힘(force), 에너지(energy), 꿰뚫어봄(penetration), 이타주의(altruism), 욕망의 부재 등이 우뻬카를 수식하고 있다는 점이다. 그리고 '따뜨라맞잗따따'라는 술어가 우뻬카를 대체하고 있으며 'tatramajjhattatā'의 'tatra'가 영역되는 과정에서 본래의 의미가 사라지고 'specific'으로 바뀌어 소개되는 등 일종의 변환과정도 엿볼 수 있다. 뿐만 아니라 괴롭지도 즐겁지도 않은 느낌을 신체적인 느낌과 정신적인 느낌으로 양분해서 정신적인 느낌은 '따뜨라맞잗따따'에 귀속시키기도 한다. 그 밖에 무엇보다 가장 두드러진 특징은 우뻬카에 대한 분류방식이 대부분 5세기에 편찬된 『위쑫디막가』의 전통을 그대로 답습하고 있다는 점이다.

제2장 불교의 구성과 우뻬카의 수행적 위치

1. 초기불교

1) 초기불교의 의미와 배경

인도불교는 역사적 성립 연대와 사상적 특성을 기준으로 보통 초기불교, 부파불교, 대승불교의 세 가지 부류로 나뉜다. 이 중에서 초기불교라 하면 주로 붓다와 그의 직제자들이 설한 가르침을 포함하여 부파불교가 전개되기 전까지의 불교를 말한다. 부파불교는 붓다의 입멸 후 약 백 년경에 제자들 사이에서 발생한 견해 차이로 인해서 단일했던 교단이 분열하여 여러 부파로 나뉘었던 시대의 불교를, 그리고 대승불교는 서력기원 전후에 보살(Bodhisatta)이라고 하는 새로운 인간상과 성불成佛의 원리를 내세우면서 부파불교의 폐단을 시정하기 위해서 등장한 일종의 불교부흥운동을 가리킨다.

붓다의 전법傳法 활동을 살펴보면, 기원정사(Jetavana, 祇園精舍)에 머물기 시작하면서부터 그의 후반 20여 년 간은 법의 체계화에 많은 노력을 기울였다는 사실을 알 수 있다. 일찍이 중요한 근본 교설은 문답식으로 정착되었는데, 이러한 노력의 흔적은 특히 『쌍윤따니까야(*Saṃyutta-nikāya*)』에서 찾아볼 수 있다. 『쌍윤따니까야』나 『맛지마니까야(*Majjhima-nikāya*)』에 나오는 경의 절반 정도가 기원정사에서 설해졌다는 사실은 법의 체계화에 대한 노력의 측면과 무관하지 않다. 위나야(Vinaya, 律)도 문제가 제기될 때마다 하나하나 제정하여 점차 체계화되어 갔으며 붓다 재세 시부터 이미 빠띠목카(Pāṭimokkha, 戒本)로 정착되어서 비구들이 우뽀싸타(uposatha, 布薩)일에 합송하였다. 붓다의 교설은 이러한 과정을 거쳐서 마침내 제1차 결집에서 법(Dhamma, 法)과 율(Vinaya, 律)이란 타이틀로 합송되어 전승된다.[20]

빠알리 율장의 소품小品에 의하면 붓다의 입멸 직후 출가 수행자들이 모여 우안거雨安居를 시행하면서 석존의 가르침을 결집結集하였다고 전하는데[21] 이것을 제1차 결집이라고 부른다. 결집이란 '함께 암송하는 것(saṃgīti, 合誦)'이란 의미로 성전聖典을 편집하는 것을 말한다.[22] 제1차 결집에서 율은 율장(Vinaya-Piṭaka, 律藏)으로, 법은 경장(Sutta-Piṭaka, 經藏)으로 결집되었다. 그 후 경장과 율장이 지금의 형태로 완성되기까지 오랜 시간이 걸렸는데, 일반적으로 그 원형이 이루어진 것은 붓다의 입멸 후 약 백 년 무렵인 부파분열 시기이다.[23]

붓다 입멸 후 백 년 무렵은 초기의 불교교단이 보수적인 상좌부上座部

---

20 대림·각묵스님(2009), pp.49~50.

21 후지타 코타츠(藤田宏達) 외, 권오민 역(1992), p.52.

22 각묵스님(2010), p.20.

23 히라카와 아키라, 이호근 역(2004), p.91.

와 진보적인 대중부大衆部의 두 가지 분파로 근본분열한 시기로 제2차 결집은 이때 이루어졌다. 빠알리 역사서인 『디빠왐싸(*Dīpavaṃsa*)』와 『마하왐싸(*Mahāvaṃsa*)』에 의하면 상좌부와 대중부로 분열한 후 각 부파에서 자신들의 경전을 결집하였다고 전한다.[24] 경장과 율장은 각 부파에서 전지傳持하여 빠알리어로 세일론(Ceylon)에 전해지거나 중국에 전해져서 현재의 경장과 율장이 된 것이다. 아쏘까(Asoka) 왕 시대에 마힌다(Mahinda)에 의해서 세일론에 전해진 불교는 상좌부의 빠알리 경장과 율장이었고, 반면에 북인도에서 중앙아시아를 거쳐 중국에 전래된 경장은 『아함경阿含經』이라 불리며 네 가지 종류가 역출되었다.[25] 제3차 결집은 이후 아쏘까 왕 시기에 이루어지는데,

---

24 후지타 코타츠 외, 권오민 역(1992), p.58.

25 히라카와 아키라, 이호근 역(2004), pp.91~92. 북인도에서 중앙아시아를 거쳐 중국에 전래된 사부 경장을 아가마(Āgama)라고 하는데 한역으로는 아함阿含이라고 부른다. 'Āgama'는 'ā(~을 향하여, ~으로)'와 '√gam(오다)'에서 파생된 남성명사로 글자 그대로는 '전승傳承'이라는 의미이다. 『장아함長阿含』, 『중아함中阿含』, 『잡아함雜阿含』, 『증일아함增一阿含』의 네 종류의 아함이 중국에서 역출되었고 모두 183권 2,088경으로 구성되어 있다. 학계에서는 보통 『장아함』을 부파인 법장부의 소전으로, 『중아함』과 『잡아함』을 설일체유부의 소전으로, 그리고 『증일아함』을 대중부의 소전으로 보고 있지만 와타나베 후미마로(渡邊文麿)와 와더(A. K. Warder)와 같은 일부 학자들은 『증일아함』을 법장부 소속으로 보기도 한다. 빠알리니까야와 한역 아함은 그 내용과 구성이 상당 부분 일치하는 편이나 완전히 동일하다고는 할 수 없다. 특히 『증일아함』은 『앙굳따라니까야』와 그 구성면에서 유사하긴 해도 대승불교의 색채가 진하기 때문에 부파의 소전이라고 해도 대승불교도들이 나중에 편집하지 않았나 생각된다. 또한 『쿤다까니까야』에 해당하는 한역 아가마는 현재 전하지 않고 『담마빠다(*Dhammapada*)』 등이 개별적으로 한역되어 있을 뿐이다(pp.33~34). 한편 라모뜨(Étienne Lamo-

이 결집은 『디빠왐싸』와 『마하왐싸』 등의 역사서에 나오는 설로 남방 상좌부불교만의 전승이다. 제2차 결집은 깔라아쏘까(Kālāsoka) 왕의 시대에 있었고, 그 후 즉위한 아쏘까(Asoka) 왕의 시대인 불멸 후 약 218년에 제3차 결집이 이루어지게 된다. 이처럼 깔라아쏘까 왕과 아쏘까 왕을 구분하기 때문에 제2차와 제3차라는 두 가지 결집이 설해지는 것이다.[26] 아쏘까 왕은 승가의 혼란과 병폐를 바로잡기 위해

---

tte)는 니까야와 아함을 비교 검토하여 다음과 같이 뚜렷한 차이점과 함께 공통점을 발견한다. 우선 아함은 니까야보다 훨씬 적은 수의 경전을 포함하고 있고 배열에 있어서도 서로 다르다. 그리고 동일한 경이 니까야에 오느냐 아함에 오느냐에 따라 다른 형태로 나타나며, 경을 소개하는 부분인 nidāna(인연담)는 경이 설해진 장소의 설정이 항상 일치하지 않는다. 더욱이 싼쓰끄리뜨어본과 빠알리어본이 대조를 이루는 어떤 한 경에서 문장이나 구절들이 서로 동일하지 않은 부분들이 적지 않게 발견된다. 어떤 것들은 추가되거나 생략되기도 하고 심지어 위치가 바뀌기도 한다. 빠알리어 전승과 싼쓰끄리뜨어 전승 간에 대조를 이루는 이와 같은 불일치는 단지 경전들이 구전되면서 생긴 변화였는지, 또는 문자 결집 때 의도적으로 개정했기 때문인지 현재로서는 설명하기 어렵다. 그럼에도 불구하고 두 전승의 공통적인 교리는 놀라울 만큼 한결같다〔에띠엔 라모뜨, 호진 역(2008), pp.306~308〕.

26 히라카와 아키라, 이호근 역(2004), p.135. 아쏘까 왕의 즉위와 제3차 결집과 관련된 내용은 남방과 북방의 전승이 서로 일치하지 않는데, 북방 전승의 『이부종륜론異部宗輪論』에 의하면 아쏘까 왕은 불멸 후 약 백 년경에 즉위했기 때문에 제3차 결집은 이때 성립하지 않은 것으로 본다(p.135). 남방의 전승에 의하면 아쏘까 왕은 불멸 후 약 200년 후의 인물이기 때문에 초기불교(원시불교) 시대는 약 250년간이 되고, 북방 전승에 의하면 아쏘까 왕은 불멸 후 약 100여 년 후에 즉위해서 활약했다고 보기 때문에 초기불교 시대는 약 150년간이 된다〔박경준(1992), p.4〕. 아쏘까 왕이 붓다가 입멸한 지 백 년 후에 출세했는지 아니면 218년 후에 즉위했는지 결정하기 어려운데, 이러한 결정을 하는 데 있어서

제3차 결집을 단행하기에 이르는데[27] 이 결집에서 상좌부의 논장인 칠론七論이 완성되어 현존하는 빠알리어 삼장(Ti-Piṭaka, 三藏)이 완성된 것으로 보고 있다. 이때 갖추어진 칠론과 다섯 권의 율장 그리고 오부五部 니까야(Nikāya)를 모두 포함하여 더 넓게는 초기불교에 포함시키기도 한다.[28] 하지만 현재 초기불교라고 하면 일반적으로 붓다의

정치사의 자료를 무시할 수는 없지만 정치사의 자료는 잡다하여 그들 사이에 갖가지 일치하지 않는 점, 그리고 어떤 자료는 절대적인 근거가 될 수 없다는 난점들이 있다. 그러나 그들 중에서 세일론이 전하는 왕통의 연대론이 비교적 신빙성이 많다고 보지만 이 연대론도 불교 교단사의 입장에서는 그대로 받아들이기 어려운 점이 있다(p.102).

27 제1, 2차 결집은 여러 부파의 율장에 공통적으로 전해지고 있는데 반해 제3차 결집은 빠알리 율장의 주석서인 『싸만따빠싸디까(*Samantapāsādikā*)』의 서문과 『디빠왐싸』와 『마하왐싸』 같은 남방 불교의 역사서에만 존재하는 점, 또 북방 전승의 설일체유부 등이 전하는 아쏘까 왕 시대에 관한 정보와 이질적인 점 등을 들어 제3차 결집은 분별설부라는 부파 내에서 열렸던 결집이라는 점을 뒷받침한다. 또한 제3차 결집에 관한 내용은 남방의 율장이나 역사서들과 아쏘까 왕의 비문에 의한 사료들이 서로 일치하지 않거나 사료 자체가 지닌 모순 등 여러 의문을 자아내기 때문에 앞으로 이 부분에 대한 많은 연구가 필요하다. 일례로 『싸만따빠싸디까』를 비롯한 남방에서는 제3차 결집의 원인이 아쏘까 왕의 불교 승단에 대한 절대적인 보시에 의한 것이라고 하지만, 아쏘까 왕의 비문에 의하면 아쏘까 왕은 불교 승단뿐만 아니라 다른 종교가들에 대해서도 보시를 아끼지 않았다고 한다. 또한 결집의 원인들 중에 하나로 외도들의 침입으로 인해 목갈리뿟따띳싸 장로와 아쏘까 왕이 나서서 이들을 환속시키고 『까타왇투(*Kathāvatthu*)』라고 하는 논서를 지었다고 전하는데, 사실상 현존하는 이 문헌의 내용은 외도들의 사상을 논파하기보다 불교 내의 다른 부파들의 교리를 분별설부의 입장에서 물리치고 있는 등 결집의 원인과 결과 사이에 이해하기 어려운 모순이 존재한다〔이자랑(2003), p.189〕.

28 각묵스님(2010), p.20. 한편 A.D. 500년경에 붓다고사(Buddhaghosa)가 『디가니

성도成道에서 시작하여 입멸入滅한 후에 상좌부와 대중부로 분열하기 이전의 불교, 즉 최초기의 교단에 아직 분파가 생겨나지 않은 시대의 불교를 말한다.[29]

초기불교의 범위에 해당하는 시기를 다시 근본불교(Fundamental Buddhism)와 원시불교(Primitive Buddhism)로 나누기도 한다. 이 경우 근본불교라고 하면 붓다의 재세 시와 그의 직제자들의 불교, 시기적으로 말하면 붓다 입멸 후 약 30년 정도까지이고, 그 이후에 이어지는 부파분열 이전까지의 불교는 원시불교라고 일컫는다.[30] 이러한 구분은

까야(*Dīgha-nikāya*)』의 주석서에서 제3차 결집에서 결집된 것으로 알려진 논서가 이미 제1차 결집에서 합송되어 마치 삼장이 완벽하게 제1차 결집에서 이루어진 것처럼 기술하고 있기 때문에, 이와 같은 사료에 따른다면 논장은 이미 최초기 불교에 편입되는 모순을 떠안게 된다. 그리고 기원전 3세기경 아쏘까 왕의 바브라(Bhabra) 비문에 발견되는 명칭인 담마까티까(Dhammakathika), 뻬따낀(Peṭakin), 쑷딴띠까(Suttantika), 빵짜네까이까(Pañcanekāyika) 등은 당시에 이미 빠알리 삼장의 형태뿐만 아니라 오부五部 니까야도 구비되어 있었다는 점을 시사하기 때문에 빠알리 경전 전체는 아쏘까 왕 때 이미 완성단계에 있었다고 볼 수 있다〔전재성(2011), p.12, p.24〕.

29 후지타 코타츠 외, 권오민 역(1992), p.58. 한편 현존하는 대부분의 문헌자료는 각 부파의 전통의 입장에서 부파 성립에 이르는 인과적 서사(narrative)로서 전사前史의 초기불교사를 재구성하는 것이기 때문에 전사에 관한 한 인과적 서사는 구성적 산물이며 문헌자료는 부파적인 경향을 띤다. 초기불교사, 특히 불멸 후 부파 성립에 이르는 기간의 경우 후대 전승의 문헌 기록에 의존하는 경우가 많고, 그마저도 서로 상충되거나 역사의 침묵이라고 할 수 있는 결여 부분들이 많기 때문에 그 재구성의 과정에서 추정과 역사적 상상력의 불가피성을 인정하고 불교의 사상적 특징에 입각한 새로운 초기불교사를 재구성할 가능성도 제안한다〔조성택(2009), pp.136~171〕.

30 이와 같은 주장은 우이하쿠주(宇井伯壽)에 의해서 이루어졌는데 그와 같거나

부파분열 이전의 불교를 통틀어서 초기불교로 보는 관점에는 여전히 변함이 없지만, 다만 붓다와 그 직제자들의 불교를 별도로 구분하여 근본불교라고 부르는 점에 있어서 특색을 가진다.

그런데 근본불교를 주장하는 것은 이론적으로는 가능하지만 현존하는 사료만을 가지고 이와 같이 구분하기란 현실적으로 어려운 점이 있다. 그래서 현재는 근본불교와 원시불교 사이를 엄격하게 구분 짓지 않고 이 두 가지를 일괄해서 초기불교라고 부르는 것이 일반적이다. 그렇지만 초기불교의 범위 안에서 붓다의 재세기에 가까운 시기와 부파분열에 가까운 시기 사이에 차이가 있었다는 점은 인정하기 어렵지 않기 때문에 초기불교를 다시 전기와 후기 같은 발달사적으로 구분하려는 시도도 이루어지고 있다. 초기불교 중에서도 체계화되기 이전의 단계인 최초기의 불교를 부각시키려는 시도 역시 발달사적 입장에서 주장되고 있기는 하나, 사료에 대하여 구체적으로 고층古層과 신층新層을 정확히 가려내는 것은 간단한 문제가 아니며, 또 단순히 고층에 나타난 교설만이 전기의 초기불교이고 신층에 나타난 교설만이 후기의 초기불교라고 단정 지을 수도 없는 입장이다.[31]

비슷한 견해를 내세우는 학자로는 增永靈鳳, 赤沼智善, 西義雄 등이 있다〔三枝充悳(1978), p.130; 박경준(1992), p.4〕.

31 후지타 코타츠 외, 권오민 역(1992), pp.58~60. 이와 같이 사료의 제한적인 접근성 때문에 후지타 코타츠(藤田宏達)는 초기불교를 연구하는 데 있어서 다양한 방법이 시도되어야 한다는 점을 강조한다. 예를 들어 여러 가지 이본異本 가운데 공통되는 사상이나 사항을 추출함과 동시에 언어학적, 사상사적 또는 문화사적 고찰 등 가능하면 광범위한 분야에서 보조적인 검토를 더해야 한다는 것 등이다.

현재의 초기불교 경장은 편집되기 이전에 이미 복잡한 성립사가 있었다고 전한다. 경장은 붓다 및 그의 제자들이 때에 따라 행한 설법을 집성한 것으로서 현재와 같은 형태로 종합 편성되기 이전에 먼저 제자들에 의해서 기억하기 편리한 형태로 정리되었을 것이다. 즉 붓다가 자신의 교설을 필사筆寫했다는 기록은 전하고 있지 않기 때문에 현재 남아 있는 교설은 그의 제자들에 의해서 전해진 것이며, 그것은 모두 개략적인 줄거리의 형태로 정리된 것들이었다. 이러한 개관의 형태는 시구詩句라든가 짧은 산문과 같은 여러 가지 형식으로 전승되었으며, 그 가운데 가장 조직적인 형식으로 나타난 것이 9분교分教이다.[32]

싼쓰끄리뜨어본 및 한역漢譯 경전에 나오는 12분교는 9분교에 니다나(nidāna, 인연, 계율 조문의 성립 사정에 관한 이야기), 아빠다나(apadāna, 비유와 불제자에 대한 과거세 이야기), 우빠데싸(upadeśa, 논의와 교리에 대한 설명이나 해석)의 세 가지가 더해진 것이다. 9분교는 12분교보다 더 오래된 분류라고 보며, 9분교 가운데서도 처음 다섯 가지 형식이 뒤의 네 가지 형식보다 더 오래된 것으로 보고 있다. 비록 9분교가 오부五部 니까야보다 먼저 성립되었다고는 해도 구체적인

---

32 빠알리 경장에 의하면 9분교는 (1) sutta(經): 붓다의 가르침을 간결하게 정리한 산문, (2) geyya: 쏟따(sutta)의 내용을 시詩로 반복하는 형식, (3) veyyākaraṇa: 간결한 문답 형식, (4) gāthā: 게송, 시구詩句의 형식, (5) udāna: 감흥적인 시, (6) itivuttaka: 여시어, 게야(geyya)의 특수한 형식, (7) jātaka: 붓다의 전생 이야기, (8) vedalla: 중층적인 교리문답, (9) abbhuta-dhamma: 희유稀有한 공덕이나 기적에 관한 교설로 구성되어 있다〔후지타 코타츠 외, 권오민 역(1992), pp.53~54)〕.

경전의 분류로는 생각되지 않는다. 이러한 분류는 붓다의 제자들이 그의 교설의 줄거리를 형식적으로 정리하여 쉽게 기억하고 동시에 성전聖典으로서의 체제를 갖추기 위해서 필요한 것이었다. 따라서 9분교처럼 간결하고도 개략적인 형식만으로는 붓다가 실제로 설법할 때의 상황이나 내용을 상세하게 설명할 수 없기 때문에 일정한 내용을 갖춘 형식의 경전이 필요하게 되었으며, 9분교의 분류에 적용되지 않는 새로운 경전의 작성이 요구되었다. 이렇게 해서 점차 현재와 같은 형식의 초기불교 경전이 형성되었고, 이들 다수의 경전을 새롭게 분류하고 집성한 경장經藏이 성립되기에 이른다.[33]

한편 최초기 시대에 출가자는 편력유행遍歷遊行의 생활을 하였는데 이때는 의식주에 대한 소욕지족少欲之足의 삶을 살아가는 두타행(dhutaṅga, 頭陀行)을 실천하는 것이 가능하였다. 하지만 점차 수행자의 수가 증가하고 정사精舍의 공동생활로 이행되어감에 따라 공동생활에 필요한 상가(saṃgha, 僧家)의 규율이 만들어지게 되었다. 상가의 규율은 하나의 사건이 일어날 때마다 제정되었기 때문에 수범수제隨犯隨制에 의한 것이다. 이 수범수제에 의한 규율을 집대성한 것이 곧 율장이다.[34] 율장에는 붓다의 동시대 사건뿐만 아니라 결집에 대한 내용, 초기불교부터 아쏘까 왕의 통치와 그 이후까지 계승한 장로들, 그리고 까니슈까(Kaniṣhuka) 왕의 스뚜빠(stūpa)에 관한 예언과 같은 A.D. 2세기 이전에는 만들어질 수 없는 사건들이 등장하기 때문에 그 편찬은 후대에 와서야 종결되었다는 것을 알 수 있다.[35]

---

33 후지타 코타츠 외, 권오민 역(1992), pp.53~54.

34 早島鏡正·高崎直道(1993), p.53.

2) 문헌사적 범주

초기불교는 보통 붓다의 친설과 그 제자들의 가르침을 포함하여 근본 분열이 일어나기 전까지의 불교를 말하기 때문에 초기불교 경전이라고 하면 이 시기에 전승된 경전을 통칭한다.[36] 곰브리치(R. Gombrich)는 초기불교와 상좌부불교를 구분하면서 초기불교란 역사적인 붓다의 가르침과 그와 관련된 내용을 의미하는 것으로 부파불교 이전의 시기라는 점을 분명히 한다.[37] 초기불교와 상좌부불교는 시기적으로 서로 구분되며 상좌부불교는 초기불교의 전통을 계승 발전시키면서 현재의 상좌부불교 경장의 형태가 갖추어진 것이다. 초기불교는 각 부파에

---

35 에띠엔 라모뜨, 호진 역(2008), p.325, p.338.

36 Dipak Kumar Barua(2003), p.1.

37 Richard F. Gombrich(2005), p.152. 하지만 초기경전에는 비일관성, 대립, 심지어는 모순된 교리가 발견되기 때문에 초기경전에 나타난 가르침이 모두 대기설법이라고 간단히 설명하기는 어렵다. 이러한 문제를 어떻게 이해하고 해결할 것인가는 초기경전을 어떻게 바라볼 것인가의 문제와 밀접하게 연관되어 있다. 초기경전에 대한 접근방식과 태도는 크게 다음의 세 가지로 나누어 볼 수 있다. 첫째, 경전에 나타난 여러 가르침들이 근본적으로 일관되고 붓다의 친설로서 권위를 가진다. 둘째, 붓다의 친설은 물론 최초기 불교교리의 흔적조차도 발견할 수 없다는 회의적인 태도이다. 초기경전이라 하더라도 기원전 1세기경에 문자화되었고 그 이후에도 어느 정도로 개정되어 현재에 이르기까지 전승되었는지 잘 알 수 없기 때문이다. 이러한 경우는 문헌 자료에 대하여 깊은 불신의 시선을 보내는 대신, 비문 등 다른 사료들을 통해 가능한 한 이른 형태의 불교에 접근하고자 한다. 셋째, 비록 초기경전 모두가 붓다의 친설이라고 인정하지 않지만 고등비평이라는 방법을 통해서 가능한 한 그의 친설에 접근하고자 하는 태도이다. 그럴 경우 초기경전에 나타난 불일치성은 교리와 사상의 역사적 발전에 의한 개작으로 설명할 수 있을 것이다〔틸만 페터, 김성철 역(2009), pp.11~12〕.

전승되는 동안 부차적인 증광이나 변용을 겪으면서 현재의 경장 및 율장이 된 것으로, 그동안의 긴 세월이 경과하였기 때문에 비록 초기불교 말기에 경장과 율장이 완성되어 있었다 하더라도 현재로서는 초기 불교 경장에서 완전한 최초기의 원형을 정확하게 구분하기는 쉽지 않다. 그렇지만 현재의 경장과 율장에는 고층과 신층이 갖가지로 혼합되어 있다는 점은 여러 가지 면에서 볼 때 분명하다.[38]

리스 데이비스(Rhys Davids)와 윈터닡쯔(M. Winternitz), 그리고 로우(B. C. Law)는 최초의 사부四部 니까야와 율장을 대략 같은 연대에 속하는 것으로 보고 있으며, 리스 데이비스는 사부 니까야가 붓다 열반 후 약 백 년 정도(제2차 결집)에 편집된 것으로 추정하고 있다. 사부 니까야와 율장의 성립연대를 마우리아 왕조 이전(아쏘까 왕 치세 이전)으로 잡는 중요한 이유는 아쏘까 왕의 바브라(Bhābhra) 칙령에 나오는 7개의 빠알리어 경전의 구절 때문이다. 또한 판데(G. C. Pande)는 오랫동안 빠알리 경전의 연대 연구에 몰두해 왔는데 니까야의 중요한 모든 교학적인 문제는 적어도 부파가 아직 분열하지 않은 시기에 성립되었다고 전한다. 와더(A. K. Warder)는 빠알리 문헌의 게송 연구에 기초해서 쁘라끄리뜨(Prākrit) 비명碑銘과의 비교를 통해

38 히라카와 아키라, 이호근 역(2004), pp.91~92. 일례로 『쌍윧따니까야』는 『맛지마니까야』에서 발견되는 5개의 경들을 포함하고 있고, 『쌍윧따니까야』의 경들은 또한 『쿧다까니까야』에서도 발견된다. 그리고 『쌍윧따니까야』의 22:3경(SN. Ⅲ. 9)에는 『쑫따니빠따(*Suttanipāta*)』(Sn. p.844)의 「마간디야방하쑫따(*Magandiyapañhāsutta*)」의 제목을 인용하고 있다. 『쌍윧따니까야』의 내용들이 발견되는 『쿧다까니까야』의 경들은 다른 니까야들보다 오히려 앞서고 최소한 『쌍윧따니까야』처럼 고층에 속하는 경전이라고 볼 수 있다〔전재성(2006), p.37〕.

서 빠알리어가 초기 기록에 가장 가깝고 마우리아 왕조 이전에 일반적으로 통용되었다고 기술한다. 이들에 이어서 와글(N. N. Wagle)도 경장과 율장의 주요 부분이 아쏘까 왕 이전[39]에 성립했다는 견해를 인정하면서 사부 니까야와 율장을 B.C. 500~300년 사이의 사회적 상황을 알 수 있는 믿을 만한 자료로 간주한다.[40] 이와 같이 남방의 사료가 전하는 기록과 그것을 뒷받침하는 학자들의 연구 결과에 의하면 초기불교의 문헌사적인 범주는 아쏘까 왕이 즉위하기 이전으로 제2차 결집, 즉 부파분열이 일어나기 이전의 불교가 된다.

제1차 결집에 참여한 아라한(arahant)들은 붓다의 교설을 길이와 주제 그리고 숫자의 세 가지로 구분하여 정리하였다. 먼저 붓다의 교설이나 직제자들의 설법을 모아 사부 니까야를 완성한 뒤 그 외에 남은 교설이나 여러 비구, 비구니들의 설법이나 일화, 전기나 게송

---

39 앞서도 언급했지만, 초기불교의 범주를 구분하는 기준은 부파분열과 아쏘까 왕의 즉위 연대와 관련되어 있다. 부파분열의 연대를 붓다 입멸 후 백 년 무렵으로 보는 것은 거의 모든 전승에서 일치하지만, 부파분열 연대와 아쏘까 왕의 관계에 대해서는 전승에 따라서 차이가 있다. 실제로 남방과 북방이 약 백 년 정도의 차이가 나는데, 남방에 의하면 아쏘까 왕의 즉위 연대는 불멸 후 약 218년이고 부파분열은 그보다 앞선 불멸 후 약 백 년경 깔라 아쏘까(Kāla Asoka) 왕의 치세에 이루어졌다. 따라서 아쏘까 왕의 재세 시에는 이미 부파분열이 일어난 후 약 백 년 정도의 기간이 지난 것이 된다. 반면에 북방에 의하면 아쏘까 왕의 즉위는 불멸 후 약 백 년(혹은 116년이나 160년)이고 부파분열은 아쏘까 왕 시대에 이루어졌다고 보기 때문에 북방의 전승을 따를 경우 아쏘까 왕의 즉위 시기는 부파분열이 아직 완성되지 않은 단계에 해당된다〔후지타 코타츠 외, 권오민 역(1992), p.59〕.

40 우마 차크라바르티, 박제선 역(2004), pp.19~21.

등을 모아 다섯 번째 소부小部인 『쿧다까니까야(*Khuddakanikāya*)』에 수록하였다.[41]

율장은 현재의 모습으로 편집되기 이전에 이미 복잡한 성립사가 있었다고 전하는데, 출가 수행자들이 지켜야 할 계율의 조문을 모은 빠띠목카(Pāṭimokkha, 戒本)가 비교적 일찍 성립되어 쑫따(sutta, 經)라고 불렸고, 점차 그것의 해설격인 쑫따위방가(Suttavibhaṅga, 經分別)가 성립되기에 이르렀다. 또 출가 교단의 운영에 대한 제반 규칙인 칸다까(khandhaka, 健度)의 주요 부분도 비교적 오래 전에 성립하였다. 제2차 결집은 계율의 문제를 둘러싸고 진행되었는데, 이때까지 빠띠목카와 칸다까의 원형적인 형태가 갖추어졌을 것으로 추정된다.[42] 현재 율장은 빠알리어본과 싼쓰끄리뜨어본이 전해지는데, 빠알리어본 전체가 온전히 상좌부불교에서 전승되어온 것과는 대조적으로 싼쓰끄리뜨어본들은 단편적으로 발견된 것이기 때문에 빠알리어본 율장과 같이 하나의 완벽한 형태를 갖추고 있지 못하고 부분적인 형태로 전승되고 있다.[43]

---

41 대림스님(2012), pp.25~27.

42 후지타 코타츠 외, 권오민 역(1992), p.53.

43 히라카와 아키라, 이호근 역(2004), p.92; 전재성(2014), p.18. 싼쓰끄리뜨어의 한역본에 해당하는 율은 모두 다섯 가지 종류로 설일체유부의 『십송율』과 『근본설일체유부위나야』, 법장부의 『사분율』, 대중부의 『마하승기율』, 화지부의 『오분율』이 전해진다. 설일체유부의 『근본설일체유부위나야』는 그 분량이 방대하지만 비구계 주석과 비구니계 주석을 독립시키고 거기에 방대한 설화 문학인 전생담, Avadāna를 삽입시켰기 때문에 오히려 계율로서의 가치는 떨어진다. 그래서 『십송율』, 『사분율』, 『마하승기율』, 『오분율』을 사광율四廣律이라고 부른

3) 경장 및 율장

(1) 경장經藏, Suttapiṭaka

초기불교의 경장은 빠알리어로 구성된 사부 니까야(Nikāya)에 소부인 『쿧다까니까야(*Khuddakanikāya*)』를 더한 오부五部 니까야, 그리고 율장律藏이 포함된다. 'Nikāya'는 접두사 'ni, 아래로, 밖으로'와 '√ci,

---

다. 빠알리 율장과 경장에 포함되는 경전군을 북방의 전승과 비교하면 다음과 같다.

≪Sutta-piṭaka≫

Ⅰ. Dīgha-nikāya, 長部, 34經: 『장아함경』, 30經, 법장부 전傳

Ⅱ. Majjhima-nikāya, 中部, 152경: 『중아함경』, 221경, 설일체유부 전

Ⅲ. Saṃyutta-nikāya, 相應部, 2872경: 『잡아함경』, 1362경, 설일체유부 전

Ⅳ. Aṅguttara-nikāya, 增支部, 471경: 『증일아함경』, 471경

Ⅴ. Khuddaka-nikāya, 小部: 『법구경』, 『본사경』, 『의족경』, 『생경』 등 부분적으로 번역됨

≪Vinaya-piṭaka≫

Ⅰ. Suttavibhaṅga, 경분별經分別

Mahāvibhaṅga, 비구계경분별

Bhikkhunīvibhaṅga, 비구니계경분별

Ⅱ. Khandhaka, 건도부建度部

Mahāvagga, 대품大品

Cullavagga, 소품小品

Ⅲ. Parivārapāṭha, 부수附隨

율장의 경우는 빠알리율을 기술한 것으로서 한역의 『사분율』, 『오분율』, 『십송율』, 『마하승기율』, 『근본설일체유부비나야』 등은 기본 구조에 있어서 빠알리율과 대체로 동일하다. 일례로 『사분율』은 Ⅰ. 비구분별 Ⅱ. 비구니분별 Ⅲ. 건도 Ⅳ. 부록으로 되어 있으며, 『십송율』은 Ⅰ. 비구분별 Ⅱ. 건도 Ⅲ. 비구니분별 Ⅳ. 부수이며, 『마하승기율』은 Ⅰ. 비구분별 Ⅱ. 건도 Ⅲ. 비구니분별 등이다〔에띠엔 라모뜨, 호진 역(2008), pp.331~336〕.

모으다'에서 파생된 남성명사로 '분류', '회합', '모임'을 의미한다. 사부 니까야는 경의 길이와 구성 양식에 따라 『디가니까야(*Dīghanikāya*)』, 『맛지마니까야(*Majjhimanikāya*)』, 『쌍윳따니까야(*Saṃyuttanikāya*)』, 『앙굳따라니까야(*Aṅguttaranikāya*)』로 구분된다.[44]

사부 니까야 중에서 『디가니까야』는 다섯 가지 경장 가운데 비교적 가장 일찍 성립한 경인데,[45] 하나의 통일된 단행본이 아니라 전승된 붓다의 가르침 가운데 그 길이가 길게 설한 경들만을 모아 놓은 모음집으로 여기에는 모두 34개의 경들이 포함된다. 34개의 경들은 계온품戒蘊品, 대품大品, 당학품當學品의 세 품으로 나뉘어 있다.[46] 특히 계온품

---

44 와타나베 후미마로, 김한상 역(2014), p.33.

45 사부 니까야는 일반적으로 『디가니까야』, 『맛지마니까야』, 『쌍윳따니까야』, 『앙굳따라니까야』의 순서로 성립되었다고 전한다. 인도 불교문헌에 대한 서지학적 연구를 진행한 나까무라 하지메는 경장 중에서도 『디가니까야』는 가장 오래된 것이라는 기존의 입장에 대하여, 고층과 신층을 구분하는 기준에 의하면 그러한 견해에 전적으로 동의할 수만은 없다고 주장한다. 하지만 사부 니까야 중에서 『디가니까야』가 매우 오래된 경들을 포함한다는 사실에는 의심의 여지가 없다고 부언한다〔Hajime Nakamura(1980), pp.32~38〕.

46 전재성(2011), p.12. 『디가니까야』의 편집이 언제 일단락되었는지에 대해서 학자들마나 의견이 다르지만, 다른 경장들과 마찬가지로 제1차 결집 당시에 탄생해서 근본분열로 상좌부가 갈라져 제2차 결집이 이루어졌을 때 다져졌고, 제3차 결집에서 일부 추가된 것으로 보고 있다. 이 경전의 주석서는 사리(sarīra) 이야기와 탑묘의 건설은 「마하빠리닙빠나쑫따(*Mahāparinibbānasutta*)」가 인도에서 일어난 사실임을 입증하기 위해 제3차 결집에서 추가된 것이라고 기술한다. 그리고 이러한 내용은 제4차 결집에서 문자화된 것이라는 추론도 가능하다. 아베나야께(O. Abenayake)는 「마하빠리닙빠나쑫따」의 마지막 게송들은 『붇다왐사』의 마지막 장의 게송과 상응하는 것으로 보아 스리랑카 승려의 작품일

의 「싸망냐팔라쑫따(*Sāmaññaphalasutta*)」부터 「떼위짜쑫따(*Tevijjā-sutta*)」를 통해서는 삼학三學을 계戒, 4선禪, 4무색선無色禪, 3명明, 6통通 등으로 집대성하고 있는데, 이는 교학과 수행의 가르침을 총망라하면서 불교의 큰 틀을 완성하고 있다는 데 그 특색이 있다.[47]

『맛지마니까야』는 사부 니까야들 가운데 두 번째로 결집된 것으로 『디가니까야』 다음으로 길이가 긴 경들을 모아서 수록한 것이다. 문자적으로 '맛지마(Majjhima)'는 '중간의'를 뜻하는 형용사인데 지나치게 길지도 않고 지나치게 짧지도 않은 길이의 경들을 말한다.[48] 내용적인 특색은 4선, 4무색선, 상수멸, 3명, 6통 등 수행과 깨달음에 관계된 교설들이 다른 경전들에 비해서 유난히 많이 나타난다는 점이다. 전체 경들 중에서 54개의 경들은 이러한 수행이나 깨달음에 관련된 교설들이 중점적으로 설해지고 있고, 초기불교의 수행인 37보리분법도 다섯 개 이상의 경들에서 설해지고 있으며, 사념처에 대한 내용도

가능성이 있다고 주장하는데, 만일 이것이 사실이라면 경전이 문자화된 이후에도 경전의 변용이 일어났음을 암시한다(p.12).

47 각묵스님(2007), p.30.

48 편찬의 과정과 관련하여 슈미트(Kurt Schmidt)는 『맛지마니까야』에 있는 각 경전의 차이가 너무 큰 것을 볼 때 단일한 편집자가 아니라 많은 편집자들에 의해서 이루어진 것이라고 보고한다. 그는 특히 경전에 쓰인 변화된 문법이나 새로운 개념들을 연구하였는데, 아무리 고대적인 언어나 문체의 스타일에 심혈을 기울여도 이미 익숙해져버린 새로운 단어나 개념의 영향권에서 쉽게 벗어나기 어렵기 때문에 새로운 상이한 가르침을 만들어 경전군 속에 끼워 넣어도 그러한 어긋남은 쉽게 발견된다는 것이다. 그렇기 때문에 이 경전은 붓다의 교설이나 스승의 전승으로 인정될 수 있지만, 간혹 후대에 첨가되거나 끼워 넣은 것들도 발견된다고 한다〔전재성(2009), p.13〕.

종합적으로 설명되어 있다.[49]

『쌍윳따니까야』의 'Saṃyutta'는 'sam+√yuj'의 과거수동분사형태로 '함께 묶인', '연합된', '결합된'이란 뜻이고 영어로는 'connected', 'combined'로 옮기는데[50] 붓다의 교설 가운데 그 주제가 분명한 것을 주제별로 함께 모아서 결집한 경전군을 일컫는다. 총 56가지의 주제로써 초기불교의 핵심적인 교학과 수행체계를 총망라한다. 주로 법에 대한 확신이 굳건하고 교학과 수행에 이미 깊이 들어간 출가승을 위한 것이지만 교학과 수행에 있어서 뛰어난 성취를 이룬 재가자들에게 설한 가르침과 관계된 경들도 적지 않다.[51]

『앙굳따라니까야』는 『쌍윳따니까야』에 이어 네 번째로 편집된 것으로서, 사부 니까야들 중에서 경전의 숫자가 가장 많지만 전체 분량에 있어서는 『쌍윳따니까야』보다 약간 적고 『맛지마니까야』보다는 훨씬 크다. '앙굳따라(Aṅguttara)'는 '하나를 더하는 것', '증일增一'의 뜻이 있는데[52] 주요 주제의 숫자가 하나씩 증가하면서 설해진 경들의 모음을 일컫는다. 전부 11개의 니빠따(nipāta, 모음)로 구성되어 있는데 'nipāta'는 'ni, 아래로'+'√pa, to fall'에서 파생된 명사로 '아래로 떨어뜨린 것'이라는 일차적인 의미에서 유래해 '유사한 것끼리 모은 것'이라는 의미로 전개되었다. 이 경장은 출가자의 실천적인 수행과 재가자의 일상적인 관심사를 함께 다루고 있으며, 윤리적인 가르침과 승단의

49 대림스님(2012), pp.42~43, pp.61~63.

50 전재성(2012), p.680; T. W. Rhys Davids & William Stede(1986), p.656.

51 각묵스님(2009), p.35, p.60.

52 전재성(2005), p.72.

계율과 관계된 문제뿐만 아니라 일상적인 규범에서부터 종교철학적인 문제에 이르기까지 관심을 보이기 때문에 진리를 추구하는 자를 비롯하여 비교종교학자나 철학자, 심리학자, 문화사가, 역사학자, 민속학자들에게 풍성한 자료를 제공한다.[53]

『쿧다까니까야』는 현재 〔남방 전승의〕 아쏘까 왕 이후에 지금의 형태로 성립되었다는 설이 일반적이기 때문에[54] 초기불교 시기보다는 오히려 부파불교 시대에 포함시키는 것이 관례일 것이다. 그렇지만 쿧다까니까야들 사이에는 매우 이른 고층과 신층으로 추정할 수 있는 내용들이나 언어학적 사료들이 함께 발견되기 때문에 이들 모두 초기불교의 범주에서 제외시켜 부파불교의 전적에 포함시키기도 어려운 실정이다.[55] 『쑫따니빠따(*Suttanipāta*)』와 같은 경전에 실린 대부분의 경들은 늦어도 불멸 후 약 50년 이전에 성립한 것이라고 볼 수 있으며,[56] 그 밖에 『테라가타(*Theragāthā*)』, 『테리가타(*Therīgāthā*)』 등 매우 오래된 경전도 포함되어 있는가 하면, 반면에 아비담마로 넘어가는 과도기적인 『닏데싸(*Niddesa*)』나 『빠띠쌈비다막가(*Paṭisambhidāma-*

---

53 전재성(2007), p.13, p.17.

54 Hajime Nakamura(1980), p.39.

55 예를 들어 『담마빠다(*Dhammapada*)』의 구절들은 『쌍윧따니까야』(SN. I. 209)에서 인용되고, 『쑫따니빠따(*Suttanipāta*)』의 제4품 「앋타까왁가(*Aṭṭhakavagga*)」는 율장(Vin. I. 196)과 『우다나(*Udāna*)』(Ud. 59)에서 언급되어 있다. 그리고 『쑫따니빠따』의 제5품 「빠라야나(*Pārāyaṇa*)」는 『쌍윧따니까야』(SN. Ⅱ. 49)와 『앙굳따라니까야』(AN. Ⅰ. 133, 134; Ⅱ. 45; Ⅲ. 399, 401; Ⅳ. 63)에 인용되고 있을 정도이다〔에띠엔 라모뜨, 호진 역(2008), p.309〕.

56 전재성(2013), p.14.

gga)』 등도 함께 수록되어 있다.[57] 이처럼 『쿤다까니까야』에 수록된 경전군들은 초기나 부파 또는 신층이나 고층들이 혼재되어 있기 때문에 이들을 일률적으로 초기나 부파 중 어느 한 시기의 전적으로 편입시키기엔 현실적으로 어려운 점이 있다.

현재 각 지역의 전통에 따라서 『쿤다까니까야』에 포함되는 경전의 종류가 서로 일치하지 않으며, 『디가니까야』를 전승해 내려온 전통에서는 『쿤다까니까야』를 논장論藏에 포함시킬 정도로 사실상 아비담마의 성향이 짙은 경전들이 다수 포함되어 있기도 해서 학자에 따라서는

---

57 히라카와 아키라, 이호근 역(2004), p.156. 리스 데이비스(T. W. Rhys Davids)는 붓다의 재세기부터 아쏘까 왕의 시대에 해당하는 빠알리 문헌들을 추적하여 그 편찬 시기에 따라 다음과 같이 열 단계의 연대기적인 과정으로 구분하였다. 여기에는 사부 니까야의 출현 이전을 포함하여 『쿤다까니까야』와 율장, 논서에 이르기까지 그 성립 시기가 순서대로 나열되어 있다. 이 목록에 의하면 초기경전으로 간주되는 사부四部 니까야는 빠알리 문헌의 발달사에서 네 번째 단계에 위치하는 것으로 추정된다. 그리고 소부인 『쿤다까니까야』에 해당하는 경전군들은 사부 니까야보다 후대에 위치한다.

①동일한(identical) 언어와 기사 또는 시구로 기억되는 단순한 형태의 교설
②동일한 형태의 언어로 구성된 이야기 형식
③Sīlas, Pāṭimokkha(戒本), Pārāyaṇa, Octades
④Dīgha-nikāya, Majjhima-nikāya, Saṃyutta-nikāya, Aṅguttara-nikāya
⑤Suttanipāta, Thera-Therīgāthā, Udāna, Khuddakapāṭha
⑥Sutta-vibhaṅga(經分別), Khandaka(健度)
⑦Jātaka, Dhammapada
⑧Niddesa, Itivuttaka, Paṭisambhidāmagga
⑨Petavatthu, Vimānavatthu, Apadāna, Cariyapiṭaka, Buddhavaṃsa
⑩아비담마의 문헌들. 아비담마 문헌들 중에서 가장 이른 것은 Puggalapaññatti 이고, 가장 최후의 것은 Kathāvatthu가 될 것이다(p.1).

이 경전군을 초기경전에서 제외시키기도 한다. 사실상 전체 15개 혹은 18개 경전군에는 그 비율에 있어서 매우 이른 고층에 속하는 경전보다 비교적 후대에 속한다든가 아비담마적인 성향을 보이는 경전의 비율이 더 높기 때문에, 전체 구성 비율로만 본다면 초기경전보다 부파불교 이후 상좌부불교의 빠알리 삼장三藏에 편입시키는 편이 좀 더 합당할 수 있다. 『쿧다까니까야』의 구성과 내용에 대해서는 상좌부불교를 논하는 부분에서 좀 더 구체적으로 살펴보기로 한다.

(2) 율장律藏, Vinayapiṭaka

율장은 승가의 규율이나 규범을 나타낸 것이다. 율(律, vinaya) 안에는 계율과 계율을 시설하게 된 사건의 동기나 인연담, 계율의 위반시 받는 처벌, 각각의 계율을 구성하는 문장이 지닌 의미를 설명하는 고주석古註釋, 그리고 상황의 변화에 따른 계율의 완화나 변형 등에 관한 내용들이 실려 있다.

일반적으로 율이라고 번역되는 'Vinaya(위나야)'는 어근 'vi'와 '√nī, 안내하다, 이끌다, 뽑아내다, 제거하다'의 뜻을 가진 동사에서 유래한 것인데 첫 번째는 '훈련', '단련', '교육', '제어', '규율' 등의 뜻을 지니고, 두 번째는 '제거', '분리'의 의미를 지닌다. 위나야의 두 가지 어원적인 측면을 고려하면 위나야는 승단의 유지와 지속을 위해서 모든 구성원이 지켜야 하는 규율적인 면과 승단의 청정을 위해서 개인이나 집단이 지켜야 하는 윤리적인 면으로 구분된다.[58]

---

58 전재성(2014), pp.13~14.

율장은 빠띠목카(Pāṭimokkha, 戒本)와 깜마와짜나(Kammavācanā, 羯磨)의 두 가지 기초 위에 성립한다. 빠띠목카는 일종의 징벌적인 형식을 갖춘 것으로 교단의 규칙에 해당하는 목록이다. 그리고 깜마와짜나는 교단의 생활에 있어서 여러 가지 기능적인 측면들을 정해 놓은 것으로 입단入團의 허가, 수계受戒의식, 포살布薩, 자자自恣, 안거安居 등과 기타 사원 생활에 대한 다양한 세부사항들이 수록되어 있다. 전체는 모두 세 부분으로 구성되어 있는데 두 종류의 쑫따위방가(Suttavibhaṅga, 經分別), 약 20개의 칸다까(Khandhaka, 健度), 그리고 경우에 따라서 빠리와라(Parivāra, 附隨)가 포함된다. 쑫따위방가는 빠띠목카의 조문條文들을 상세하게 설명해 놓은 것인데 비구계(Pārājikā)와 비구니계(Pācittiyā)로 구분된다. 칸다까는 갈마에 정해진 행의작법行義作法을 근거로 한 수행생활의 세부적인 사항들을 규정한다. 그리고 빠리와라는 쑫따위방가와 칸다까에서 취급된 자료들의 개요를 작성하거나 교단의 역사와 관련된 사건들에 대한 추가적인 정보를 제공한다. 이외에도 때로는 빠리와라에서 때로는 칸다까에서 붓다의 부분적인 전기傳記와 초기 교단의 역사와 관련된 설명들이 발견된다. 전기는 붓다의 전생과 가계, 탄생과 정각까지의 삶, 초기 전도활동 등 세 부분으로 구성되어 있고, 교단의 역사는 붓다의 장례, 초기의 장로들, 결집 등의 문제들을 다루고 있다.[59]

59 에띠엔 라모뜨, 호진 역(2008), pp.325~331. 한편 리스 데이비스(Rhys Davids)는 빠띠목카가 성립사적으로 다양한 학습계율의 조문을 집성한 것으로서 가장 후대에 속한다고 본 반면에 올덴베르그(H. Oldenberg)는 빠띠목카가 가장 먼저 성립되었고 점차 조문의 적용과 해석의 모호함을 피하려고 쑫따위방가(Suttavi-

4) 37보리분법에서 우뻬카의 위치

초기불교의 전통은 초경험적 사실에 대한 사변적이거나 형이상학적인 논의를 희론戱論이라 하여 배척한다. 세계의 유한이나 무한과 같은 무익한 희론에 관여하는 한 현실의 괴로움을 극복하는 일은 멀어지게 된다. 붓다가 관심을 가진 것은 고苦의 소멸이며 그것은 지금 여기에서 실현되어야 한다. 그렇기 때문에 무익한 희론에 대하여 붓다는 무기無記를 유지한 것이다. 사변적이거나 형이상학적인 물음들은 단지 인식론적으로 무의미하고 답변이 불가능할 뿐만 아니라 직접적인 현실의 문제를 해결하는 데 있어서도 도움이 되지 않는다.[60]

현실의 문제 해결에 있어서 실질적인 도움이 되는 방법은 보리분법(bodhipakkhiyā-dhamma, 菩提分法)이다. 'bodhipakkhiyā'에서 '-iya'는 형용사형 어미이며 'pakkhiyā'는 'pakṣa'에서 유래하는데 '깨달음의 편에 선 것' 또는 깨달음을 가져오는 것'이란 뜻이 있으며, 최상의

---

bhaṅga)가 성립된 것이라고 한다. 율장은 크게 ① 쑫따위방가(Suttavibhanga, 經分別), ② 칸다까(Khandhaka, 健度)〔마하왁가(Mahāvagga, 大品), 쭐라왁가(Cullavagga, 小品)〕, ③ 빠리와라(Parivāra, 附隨)의 순서대로 편집되었다고 알려져 있다. 그러나 올덴베르그(H. Oldenberg)는 내용적인 성립 순서를 고려하여 ②, ①, ③의 순서대로 율장을 편찬한 것이라고 해석하면서 여러 이본들을 대조하고 교정하여 다음과 같이 총 다섯 권의 빠알리 율장을 로마자로 간행하였다.

1. Vol. Ⅰ. The Mahāvagga, London, PTS, 1879.
2. Vol. Ⅱ. The Cullavagga, London, PTS, 1880.
3. Vol. Ⅲ. The Suttavibhaṅga, First Part, London, PTS, 1881.
4. Vol. Ⅳ. The Suttavibhaṅga, Second Part, London, PTS, 1882.
5. Vol. Ⅴ. The Parivāra, London, PTS, 1883〔전재성(2014), p.21〕.

60 David J. Kalupahana(2014), p.99.

지혜나 깨달음에 기여하는 요소나 자질을 의미하기도 한다. 전체는 37가지 요소들의 모임으로 구성되어 있다.[61] 이 법은 사성제를 깨달아서 지혜를 얻은 자들이 구족한 법이자[62] 아직 깨닫지 못한 자들이 의지해서 깨달음을 실현할 수 있도록 도와주는 법이기도 하다.[63] 또한 이 법의 실현은 많은 사람들의 이익과 행복을 위하는 길이며 동시에 심해탈心解脫과 혜해탈慧解脫을 실현하기 위한 길이기도 하다. 37가지는 사념처四念處, 사정근四正勤, 사여의족四如意足, 오근五根, 오력五力, 칠각지七覺支, 팔정도八正道인데 각 항목에 해당하는 구성요소들은 다음과 같다.[64]

①사념처(cattāro satipaṭṭānā, 四念處): 신념처身念處, 수념처受念處, 심념처心念處, 법념처法念處[65]

②사정근(cattāro sammappadhānā, 四正勤): 아직 생기지 않은 불선한 마음은 생기지 않도록 의욕을 일으켜서 정진함, 이미 생긴 불선한 마음은 버리도록 의욕을 일으켜서 정진함, 아직 생기지 않은 선한

61 W. G. Weeraratne(2003), vol. Ⅲ, p.209; T. W. Rhys Davids & William Stede (1986), p.491.

62 It-a. 73; Sv. Ⅲ. 63.

63 『쌍윤따니까야』의 「막가쌍윤따(*Maggasaṃyutta*)」에서 「이디빠다쌍윤따(*Iddhipāda-saṃyutta*)」까지는(SN. V. 2-293) 37보리분법의 실현에 대한 상세한 설명이 있는데, 아직 깨닫지 못한 자가 보리분법을 닦고 익혀서 깨달음을 실현할 수 있도록 도와주는 법에 관한 내용들로 구성되어 있다.

64 DN. Ⅱ. 120; Ⅲ. 102; MN. Ⅱ. 238~239, 245; AN. Ⅳ. 203, 207.

65 DN. Ⅲ. 58, 221; MN. Ⅰ. 56, 339; Ⅱ. 11; AN. Ⅱ. 218; Ⅲ. 12; Ⅳ. 125.

마음은 생기도록 의욕을 일으켜서 정진함, 이미 생긴 선한 마음은 유지하고 증진시키도록 의욕을 일으켜서 정진함[66]

③사여의족(cattāro iddhipādā, 四如意足): 올바른 의욕(chanda)으로 삼매를 닦아 신통을 성취, 정진으로 삼매를 닦아 신통을 성취, 마음의 통일로 삼매를 닦아 신통을 성취, 성찰(vīmaṁsā)로 삼매를 닦아 신통을 성취[67]

④ 오근(pañcindriyāni, 五根): 믿음信, 정진精進, 염念, 정定, 혜慧[68]

⑤ 오력(pañcabalāni, 五力): 신력信力, 정진력精進, 염력念力, 정력定力, 혜력慧力[69]

⑥ 칠각지(satta bojjhaṅgā, 七覺支): 염念, 택법擇法, 정진精進, 희열喜悅, 경안輕安, 정定, **우뻬카**(平靜)[70]

⑦ 팔정도(ariya aṭṭhaṅgikamagga, 八正道): 정견正見, 정사유正思惟, 정어正語, 정업正業, 정명定命, 정정진正精進, 정념正念, 정정正定[71]

37가지의 구성요소들은 각기 독립된 별개로서가 아닌 상호 유기적인 관계를 형성한다. 이를테면, 사념처는 오근에서의 염念을 말하며 사념처의 확립은 곧 칠각지로의 이행을 의미한다. 오근을 구족하면

---

66 DN. Ⅱ. 120; MN. Ⅲ. 296.

67 DN. Ⅲ. 77; AN. Ⅴ. 175; DN. Ⅲ. 221.

68 DN. Ⅲ. 239, 278; AN. Ⅱ. 149, 150, 151, 156.

69 DN. Ⅱ. 120; MN. Ⅱ. 12; SN. Ⅲ. 96; AN. Ⅲ. 12.

70 DN. Ⅲ. 252; SN. Ⅴ. 65~66, 75, 76, 77.

71 DN. Ⅰ. 156, 157, 165; SN. Ⅴ. 8~9; MN. Ⅰ. 118; DN. Ⅲ. 255.

오력이 함께 갖추어지고, 또 사정근을 닦으면 팔정도의 정정진을 닦는 것이기도 하다. 그리고 사여의족은 팔정도의 정정正定이나 오근의 정定과 연관되어 있다. 특히 팔정도는 나머지 29가지 요소들을 섭수하면서 모든 수행의 중심에 놓여 있기 때문에 팔정도를 닦으면 전체 보리분법이 함께 계발되는 식으로 이들은 서로를 성립시키면서 긴밀하게 연결된다.

37가지 보리분법 중에서 우뻬카는 칠각지를 구성하는 마지막 요소로서 등장한다. 각 칠각지의 요소들은 깨달음이나 열반의 내용을 구성하거나 그 길로 인도하는데, 이때 우뻬카는 공평한 관찰력에 의해서 번뇌를 제거하고, 이후에는 고요한 평정심을 유지하는 등 수행의 과정 및 그 결과와 늘 함께한다.[72] 비단 칠각지뿐만 아니라 그 밖에 사념처, 오근五根의 정定과 혜慧, 그리고 팔정도의 정념正念이나 정정正定 등에서도 실제적으로 요구된다. 우뻬카가 초기불교를 대표하는 수행체계 속에서 주요한 행법의 요소로서 표면에 등장한다는 사실은 그만큼의 높은 수행적인 비중을 차지한다는 의미로 이해할 수 있다. 앞으로 살펴보겠지만, 불교 수행에 있어서 우뻬카는 싸마타의 선정과 위빳싸나의 통찰 수행 모두에 있어서 매우 중요한 역할과 기능을 담당한다. 비록 칠각지 이외에 사념처나 오근, 팔정도 등을 구성하는 요소로서 직접 드러나지는 않지만, 정과 혜를 지지하고 이끌어주는 매체로서의 실질적인 기능과 역할을 담당하기 때문에 초기불교 수행의 체계 속에서 충분히 주목할 만한 가치가 있다.

---

72 AN. Ⅰ. 53; SN. Ⅴ. 97, 131.

이상의 내용을 정리하면 다음과 같다.

초기불교는 일반적으로 붓다와 그의 직제자들이 설한 가르침을 포함하여 부파불교가 전개되기 전까지의 불교를 말한다. 붓다는 기원정사에 머물기 시작하면서 법(Dhamma)의 체계화에 많은 노력을 기울이기 시작했으며, 일찍이 그의 중요한 근본 교설은 문답식으로 정착되기에 이른다. 율(Vinaya)도 문제가 제기될 때마다 제정하여 점차 체계화되어 나갔는데 붓다 재세 시에 이미 빠띠목카(Pāṭimokkha, 戒本)로 정착되어 우뽀싸타(uposatha, 布薩)일에 합송되었다. 붓다의 교설은 이러한 과정을 거쳐 마침내 제1차 결집에서 법과 율이란 타이틀로 전승되는데 율은 율장으로, 법은 경장으로 정리되기에 이른다.

불교의 성립사적 측면에서 볼 때 초기불교의 범주는 남방 전승에 의하면 아쏘까 왕의 즉위 이전, 즉 부파분열 이전의 불교가 된다. 초기불교 경장은 이 시기에 해당되는 것으로 처음에는 9분교나 12분교의 형태를 띠고 나타났으나 점차 현재 볼 수 있는 것과 같은 형식을 갖추게 된다.

한편 최초기의 승단은 정사精舍의 생활로 이행되어감에 따라 공동생활에 필요한 승가의 규율이 만들어지게 되었다. 승가의 규율을 집대성한 것이 곧 율장이다. 율장에는 붓다의 동시대 사건뿐만 아니라 후대 여러 사건들이 동시에 등장하기 때문에 그 편찬은 후대에 와서야 종결된 것으로 보고 있다.

초기불교의 경장은 사부 니까야에 『쿧다까니까야(*Khuddakanikāya*)』를 더한 오부 니까야, 그리고 율장이 포함된다. 사부 니까야를 먼저 완성한 뒤 그 외에 남은 교설이나 일화, 전기나 게송들은 모두 『쿧다까니까야』에 모아 수록하였다. 『쿧다까니까야』를 어디에 포함시킬 것인가의 문제는 삼장三藏을 전승해온 전통에 따라서 각기 다른 견해를 가졌다. 현재의 『쿧다까니까야』는 제2차 결집 이후에 지금의 형태로 성립되었다고 보는 설이 일반적이기 때문에 초기불교라기보다는 부파불교 시대의 산물로 간주하는 편이 관례일 것이다. 하지만 『쿧다까니까야들』 사이에는 매우 이른 고층과 신층으로 추정할 수 있는 내용들이나 언어학적 사료들이 함께 발견되기 때문에 이들을 모두 초기불교의 범주에서 제외시키기 어려운 점 또한 있다. 반면에 북인도에서 중앙아시아를 거쳐 중국에 전래된 사부 경장을 아함(阿含, Āgama)이라 부르는데 네 종류의 아함이 중국에서 역출되었다. 빠알리 사부 니까야가 단일한 부파의 전승인데 비해 아함은 각기 여러 부파에 의해서 보존되었다는 점에서 대조를 이룬다. 한역 대장경 안에는 빠알리 『쿧다까니까야』에 실린 경전과 상응하는, 여러 부파에서 전승된 경전들도 실려 있는데, 각기 독립된 경전으로 번역된 것이어서 어느 부파 소속의 다섯 번째 아함인지는 잘 알려져 있지 않다. 대정신수대장경大正新修大藏經은 이러한 경들을 아함부阿含部와 별도로 본연부本緣部에 수록하고 있다. 경장과 함께 현재 율장은 빠알리어본과 싼쓰끄리뜨어본이 전해지는데, 빠알리어본 전체가 온전히 상좌부불교 전통에서 전승되어온 것과는 달리 싼쓰끄리뜨어본들은 단편적으로 발견된 것이기 때문에 빠알리어본 율장과 같이 하나의 완벽한 형태를 갖추고 있지 못하고 부분적인 형태로 전승되고 있다.

37보리분법菩提分法은 초기불교의 수행체제를 대표한다. 총 37가지 구성요소들 중에서 우뻬카는 칠각지의 마지막 구성요소로서 등장한다. 우뻬카가 초기불교의 수행을 대표하는 수행체계 속에서 전면에 등장한다는 사실은 그만큼 높은 수행적인 비중을 차지한다는 의미로 이해할 수 있다. 실제로 우뻬카는 싸마타와 위빳싸나 수행 모두에서 매우 중요한 역할을 담당하기 때문에 칠각지뿐만 아니라 사념처四念處, 오근의 정定과 혜慧, 팔정도의 정념正念이나 정정正定 등에서도 여전히 활동한다고 볼 수 있다. 비록 사념처나 오근, 팔정도를 구성하는 요소로서 표면에 떠오르지는 않지만, 우뻬카는 정과 혜를 지지하고 이끌어주는 매체로서의 실질적인 역할과 기능 때문에 초기불교의 수행체제 속에서 충분히 주목할 만한 가치가 있다.

2. 상좌부불교

1) 상좌부불교의 의미와 배경

상좌부上座部는 빠알리어로 '테라와다(Theravāda)'이다. 테라와다는 'thera'와 'vāda'의 합성어로 'thera'는 'old age'를 말한다. 여기서 'old'란 'venerable'의 뜻으로 붓다의 공동체에서 연령이 많거나 성품이나 지위 또는 수행력 등이 높아서 존경할 만한 자격이 있는 비구를 가리킨다. 싼쓰끄리뜨어로 'thera'는 'sthávīra'인데 마찬가지로 'old', 'ancient', 'venerable'의 뜻이 있다. 그리고 'vāda'는 '√vad(speak, say)'의 남성 명사형으로 말하기, 토론, 논쟁 또는 이론이나 교리(doctrine)를 뜻하기도 한다.[73] 그래서 테라와다라고 하면 비교적 연령이 많고 존경할

73 T. W. Rhys Davids & William Stede(1993), p.310, p.608; Monier Monier-Williams(2002), p.310; 전재성(2005), p.584.

만한 자의 말이나 교의 정도로 이해할 수 있다.

상좌부를 일컫는 말은 'Theravāda', 'Sthávīravāda', 'Vibhajjavāda' 이렇게 세 가지인데 그중에서 동남아시아 국가의 상좌부를 일컫는 일반적인 용어가 'Theravāda'이다.[74] 테라와다라는 명칭은 불멸 직후에 개최되었던 제1차 결집의 시기까지 소급된다. 월폴라 라훌라(Walpola Rahula)는 고대 역사 연대기인 『디빠왐싸(*Dīpavaṁsa*)』와 『마하왐싸(*Mahāvaṁsa*)』, 그리고 율장의 주석서에서 전하는 기록에 따라 다음과 같이 기술한다. 'Theravāda', 'Theriya', 'Therika'라는 용어는 붓다 입멸 약 백 일 후에 개최된 제1차 결집 이후 불교사에 소개되었다. 마하깟싸빠(Mahākassapa) 장로가 의장을 맡았던 이 제1차 결집에서 붓다의 교설인 법과 율이 암송되었고 스승의 진정한 가르침이라고 인정되면 만장일치로 수용하였다. 이 결집에서 승인되었던 것이 'Theravāda', 'Theriya', 'Therika', 즉 '장로들의 교의'나 '장로들의 전통'으로 명명되었다. 이와 같이 테라와다는 제1차 결집과 관련이 있으며 이때 이미 그 명칭이 사용되었다.[75]

테라와다라는 명칭은 제1차 결집에서 처음 등장했지만 오늘날 남방상좌부불교의 기원은 아쏘까 왕 시대에 있었던 〔북방 전승의〕 제3차 결집과 관련이 있다. 이 결집을 통해서 마가다(Magadha) 지역에 정설로 자리 잡은 부파를 일반적으로 분별설부(Vibhajyavādins)라고 불렀는데, 이들은 점차적으로 그 영역을 서남쪽으로 넓히게 되었다. 그리고 분별설부의 지말 분파로서 화지부(Mahīśāsaka)에 아주 가까운 승려들

---

74 권탄준 외(2010), p.62.

75 마성(2002), p.75.

이 스리랑카 아누라다푸(Anurādhapūra)의 마하위하라(Mahāvihāra) 사원에 자리 잡게 되면서 오늘날 남방 상좌부불교의 주류로 성장하게 된다.[76] 현재 동남아시아 국가의 테라와다 불교는 분별설부로부터 분파된 학파로 본토의 상좌부(Sthaviravāda)와 구분하기 위해서 흔히 남방 상좌부라고 한다.[77] 지금의 스리랑카, 미얀마, 태국, 캄보디아, 라오스 등의 동남아시아 국가들을 중심으로 형성된 상좌부불교는 붓다의 가르침을 그대로 유지하고자 하는 가장 보수적인 성향을 지닌 모임이라고 말할 수 있는데 그 지리적인 위치로 인해서 남방불교라고도 부른다.[78] 상좌부불교는 빠알리어로 전승된 빠알리 문헌에 의존하고 있기 때문에 '빠알리불교'나 '상좌부불교', '상좌불교', '남방불교', '남방 상좌부불교'라고도 하는데 이러한 명칭들은 모두 인도에서 스리랑카로 전해져서 그곳을 근거지로 하여 동남아시아 지역에 전래된 불교를 일컫는 동일한 용어들이다.

불멸후 제1차 결집에서 최초기 형태의 경과 율이 정비 조직되고, 그러한 형태의 경과 율이 각 부파들 사이에 전승된 이후 자파自派의 성전聖典에 대한 정비나 고착을 촉진시키기도 하고, 때로는 증장이나

---

76 황순일(2013), p.11. 스리랑카 및 동남아시아의 상좌부불교가 단일하고 순수한 것으로 여겨지는 통설에 대해 대승불교의 요소가 가미되어 있다는 연구도 참고할 만하다. 상좌부불교에 밀교적인 요소가 가미된 불교를 '탄트릭 테라와다(tantric theravāda)'라고 부르는데, 크로스비(Kate Crosby)는 탄트릭 테라와다 분야를 집중적으로 연구하였던 프랑스 학자 비조트(Bizot)의 선행연구 성과를 소개한다〔안양규(2013), p.176〕.

77 권탄준 외(2010), p.63.

78 정준영(2009), p.209.

개변改變을 초래하는 결과를 낳기도 하면서 현재의 모습을 갖추게 된 것으로 보고 있다. 이러한 유구한 역사와 문화적인 전통을 지닌 현재의 상좌부불교의 경장 안에서 원초적인 형태와 부파적인 형태를 명확히 가려내는 작업은 현실적으로 매우 어려운 일일 것이다. 만일 이러한 작업을 시도하고자 한다면 앞서 후지타 고타츠(藤田宏達)의 지적대로 언어학적, 사상사적, 문화사적인 고찰에다 보조적인 검토를 더하여 가능한 광범위한 분야에서 세밀한 연구가 뒷받침되어야 할 것이다.

2) 삼장의 성립

부파불교 시대의 각 부파들은 자신들만의 독자적인 삼장三藏을 지닌 것으로 보인다.[79] 성전聖典의 용어도 동일한 것이 아니라 부파에 따라

---

79 7세기에 인도를 여행한 현장과 의정에 따르면 대부분의 부파들이 독자적인 삼장을 지녔다고 한다. 현장은 『대당서역기』에서 설일체유부의 67부, 상좌부의 14부, 대중부의 15부, 정량부의 15부, 화지부의 22부, 음광부의 17부, 법장부의 42부 등의 삼장을 가져왔다고 전한다(T.51.946c16~20). 그러나 현장은 설일체유부 이외의 부파 논서는 역출하지 않았기 때문에 지금은 전해지지 않는다. 의정도 『남해기귀내법전』에서 설일체유부, 정량부, 상좌부, 대중부가 각각 삼장을 지니고 있었다고 전하고 있다(T.54.205a26~28). 하지만 12세기 인도에서 불교가 완전히 멸망함에 따라 유력한 몇 개 부파들의 논서들을 제외하고 나머지는 거의 흔적도 없이 사라져버렸다. 그래서 상좌부의 일곱 논서들, 설일체유부의 일곱 논서들, 법장부의 논서로 간주되는 『사리불아비담론』, 정량부의 논서로 간주되는 『삼미저부론』, 경량부의 논서로 간주되는 『성실론』 정도만이 전해져오고 있다. 이 가운데 가장 완벽한 체계를 갖추어 전해오는 아비담마 논서는 상좌부와 설일체유부의 일부에 한정되어 있다〔와타나베 후미마로, 감한상 역(2014), p.33〕.

빠알리어를 비롯하여 쁘라끄리뜨(prākrit)어나 싼쓰끄리뜨어가 사용되었다. 여러 부파에 의해서 전승된 몇 가지 성전이 남아 현존하는 경장과 율장을 이루고 있다.

오늘날 한 부파의 경장으로 가장 완전하게 전해지고 있는 것은 남방 상좌부의 빠알리어로 기록된 오부五部 니까야와 율장뿐이며, 다른 부파에서 전승된 대부분의 경장은 산실되었다. 남방 상좌부는 현존하는 성전 가운데 가장 잘 정비된 형태의 빠알리어(Pāli-bhāsā)[80]로

---

80 'Pāli-bhāsā'는 삼장(Ti-piṭaka)의 편집에 사용된 언어라고 하여 오직 성전聖典에 쓰인 언어를 말한다. 빠알리어라는 용어는 싼쓰끄리뜨어와 같은 언어학적 명칭이라기보다 남방불교의 성전인 경·율·논의 삼장을 의미하고 주석서(Aṭṭhakathā)에 대비하여 사용하고 있다. 이것은 빠알리어라는 말이 삼장에는 나타나지 않고 주석서에서 비로소 등장하는 것을 보아도 알 수 있다. 그런데 원래 성전을 의미하던 빠알리어라는 말이 언어로서의 빠알리어를 뜻하게 된 것은 주석서 제작시대(5, 6세기)보다 후기이며, 이 명칭이 문헌에 보이기 시작하는 것은 14세기 전반 스리랑카의 왕 빠락까마바후(Parakkamabāhu) 4세 시대의 역사를 전하는 『쭐라왐싸(*Cūḷavaṃsa*)』에 처음으로 보인다(Cullv., 90장, 83게). 그 이전에는 마가다어란 뜻의 마가다니룯띠(Magadhanirutti)와 마가디까바싸(Māghadika-bhāsā), 그리고 근본어란 뜻의 물라바싸(Mūla-bhāsā) 등으로 불렸다. 하지만 이 부분은 18세기말에 쓰였기 때문에 빠알리어란 명칭이 14세기에 존재했는지 18세기에 생겨났는지 불분명하지만, 아마도 빠알리어란 명칭은 14세기 이전부터 있었던 것으로 여겨진다. 단지 빠알리 불교는 12, 13세기부터 오늘날처럼 세일론을 중심으로 미안마, 타이, 캄보디아 등에 전해져 융성해지고 상호간에는 유학과 교류 등이 행해졌다. 그때 이들 언어 계통을 달리하는 나라들의 비구들 간에는 오늘날에도 행해지고 있듯이 성전에 사용된 언어가 그들의 언어 소통과 의사를 전달하는 언어로서 가장 적합하고 용이했다. 그들은 이 언어를 성전어, 곧 빠알리어라고 불렀던 것이다. 그리고 이 명칭은 16, 17세기경부터 도래한 서양인에 의해서 유럽에 전해져 일반적으로 통용된 것이다〔水野弘元, 김형준 역(2001),

집성된 성전을 보전 전승하고 있다. 빠알리어 성전을 전지傳持한 상좌부불교는 경장과 율장 이외에 논장(Abhidhammapiṭaka, 論藏)도 갖추게 되어 이른바 경·율·논 삼장(Ti-Piṭaka, 三藏)을 완전하게 전할 수 있게 된다.[81]

비구 냐나몰리(Bhikkhu Ñāṇamoli)에 의하면 역사적으로 발전 전승되어온 상좌부불교는 크게 세 가지 층으로 분류할 수 있다. 그 첫 번째 층에는 빠알리 경장이, 두 번째 층에는 논장이, 그리고 세 번째 층에는 붓다고사(Buddhaghosa)가 이전의 싱할라(Singhala)어로 된 자료들을 모아서 그것을 다시 빠알리어로 편집하고 번역하여 완성한 주석서의 체계가 놓여 있다. 이 세 번째 층에는 그 이후에 계속 보강되어 온 논의들, 특히 6세기 담마빨라(Dhammapāla)가 지은 복주서들부터 12세기의 아누룯다(Anuruddhā) 스님이나 그 후대의 복주서들이 공헌한 자료들까지 모두 포함된다.[82]

경장은 붓다와 그의 제자들의 가르침을 담고 있는 전적들이고, 논장은 경장에 대한 전문적이고 세분화된 체계로 경장의 가르침에 대한 보충적인 논의를 모아 놓은 성격이 짙다. 그리고 세 번째 층에 놓인 주석서들에서 발견되는 체계들은 모두 논장에서 비롯된 것으로, 그것이 비록 경장에 대한 주석서일지라도 아비담마의 제법에 대한 분석적인 방법론에 기대고 있다. 주석서의 입장은 경장과 논장을 정착시키고 부족한 부분을 메워서 상좌부불교라는 총체적인 틀을

---

p.15].

81 후지타 코타츠 외, 권오민 역(1992), pp.55~57.

82 Bhikkhu Ñāṇamoli(1976), pp.xxviii-xxx; 대림스님(2005), pp.63~64.

완성시킨다.[83]

3) 경장 및 율장

상좌부불교의 경장은 『디가니까야(*Dīghanikāya*)』, 『맛지마니까야(*Majjhimanikāya*)』, 『쌍윧따니까야(*Saṃyuttanikāya*)』, 『앙굳따라니까야(*Aṅguttaranikāya*)』의 사부 니까야에 『쿧다까니까야(*Khuddaka-nikāya*)』를 더한 전체 오부五部 니까야이다. '쿧다까(Khuddaka)'는 '작은', '사소한, '잡다한'의 뜻이 있기 때문에 『쿧다까니까야』는 짧은 텍스트의 모음집이란 뜻이다.[84] 다섯 번째 니까야로 불리는 것처럼 『쿧다까니까야』라는 용어는 고대의 비문에도 언급되는 등 꽤 오래전부터 존재해왔던 것으로 보이며, 아쏘까 왕 이후에 지금의 형태로 편집되었다.

그렇지만 현재 남방 상좌부불교 지역은 『쿧다까니까야』의 내용에 대한 견해가 서로 일치하지는 않는다.[85] 예를 들어 스리랑카 전승에서는 15가지, 미얀마 전통에서는 18가지, 그리고 태국의 경우에는 일곱 가지 종류만 『쿧다까니까야』로서 인정되고 있다. 『쿧다까니까야』는 이와 같이 지역에 따라서 정전正典에 대한 기준을 달리하기 때문에 편입되는 종류에 있어서 차이를 보인다. 『쿧다까니까야』에 속한 전체 경전의 종류는 다음과 같이 18가지인데 이들 중에서 스리랑카는 ①~⑮를, 미얀마는 ①~⑱을, 그리고 태국은 ①~⑤, ⑪, ⑫를 각기

83 대림스님(2005), pp.63~68.

84 후지타 코타츠 외, 권오민 역(1992), p.210.

85 Hajime Nakamura(1980), p.39.

편입시킨다.

①khuddaka-pāṭha, 소송小誦, ②Dhammapada, 법구경法句經, ③Udāna, 자설自說, ④Itivuttaka, 여시어如是語, ⑤Suttanipāta, 경집經集, ⑥Vimānavatthu, 천궁사天宮事, ⑦Petavatthu, 아귀사餓鬼事, ⑧Theragāthā, 장로게長老偈, ⑨Therīgāthā, 장로니게長老尼偈, ⑩Jātaka, 본생담本生譚, ⑪Niddesa, 의석義釋, ⑫Paṭisaṁbhidāmagga, 무애해도無碍解道, ⑬Apadāna, 비유譬喩, ⑭Buddhavaṁsa, 불종성佛種姓, ⑮Cariyāpiṭaka, 소행장所行藏, ⑯Milindapañha, 밀란다왕문彌蘭陀王問, ⑰Peṭakopadesa, 장석론藏釋論, ⑱Nettippakaraṇa, 지도론指導論이다. 비교적 고층으로 구분되는 경전들은 ②Dhammapada, ③Udāna, ④Itivuttaka, ⑤Suttanipāta, ⑧Theragāthā, ⑨Therīgāthā 등이다. 그 가운데서 특히 『숟따니빠따(*Suttanipāta*)』는 가장 고층의 게송들을 담고 있는데 『담마빠다(*Dhammapada*)』, 『우다나(*Udāna*)』, 『이띠웉따까(*Itivuttaka*)』와 같은 모음집들이 생겨나기 이전에 이미 존재했었다. 그 밖에 『테라가타(*Theragāthā*)』, 『테리가타(*Therīgāthā*)』 등은 이보다 후대에 편집된 것이다.[86] 『담마빠다』도 꽤 오래된

---

86 전재성(2013), pp.13~15. 바빠트(P. V. Bapat)는 원시적인 상태의 불교 공동체에 대한 표현을 담고 있고 두타행(dhutaṇga)이나 바라밀(pāramitā) 같은 후대의 교리가 없으며 고층적인 언어와 문체, 시형詩形이 사용되고 있는 등 모두 아홉 가지 이유를 들어 『숟따니빠따』가 매우 오래된 것이라고 주장한다. 『숟따니빠따』의 고층성은 구체적으로 다음의 9가지에 의해서 드러난다. ㉠원시적인 상태의 불교 공동체에 대한 표현을 담고 있다. ㉡두타행(Dhutaṇga)이나 바라밀(Pāramita)과 같은 후대의 불교적인 교리가 없고 열반에 대해서도 유여열반과 무여열반의 구별이 없다. ㉢후대 불교적인 신들의 이름 가운데 등장하지 않는

고층에 속하며 전체는 짧은 운문으로 구성되어 있다. 『우다나』는 붓다의 궁극적인 깨달음과 열반에 대한 감흥어린 시구와 인연담에 초점이 맞추어져 있고 운율시나 산문시 모두 초기의 전통적인 가르침을 대변하는 고층적인 작품이지만, 산문의 상당 부분은 일관성이 결여된 것으로서 비교적 후대에 구성된 신층에 속하기도 한다. 『이띠웃따까』는 짧은 산문에 게송들을 곁들인 경들로 구성되어 있다.

고대의 신들의 이름(nāradapabbatā)이 등장한다. ㉣탑묘(sthūpa)라든가 유골(sarīra)에 대한 언급이 없다. ㉤아타르와 베다(Atharva Veda)의 학습이 아직 선호되지 않은 것이 발견된다. ㉥바라문의 희생제(Sn. p.303)는 흔한 일이었고 소들도 그러한 희생제에서 도살된 것을 알 수 있다. ㉦『숫따니빠따』의 시들은 후대의 다른 경전들, 이를테면 khuddaka-pāṭha Dhammapada, Udāna, Itivuttaka, Theragāthā 뿐만 아니라 싼쓰끄리뜨 불교 경전에도 등장한다. ㉧고층적인 언어와 문체가 사용된다. ㉨고층적인 시형들을 채택하고 있다. 또한 같은 경전 안에서도 가장 오래된 부분들과 그렇지 않은 부분들이 공존하며 각 품들은 원래 대체로 독립적으로 존재했었다고 볼 수 있다(pp.14~15). 와글(N. N. Wagle)도 자야위끄라메(Jayawickrame)의 『숫따니빠따』에 대한 연구에 근거하여 이 경전을 가장 이른 시기에 성립한 것으로 받아들인다[우마 차크라바르티, 박제선 역(2004), p.21]. 그런 반면에 J. W. 드 용은 다음과 같이 『숫따니빠따』의 고층성에 문제를 제기한다. 즉 운문 게송들 대부분과 비非불교 계통의 경전들이나 떠돌이 고행자 집단에서 유행하던 시가 모음들은 공통적인 요소들을 갖고 있으며 이들 운문 게송들은 한참 뒤에 테라와다 경장의 『쿧다까니까야』에 통용된 것들이다. 이런 과정을 거쳐서 운문 게송의 교리들이 불교 가르침의 일부가 되었지만 그렇다고 하여 그 게송들이 붓다의 직설을 가장 원초적인 형태로 반영한 것을 의미하지 않는다. 또 어떤 교리에 대해 보다 짧게 설명한 게송이 보다 분량이 많은 게송보다 원래의 모습이라고 한다거나, 교법의 항목을 보다 적게 열거한 것이 보다 많은 항목을 열거한 부분보다 원초적이라고 보는 것도 오해들 가운데 하나이다[J. W. 드 용, 강종원 역(2004), pp.228~29].

『디가니까야』의 주석서에 따르면(Sv. 14) 『쿧다까니까야』는 다른 니까야들과 함께 제1차 결집에서 이루어진 것이라고 전하지만, 사부 니까야의 논장에 대한 결집이 이루어지고 나서 『쿧다까니까야』의 원형이 성립된 초기부터 논장 속에 포함되어 있었을 것이라고 추정된다. 여기에는 『디가니까야』, 『앙굳따라니까야』, 『쌍윧따니까야』의 내용들이 인용되어 있기 때문에 니까야보다는 후대에 성립된 신층이며, 편집자가 구전이나 서사된 고층의 빠알리 문헌의 내용들을 인용하고 있는 것으로 미루어 보아 적어도 제2차 결집이거나 이보다 늦은 시기에 성립되었을 것이다.[87]

『자따까(*Jātaka*)』의 경우는 점차적으로 형성되면서 확장되었는데 그 원형은 내용과 형태에 있어서 현존하는 것과 눈에 띄게 다르다. 처음에는 정통적인 시구의 형식으로 존재했었지만 정전正典이 그 형태를 갖추기 시작했을 무렵에 모든 『자따까』는 아니지만 정전에 포함되었다. 『닏데싸(*Niddesa*)』는 『마하닏데싸(*Mahāniddesa*)』와 『쭐라닏데싸(*Cullaniddesa*)』로 구성되어 있는데, 『마하닏데싸』의 편성 시기에 대하여 학자들은 아쏘까 왕이나 그와 그렇게 멀지 않은 시기라고 추정한다.

『빠띠쌈비다막가(*Paṭisaṁbhidāmagga*)』는 『닏데싸』와 마찬가지로 아쏘까 왕 이후에 편집된 것으로 보인다.[88] 특히 이 문헌은 실천 수행의

---

87 전재성(2012), pp.13~18.

88 Hajime Nakamura(1980), pp.40~49. 남방의 사료에 의하면 아쏘까 왕의 재세시는 이미 부파분열이 완성된 시기로 아비담마 시대이기 때문에 『빠띠쌈비다막가』는 초기경전인 사부 니까야보다 후대에 편성되었다는 가설을 뒷받침한다.

덕목에 대하여 아비담마적으로 정리하고 해설한 내용을 담고 있어서 실제 논장으로 취급하는 경우가 있을 정도이다.[89] 'paṭisambhidā-magga'에서 'paṭisambhidā'는 싼쓰끄리뜨어의 'pratisaṃvid'와 동의어로 '각각에 대하여(prati)', '완전하게(sam)', '알다, 이해하다(√vid)'라는 뜻인데, 이 술어는 『쿧다까니까야』 중에서도 비교적 중·후기에 성립한 『닏데싸』, 『아빠다나(*Apadāna*)』, 『붇다왐싸(*Buddhavaṁsa*)』 등과 이 『빠띠쌈비다막가』에서 본격적으로 등장하는 술어이다. 이와 같은 사실을 고려할 때 'paṭisambhidā'라는 술어는 붓다의 입멸 후 법에 대한 체계적인 분석적 경향과 함께 사용되기 시작한 것임을 알 수 있다.[90] 비록 그것의 발달단계가 본격적인 논서 이전의 초보적인

89 후지타 코타츠 외, 권오민 역(1992), p.244.

90 임승택(2001), p.9. 『빠띠쌈비다막가』의 성립연대와 관련하여 와다나베 쇼오코(渡辺照宏)는 아비담마 이후로 보고 있고, 본 힌위버(Oskar von Hinüber)도 A.D. 2세기로 추정하고 있다. 이들에 의하면 이 문헌의 내용 중에는 아비담마의 기원이라고 볼만한 내용들이 상당 분량 포함되어 있지만, 논서들에서만 발견할 수 있는 개념들에 대한 축약적인 설명이 발견되기 때문에 그 성립 시기를 아비담마 이후로 보아야 한다는 것이다. 이와 관련하여 와더(A. K. wader)는 아쏘까 왕 시대〔불멸 후 218년경〕에 그 대략적인 골격이 성립되었고 이후 출현한 논서들의 영향을 받아 새로운 술어들을 가미하여 B.C. 100년경에 제23장의 'abhisama-yakathā'를 채용하여 현재와 같은 모습으로 완성되었으며, 이 'abhisamayakathā'는 『까타밧투(*Kathāvatthu*)』에 실린 논술의 형식에 의해서 영향 받은 것이라고 주장한다. 그런가 하면 미즈노 고겐(水野弘元)은 사상적으로나 문헌사적으로 충분히 조직적인 초기 논서의 흔적을 보이지 않는 까닭에 후대에 부가된 것 없이 제 논서 이전인 아쏘까 왕 재세 무렵〔불멸 후 약 100년경〕에 성립되었다고 보기도 한다〔임승택(2001), p.12〕. 미즈노 고겐의 견해는 북방의 전승에 의한 아쏘까 왕의 연대기를 기준으로 삼고 있기 때문에 그에 따르면 『빠띠쌈비다막

수준에 머물러 있다 하더라도 실제 전통적인 니까야의 형식이나 내용으로부터 벗어나 아비담마적인 요소가 다수 가미되어 있다는 사실만은 분명하다. 이 점에 대하여 하디(E. Hardy)는 논의의 주제를 일괄적으로 제시하고 나서 본론에 들어가는 논모(mātikā, 論母)에 의한 서술방식이라든가 아비담마의 전문화된 술어 사용 등을 들어 이 문헌의 아비담마적인 경향성을 지적한다.[91] 본 힌위버(Oskar von Hinüber)에 의하면 논장에 포함되어야 할 『빠띠쌈비다막가』가 『쿧다까니까야』에 포함된 것은 이 문헌이 결집되었을 당시에 이미 논장이 닫혀서 칠론七論으로 고착되어 있었기 때문에 항상 열려 있는 『쿧다까니까야』에 포함시킨 것이라고 하여[92] 편성의 불가피성을 말하기도 한다.

『쿧다까니까야』는 승단 안에서 전승되는 동안 아비담마적인 연구가 고조됨에 따라 점차로 부가, 증광, 정리, 안배 등이 이루어지게 되는데 현존하는 경전 중에는 원천적이고 간결한 교설을 그대로 전한다고 생각되는 부분도 있지만, 다른 한편으로 아비담마적인 경향이 진전되

가』는 부파분열이 아직 완성되지 않은 시기에 속하게 된다. 이와 궤를 같이 하여 임승택은 『빠띠쌈비다막가』에 나타나는 오직 논서들에만 볼 수 있는 새로운 개념들은 아비담마적인 논서를 바탕으로 한 축약적인 설명이라기보다 오히려 초기의 맹아적인 것이기 때문에 이러한 개념들을 근거로 하여 그 성립 시기를 아미담마 시대 이후로 추정하는 견해는 설득력을 지니지 못한다고 기술한다. 아울러 문헌사적으로 아직 초기단계에 속하는 것으로서 경장과 논장의 가교역할을 할 뿐만 아니라 상좌부불교 수행전통의 원초적인 형태를 살필 수 있는 문헌이라는 점에서 중대한 의의를 지닌다고 평가한다〔임승택(2000), pp.129~131; 임승택(2001), p.12, pp.209~210〕.

91 E. Hardy, 임승택·서갑선·이춘옥 역(2014), p.ix.

92 대림·각묵스님(2009), p.51.

어 이제 거의 하나의 아비담마 논서와 구분할 수 없을 정도의 내용이나 형식을 갖추고 있는 부분도 있다.

이를테면 『닏데싸(*Niddesa*)』, 『밀린다빵하(*Milindapañha*)』, 『뻬따꼬빠데싸(*Peṭakopadesa*)』, 『넫띱빠까라나(*Nettippakaraṇa*)』 등은 엄밀하게 말해서 논서라고 할 수는 없지만 내용상으로는 논서적인 성격을 강하게 띠고 있다.[93] 그런데 이들 중에서 『넫띱빠까라나』와 같은 경우는 아비담마적인 특징들이 거의 발견되지 않는다. 그 대신 경장으로부터 수많은 구절들을 인용하고 있고, 논장에 귀속될 수 있는 인용문은 단 하나도 포함하지 않으며, 율장이나 논장에서는 볼 수 없는 기본적인 구성을 갖춘 것으로 보아 그 편찬시기를 아비담마적인 움직임이 본격화되지 않았던 제2차 결집으로 보게 한다.[94] 그 밖에 『자따까(*Jātaka*)』, 『아빠다나(*Apadāna*)』, 『붇다왐싸(*Buddhavaṁsa*)』, 『짜리야삐따까(*Cariyāpiṭaka*)』 등은 불교적인 설화문학이라고 할 만한 형태를 지닌 것으로 붓다의 전기나 전생담, 붓다보다 훨씬 이전에 출현하였다는 과거 제불諸佛의 일화, 유명한 불제자들의 인연담 등 설화문학이

93 후지타 코타츠 외, 권오민 역(1992), p.244.

94 E. Hardy, 임승택·서갑선·이춘옥 역(2014), pp.ix~xi. 그런 반면, 히라카와 아키라(平川障)는 『넫띱빠까라나』의 성립 시기를 논장이 성립한 이후로 추정한다. 즉 경·율·논 삼장이 완성된 뒤에는 이들 삼장에 대한 연구가 진행되고 주석서인 '앋타까타(Aṭṭhakathā)'가 만들어졌는데, 그 사이, 즉 논장과 주석서의 사이에 속하는 문헌이 『밀린다빵하(*Milindapañha*)』, 『뻬따꼬빠데싸(*Peṭakopadesa*)』를 포함하여 『넫띱빠까라나』이며 이들은 아비담마 논서보다 후대인 약 A.D. 1세기경까지 성립되었다고 한다〔히라카와 아카라, 이호근 역(2004), pp.158~159〕.

수록되어 있다. 이러한 설화적인 성격을 지닌 경전들은 승단의 사람들보다 오히려 재가자들 사이에 더 인기가 있어서 불교의 전파를 촉진시키는 힘이 되었다.[95]

『쿧다까니까야』 군群은 비록 상좌부불교 전승의 삼장에서 경장의 위치에 속해 있긴 하지만 비교적 이른 고층에 속하는 것으로 알려진 경전들, 이를테면 『쑫따니빠따』, 『테라가타』, 『테리가타』, 『담마빠다』 등 몇몇을 제외하고 대부분은 현재까지 제2차 결집 이후의 산물로 추정되고 있다. 그런 이유로 전체 경전군을 초기불교의 경장에, 아니면 부파불교 이후의 논장에 편입시켜야 할지 쉽게 결정하긴 어려워 보인다. 지금도 각 지역별로 『쿧다까니까야』에 편입되는 경전의 종류에 있어서 서로 간에 입장 차이를 보인다는 사실은 이러한 현실적인 어려움이 단적으로 반영된 결과일 것이다.

한편 율장은 상좌부불교 빠알리 삼장 가운데 가장 처음에 등장한다. 가장 처음 등장하는 이유는 그 중요성 때문이다. 원칙적으로 붓다의 가르침은 담마(法)와 위나야(律)로 구성되며 위나야는 담마의 토대가 된다.[96] 율장의 내용과 구성은 앞서 초기불교의 경우와 동일하다.

---

95 후지타 코타츠 외, 권오민 역(1992), p.242.

96 전재성(2014), p.11. 논論의 경우도 'abhidhamma'로서 교학 시스템의 입장에서 보면 담마에 귀속시켜야 한다. 그런 의미에서 본래 붓다의 경전은 담마와 위나야로 구성된다고 볼 수 있다. 경전에서 수없이 등장하는 정형구인 '이 담마(法)와 위나야(律)에서(imasmiṁ dhammavinaye)'라는 복합어에서 확인할 수 있듯이 이러한 사실은 분명해진다. 올덴베르그(H. Oldenberg)도 불교의 교학적 시스템이 경·율·논의 삼장이 아니라 담마와 위나야의 두 가지 시스템, 즉 이장二藏을 토대로 형성된 것으로 보고 있다(p.11).

4) 논장論藏, Abhidhammapiṭaka

논論, 즉 아비담마는 법에 대한 연구를 의미한다. 붓다 당시에도 이미 비구들 사이에서 교법에 대한 학습과 연구, 토론이 왕성하게 일어났었기 때문에 그 기원을 붓다의 재세 시로 볼 수도 있지만, 보통 아비담마라고 하면 보다 후대, 주로 승단이 여러 부파로 분열한 후 그들 부파 내부에서 급속히 발전한 초기경전에 대한 연구 및 교의를 조직화하려는 노력 등을 의미한다. 그리고 그러한 노력의 소산으로 점차 여러 부파 안에서 저술된 교의 해설서, 강요서, 논술서 등도 모두 아비담마라고 부른다.

상좌부의 아비담마 칠론七論은 기원 전후시기에 이르기까지 약 200년간(B.C. 250~B.C. 50)에 걸쳐서 점차적으로 성립되었는데, 정확한 성립연대는 아직 잘 알려져 있지 않으며 그 선후 관계도 그다지 정확한 것은 아니다. 칠론 가운데 『담마쌍가니(*Dhammasaṅgaṇi*)』와 『위방가(*Vibhaṅga*)』가 특히 중요하고 『까타왇투(*Kathāvatthu*)』는 가장 늦게 성립하였지만 여러 부파의 이설異說들을 비판하고 있다는 점에서 주목된다.[97] 상좌부불교는 붓다고사에 의해서 ①Dhammasaṅgani, 법집론法集論, ②Vibhaṅga, 분별론分別論, ③Kathāvatthu, 논사論事, ④Puggalapaññatti, 인시설론人施設論, ⑤Dhātukathā, 계론界論, ⑥Yamaka, 쌍론雙論, ⑦Paṭṭhāna, 발지론發趣論의 순서로 전지傳持되고 있다.[98]

---

97 후지타 코타츠 외, 권오민 역(1992), p.208, p.212.

98 히라카와 아키라, 이호근 역(2004), pp.157~158. 하지만 히라카와 아카라(平川彰)는 칠론의 성립연대를 초기, 중기, 후기로 나누어서 보고 있다. 가장 오래된

것은 『뿍갈라빵낟띠(*Puggalapaññatti*)』이며, 그 다음이 『담마쌍가니(*Dhamma-saṅgaṇi*)』의 122종의 논모와 『위방가(Vibhaṅga)』의 경분별(Sutta-bhājaniya)에 대한 내용이 해당된다. 중기는 『담마쌍가니』와 『위방가』의 그 나머지 부분이 된다. 그리고 후기는 『다뚜까타(*Dhātukathā*)』, 『야마까(*Yamaka*)』, 『빧타나(*Patthāna*)』이다(pp.157~58). 『담마쌍가니』는 아비담마의 원천이 되는 논서로 법의 모음(法集)이란 제명처럼 아비담마의 모든 주제를 열거하고 있다. 비록 아비담마의 제일 처음에 오는 논서이지만 제일 먼저 결집되었다고 볼 수 없다는 것이 학자들의 견해이다. 그보다 아비담마에 관련된 다른 중요한 가르침을 결집하면서 이들을 요약하고 총괄하는 방식으로 제일 처음에 두었다고 보는 것이 타당할 것이다〔대림·각묵스님(2009), pp.51~52〕. 『담마쌍가니』의 제1장은 마음과 마음에 수반되는 정신현상들을 선善, 악惡, 무기無記로 나누고 그것을 다양하게 분석적으로 고찰한다. 이른바 89심心과 40가지 심소心所가 언급된다. 제2장에서는 색(rūpa, 色)을 모두 11가지 종류로 분류하여 다양하게 분석한다. 제3장에서는 일체의 존재를 2가지, 3가지, 22가지, 100가지 방법 등 총 164가지로 분별하여 설한다. 제4장에서는 논모論母에 의해서 다시 122가지로 분별한다. 『위방가』에서 'Vibhaṅga'라는 단어는 'vi(분리해서)+√bhaj(to divide)'에서 파생된 명사로 '분석', '분해', '해체', '분별'로 번역된다. 붓다의 주요 교설을 온蘊, 처處, 계界, 근根, 연기緣起, 염처念處 등의 18가지 장으로 나누어 설명하고 분석한 후에 그것을 다시 『담마쌍가니』에서 열거한 여러 가지 논모에 근거하여 다양하게 분류하고 고찰한다. 『다뚜까타』는 '요소들에 대한 가르침'으로 번역되는데 여러 가지 법이 온蘊, 처處, 계界의 세 가지 범주에 포함되는가 포함되지 않은가 등 개념의 내포와 외연을 엄격하고 명확하게 하기 위해 서로의 포섭관계나 상반相伴 관계 등을 교리문답의 형식을 빌려서 설명한다. 『뿍갈라빵낟띠』는 한 가지 종류의 사람에서부터 열 가지 종류의 사람에 이르기까지 몇 가지 조합으로 열거하여 도합 142가지 종류의 사람에 대하여 정의적定義的으로 설명한다. 142가지의 명칭은 모두 경전에서 언급되는데 그 대부분은 『앙굳따라니까야』와 『맛지마니까야』에서 채용한 것들이다. 『까타왇투(*Kathāvatthu*)』는 칠론 중에서 『빧타나』와 함께 가장 후대에 성립하였다고 전하지만 그 성립연대는 학자들 간에 통일되어 있지 않다. 로우(B.C. Law)는 아쏘까 왕 시대로 보고 있지만, 히라가와

『디가니까야』의 「쌍기띠쑫따(*Saṅgītisutta*)」와 「다쑫따라쑫따(*Dasuttarasutta*)」에는 많은 법수法數들이 체계화되어 나타난다. 이러한 전통은 자연스럽게 칠론 가운데서 가장 오래된 형태를 간직하고 있다고 여겨진 『위방가(*Vibhaṅga*)』로 연결되었을 것이다. 법과 율을 배우고 지키는 것을 경장과 율장에서는 '아비담마(abhidhamma)'와 '아비위나야(abhivinaya)'라고 부르는데 이러한 경향이 불멸후에는 자연스럽

아키라(平川障)은 여러 부파의 교리를 비판하고 있는 『까타왇투』의 특징을 근거로 그 성립연대를 B.C. 2세기 말엽으로 상정하고 있다. 한편 리스 데이비스(T. W. Rhys Davids)는 연대에 대한 구체적인 언급 없이 『뿍갈라빵냗띠』를 필두로 아비담마 문헌의 최종적인 위치에 두고 있다. 이 논서는 불설에 의해 제시된 어떤 논제에 대하여 장로 목갈리뿓따띳싸(Moggaliputtatissa)가 제3차 결집 때 설하였다고 전한다. 전체는 문답형식으로 일관되며 주석서를 보지 않고서는 주객이 누구이며 이론異論을 주장하는 자가 어떤 부파 소속인지 확실히 알 수 없지만, 상좌부의 전통설을 내세워 다른 부파의 이설을 논파한다는 독특한 내용을 담고 있다. 『야마까』는 아비담마의 전문술어가 지닌 모호하고 잘못된 사용을 해결하기 위해서 결집된 논서이며 문제제기를 항상 쌍으로 대비시켜서 논하는 특징이 있다. 예를 들어 'A가 모두 B인가, B가 모두 A인가'라든지, 'A가 일어나는 곳에 B가 일어나는가, B가 일어나는 곳에 A가 일어나는가'라고 하는 식으로 주요 교설 가운데 나타난 용어의 의미와 내용을 다각도로 대비하고 검토한다. 『빧타나』는 칠론 가운데 가장 많은 분량으로 되어 있기 때문에 대론大論이라고도 하며, 『담마쌍가니』에 나타난 3개조로 된 22개의 목록과 2개조로 된 100개의 논모 전체에 대하여 24가지 조건(paccaya, 緣)에 대한 설명과 해석이 주를 이룬다. 여러 가지 연은 초기경전 이래 여러 곳에서 설해지고 있지만 24가지 연으로 정리하여 설한 것은 이 논서가 처음이다. 또한 제연諸緣의 정의뿐만 아니라 제연이 서로 관계하는 모든 경우를 아비달마 논모에 따라서 고찰하고 규정짓는다〔후지타 코타츠 외, 권오민 역(1992), pp.252~255; 대림·각묵스님(2009), pp.51~54〕.

게 아비담마라는 문헌군으로 등장하게 된 것이다. 붓다의 교설은 제3차 결집 때부터 법수나 주제별로 분류한 체계인 논모에 대한 정의와 상세한 주석이나 분석들이 시도되면서 자연스럽게 논장으로 연결되기 시작해서 지금과 같은 상좌부의 칠론으로 정착되기에 이른다.[99]

5) 『위숟디막가(*Visuddhimagga*)』

『위쑫디막가』는 5세기경 붓다고사(B. Buddhaghosa, A.D. 370~450년경)에 의해서 편찬되었다고 전하는 유서 깊은 문헌이다. 이 문헌을 배제하고 상좌부불교를 논하기 어려울 정도로 그 위치는 각별하다. 상좌부불교의 역사적인 전승의 과정을 3단계로 추적한 비구 냐나몰리(Bhikkhu Ñāṇamoli)에 의하면 세 번째 층에는 주석서(aṭṭhakathā)와 복주서(ṭīkā)들의 체계가 놓여 있는데[100] 『위쑫디막가』는 그 세 번째 층에 해당된다. 붓다고사는 여러 가지 사료들을 취합한 후 이를 편집해서 이 문헌을 편찬하였다고 전한다.[101]

비록 논論이라고 불리지만 통상적으로 말하는 아비담마에 대한 논서라기보다 빠알리니까야에 대한 일종의 수행 강요서나 주석서의 성격이 더 짙다. 상좌부불교의 수행에 대한 모든 교리를 체계적으로

---

99 대림·각묵스님(2009), pp.48~50.

100 Bhikkhu Ñāṇamoli(1976), p.xxvii; 대림스님(2005), pp.63~64.

101 붓다고사보다 약 200년 앞선 인물인 우빠띳싸(Upatissa)는 『해탈도론(*Vimuttimagga*)』이라는 저술을 남겼는데, 붓다고사는 이 저술을 증보增補하여 *Visuddhimagga*를 지었다고 전한다. 현재 *Vimuttimagga*의 원문은 알려져 있지 않지만 텍스트의 역본譯本이 한역 대장경 가운데 전한다〔후지타 코타츠 외, 권오민 역(1992), p.256〕.

정리하여 조직적으로 설한 『위숟디막가』는 상좌부불교를 대표하는 문헌으로서 율장의 주석서와 논장의 주석서들, 그리고 담마빨라(Dhammapāla)가 주석한 『쿧다까니까야』에 대한 주석서들에서도 해석적인 토대가 되어주면서 항상 그 중심에 놓여 있다.[102]

6) 『아비담맏타쌍가하(*Abhidhammatthasaṅgaha*)』

다양한 근기를 가진 사람들에게 다양한 방편으로 설해진 붓다의 가르침은 논모라는 이름으로 간결하게 정리가 되었고 이것은 아비담마 칠론으로 확장되었으며, 여기에 주석서와 복주서가 첨가되면서 실로 방대한 분량이 되었다. 그래서 아비담마를 배우려는 초학자들을 위해 일찍부터 『아비담마아와따라(*Abhidhamma-avatāra*)』(아비담마입문, A.D. 5C)나 『나마루빠빠릳체다(*Nāmarūpapariccheda*)』(명색분석名色

---

102 대림스님(2005), pp.28~32. 실제로 니까야의 주석서와 복주서, 소부의 주석서와 복주서, 심지어 아비담마 주석서와 복주서들까지도 참조할 정도로 『위숟디막가』가 차지하는 비중은 매우 높다. 일례로 니까야의 주석서에서 『위숟디막가』를 참조하거나 인용한 예가 206번, 복주석서에 64번, 소부의 주석서와 복주석서에 33번, 아비담마 주석서와 복주서에 53번, 율장의 주석서와 복주서에 21번일 정도이다. 사실 붓다고사는 이뿐만 아니라 많은 주석서들을 편찬하였다고 전하는데 사부 니까야에 대한 주석서와 율장의 주석서들이 대부분 붓다고사의 찬술이나 편집으로 알려져 있다. 그들 서문에서 붓다고사는 "이 모든 것은 내가 지은 『위숟디막가』에서 아주 청정하게 설명되었다. 그러므로 거기서 설한 것은 다시 여기서 설하지 않을 것이다. 『위숟디막가』는 전승된 사부 니까야들의 중심에 서서 거기서 설한 뜻을 드러내기 때문이다."라고 표현한 것만 보아도 이 문헌과 다른 주석서들과의 연계가 어느 정도인지 짐작하고도 남음이 있다(pp.29~30).

分析) 등의 많은 입문서나 개설서들이 나오게 되었다. 그러나 이들에 대한 주석서들이 또다시 여기에 첨가되면서 그 분량은 더욱 많아지게 된다. 그래서 아비담마 전체를 아우르고 간결하게 설명해주는 길라잡이가 절실하게 되었고 이에 부응해서 나타난 것이 『아비담만타쌍가하』이다.

이 문헌은 약 10~11세기쯤 아누룯다(Anuruddhā) 스님이 쓴 것으로 추정되며 아비담마의 모든 주제가 빠짐없이 수록되어 있다. 'Abhidhammattha'는 아비담마에서 설해진 '주제'나 '의미'를 말하고 'Abhidhammatthasaṅgaha'는 'abhidhamma+atta+saṅgaha'의 합성어이다. 'atta'는 다양한 뜻이 있는데 초기불교에서는 주로 ①이로운 것, 이익, ②뜻, 의미, ③이치, 도리, 목표, 이상이라는 세 가지 뜻으로 쓰인다. 'saṅgaha'는 'saṁ(함께)+√grah(to take)'에서 파생된 명사로 문자적으로는 '함께 모은 것'이란 의미이다. 이 saṅgaha는 인도에서 8세기쯤 등장하기 시작한 특정한 형태를 지닌 문헌의 한 장르이다. 말하자면 베다(Veda)나 바라문(Brāhmaṇa) 제의서祭儀書 등 그 분량이 방대한 문헌을 요약하고 간추려서 사람들이 보다 쉽게 접할 수 있는 형태를 취한 일종의 입문서의 형식을 갖춘 것이다. 그래서 'Abhidhammatthasaṅgaha'는 '아비담마의 의미를 함께 모은 것'이란 뜻이 된다. 이 문헌이 나타나자 자연스럽게 아비담마의 논의의 순서와 가르침은 여기에 근거해 왔으며 『위쑫디막가』와 함께 상좌부불교 아비담마의 부동의 준거로 자리 잡게 되었다.

『아비담만타쌍가하』가 지닌 가치는 아비담마의 단순한 요약이나 축약이 아니라 비효율적으로 비춰지는 전통적인 아비담마의 서술방식을 획기적으로 전환하여 아주 정교한 체계 속에서 전체를 통일된 장으로 설명하는 데서 찾을 수 있다. 전체는 체계적인 형태로 매우 잘 편집되어 있기 때문에 현재 남방의 모든 아비담마는 이 문헌을 기본 텍스트로 사용한다.[103]

7) 40업처業處에서 우뻬카의 위치

상좌부불교 수행의 특색을 이루는 '업처業處'는 '깜맏타나(kammaṭṭhāna)'를 이르는 말이다. 『위쑫디막가』 전체 분량 중 거의 절반 정도의 분량을 이 깜맏타나에 할애할 정도로 매우 비중 있게 다루어지고 있다. 『맛지마니까야』의 「쑤바쑫따(*Subhasutta*)」에 보면 'kammaṭṭhāna'는 본래 농사와 같은 직업을 의미하였다.[104] 그러나 후대 주석서와 『빠까라나(*Pakaraṇa*)』에서 이 술어는 주제(subject)와 대상(object)이라는 기술적인 용어로 나타나며, 점차 마음을 모아 집중하여 계발시킨다는 의미로 사용되기에 이른다. 깜맏타나는 마음을 집중하여 계발시키기 위한 명상의 토대로서 작용하기 때문에 명상의 주제(topics)나 명상의 도구(instruments)의 기능을 가지며, 주석서에는 아라한으로 이끄는 수행의 주제로 소개되기도 한다.[105]

『앋타쌀리니(*Atthasālinī*)』에는 모두 38가지 종류의 수행 주제가 등장하지만 『위쑫디막가』에는 총 40가지가 나타난다. 『위묻띠막가(*Vimuttimagga*)』도 38가지인데 여기에는 무색정 가운데 앞의 두 가지

---

103 대림·각묵스님(2009), pp.37~43; p.60.

104 MN. Ⅱ. 192~198.

105 Dhp-a. Ⅰ. 8, 96; Th-a. Ⅰ. 59, 78.

(공무변처, 식무변처)가 누락되어 있다. 40가지 종류 혹은 그 이상의 주제들은 본래 초기경전에 산재해서 나타나지만 특별히 수행 주제인 깜맏타나로서 본래부터 고안된 것은 아니었다. 깜맏타나라는 용어는 후대 빠알리 주석서에서 명상의 주제로서 사용된 것이다. 붓다고사는 초기경전 가운데서 마음의 집중(concentration)을 가져오는 명상의 주제 40가지를 간추리고 선별해서 이들을 깜맏타나라고 불렀다. 이러한 명상의 주제들은 집중을 가져오기 때문에 '싸마타 수행' 또는 '싸마타 깜맏타나'라고 부르기도 한다. 그러나 아누룯다(Anuruddhā) 스님은 『아비담맏타쌍가하』에서 집중과 통찰 명상들을 모두 깜맏타나라고 불렀다. 그리고 『위쑫디막가』에 나타난 40가지 깜맏타나를 '싸마타 깜맏마타나'라고 한 후에 존재의 세 가지 특성을 관찰하는 것과 관련된 명상주제들은 '위빳싸나 깜맏타나'라고 명명하였다. 그리고 위빳싸나 깜맏타나와 관련된 명상들은 지혜를 산출하기 때문에 싸마타 깜맏타나 보다 더 수승한 종류의 명상으로 취급하였다.

『위쑫디막가』에 나타난 40가지 명상주제들 중에서 10가지 까시나(kasiṇa)는 『디가니까야』(Ⅲ. 268, 290), 『맛지마니까야』(Ⅱ. 14-15), 『앙굳따라니까야』(Ⅰ. 41, Ⅴ. 46)와 『빠띠쌈비다막가』(Ⅰ. 49, 95) 등에 나타난다. 그리고 10부정(asubha, 不淨)은 특별히 초기경전에 보이지 않지만 부정에 대한 생각(asubha-saññā)은 도처에서 보이며(『디가니까야』 Ⅲ, 253, 289, 291 등) 완전한 형태의 10가지 부정은 『빠띠쌈비다막가(*Paṭisambhidāmagga*)』(Ⅰ. 49, 95)와 『담마쌍가니(*Dhammasaṅgaṇi*)』(55)에서 처음으로 등장한다. 이 10가지는 경전에서 사념처의 몸에 대한 수관隨觀을 구성하는 14가지 목록들 중에서

9가지가 토대가 된 것으로 보인다.

그리고 10수념(anusati, 隨念)의 처음 6가지, 즉 불佛, 법法, 승가僧家, 계戒, 보시布施, 그리고 천신天神은 초기경전에서도 『디가니까야』(Ⅲ. 250, 258), 『앙굳따라니까야』(Ⅲ. 284, 312) 등에서 본래 수념(anussati) 명상들이었으나 여기에 나머지 4가지, 즉 죽음(死), 몸(身), 입출식념入出息念, 안온함(upasama)은 나중에 첨가된 것으로 보인다. 그리고 이들 중에서도 몸에 대한 염(kāyagatāsati)과 입출식념(ānapānasati)은 수념이라 하지 않고 싸띠(sati)로 나타난다. 『맛지마니까야』(Ⅲ. 89ff., 198)에 따르면 몸에 대한 싸띠는 신념처(kāyānupassanā, 身念處)와 동일하고 신념처는 입출식념을 포함한다. 완전한 10수념의 형태는 『앙굳따라니까야』(Ⅰ. 42)와 『빠띠쌈비다막가』(Ⅰ. 95)에 보인다.[106]

『위쑫디막가』에 나타난 40가지 깜맏타나는 10까시나(kaṣina, 遍處), 10부정(asubha, 不淨), 10수념(anusati, 隨念), 4범주(brahmavihāra, 梵住), 4무색정(arūpajhāna, 無色定), 식염상(āhāre paṭikūlasaññā, 食厭想), 사계관찰(catudhātuvavatthāna, 四界觀察)인데 각 주제에 해당되는 요소들은 구체적으로 다음과 같다.

①10까시나(遍處, kaṣina): 지地, 수水, 화火, 풍風, 청靑, 황黃, 적赤, 백白, 광光, 한정된 공간(paricchinnākāsa)

②10부정(不淨, asubha): 〔시체의〕 부푼 것, 검푸른 것, 곪은 것, 찢긴 것, 뜯어 먹힌 것, 흩어진 것, 잘리고 흩어진 것, 피 묻은 것, 벌레로 가득한 것, 해골

106 W. G. Weeraratne(2003), vol. Ⅵ, pp.122~123.

③ 10수념(隨念, anusati): 불, 법, 승가, 계, 보시(cāga), 천신, 죽음, 몸, 입출식념, 안온함(upasama)

④ 4범주(梵住, brahmavihāra): 자애(慈), 연민(悲), 기쁨(喜), **우뻬카**

⑤ 4무색정(無色定, arūpajhāna): 공무변처, 식무변처, 무소유처, 비상비비상처

⑥ 1상(想, saññā): 식염상食厭想

⑦ 1구별(區別, avatthāna): 지地, 수水, 화火, 풍風의 사계四界[107]

여기에서 우뻬카는 싸마타 수행의 주제인 깜맏타나로서 사범주에 포함되어 있다. 사범주의 네 가지 구성요소 중 마지막에 오는 우뻬카는 사범주 수행의 정점에 있으면서 다른 세 가지 구성요소들의 부족함을 보충하고 또 완전하게 한다. 슬픔(悲)과 기쁨(喜)에 치우치지 않도록 균형을 잡아주기 때문에 정서적인 동요를 막고 평정을 유지할 수 있다. 그리고 깜맏타나로서의 우뻬카를 닦으면 네 번째 선정 또는 나아가 무색정의 무소유처까지 성취할 수 있다. 각각의 사범주 수행이 지닌 삼매의 집중력을 이용해서 칠각지를 병행하면 자애는 마음의 청정함(색계 선정)을, 연민은 공무변처를, 기쁨은 식무변처를, 그리고 우뻬카는 무소유처를 얻도록 해준다. 뿐만 아니라 자·비·희·우뻬카와 함께 칠각지 수행을 병행하면 지금 여기에서 완전한 앎(aññā)이 성취되거나 아직 집착이 남아 있다면 불환과의 경지에 이르는 등[108]

107 Vism. 110.

108 SN. Ⅴ. 119~121, 131.

번뇌로부터 마음이 해탈한다. 아니면 범천의 세상으로 인도하여 그곳에 재생하는 길이 될 수도 있다.[109] 이와 같이 우뻬카는 본래 색계와 무색정의 성취를 포함하여 번뇌를 제거하는 기능을 모두 갖추었지만 40업처에 편입됨으로써 번뇌의 제거 측면보다는 주로 싸마타 수행의 깜맏타나로서의 역할만이 보다 두드러진다. 그리고 『위쑫디막가』에 보이는 우뻬카에 대한 논의도 대부분 칠청정七淸淨의 구도 속에서 싸마타(samatha)를 설명하는 부분에 집중되어 있기 때문에[110] 우뻬카가 지닌 고유의 기능적인 장점이 온전히 드러나지 않는 제한성이 있다. 그럼에도 무엇보다 주목해야 할 점은 40업처를 수행할 때 필요한 우뻬카의 기능과 역할에 대한 것이다. 제 때에 우뻬카가 자신의 기능과 역할을 다해야만 비로소 10까시나, 10부정, 10수념, 4무색정 등 집중을 가져오는 나머지 깜맏타나들도 유용하게 쓰일 수 있게 된다. 비록 40업처에 편입되면서 집중의 기능만이 강조되고 번뇌를 제거하는 통찰이나 관찰의 기능은 표면적으로 잘 드러나지 않는 제한성이 있지만, 싸마타 수행에 있어서 우뻬카가 지닌 실질적인 비중 때문에 상좌부 불교의 40업처 수행에서 간과할 수 없는 위치를 차지한다고 말할 수 있다.

이상의 내용을 정리하면 다음과 같다.

상좌부上座部는 빠알리어로 '테라와다(Theravāda)'이다. 테라와다는 존경받는 분의 가르침이란 의미로 스승의 가르침을 유지한다는

---

109 DN. Ⅲ. 223, 144; AN. Ⅱ. 73, 128~130; Ⅳ. 186; V. 63; MN. Ⅰ. 38.

110 Vism. 160~162.

측면에서 보수적인 성향이 강하다고 볼 수 있다. 테라와다 불교는 빠알리어 문헌에 의존하고 있기 때문에 '빠알리불교'라고 하거나 '상좌부불교', '상좌불교', '남방 상좌부불교', '남방불교'라고 부르기도 한다. 테라와다라는 용어는 제1차 결집에서 처음 등장하였지만 오늘날 남방 상좌부불교의 기원은 분별설부의 지말 분파인 화지부(Mahīśāsaka)와 근사하다. 현재 동남아시아 국가의 테라와다불교는 분별설부로부터 분파된 학파로, 본토의 테라와다(Sthaviravāda)와 구분하기 위해서 흔히 남방 상좌부(Theravāda)라고 부른다. 주로 스리랑카, 미얀마, 태국, 캄보디아, 라오스 등의 동남아시아 국가들을 중심으로 형성되었는데 그 지리적인 위치로 인해서 남방불교라고도 부른다.

현재의 상좌부불교 전통은 원초적인 형태의 경과 율, 그로부터 정리되고 조직된 제1차 결집의 결과인 경장과 율장, 그리고 그러한 성전이 전승된 후 때로는 증장이나 개변의 결과를 낳기도 하면서 현재의 모습을 갖추게 된 것으로 보고 있다. 현재 한 부파의 전승으로 완전하게 전해지고 있는 것은 상좌부불교의 빠알리 경장뿐이며 다른 부파에서 전승된 대부분의 경장은 산실되었다. 상좌부불교는 경장과 율장 이외에 부파불교 시대에 들어와서 여기에 논장도 갖추게 되면서 삼장三藏을 완전하게 전할 수 있게 된다.

빠알리 불교문헌은 크게 세 가지 층으로 추적해볼 수 있다. 첫 번째 층에는 빠알리 경장이, 두 번째 층에는 논장이, 그리고 세 번째 층에는 주석서와 복주서들이 포함된다. 다섯 번째 경장인 『쿧다까니까야』는 비교적 매우 이른 고층古層에 속하는 것으로 알려진 몇몇 경전들을 제외하고 그 대부분은 제2차 결집 이후의 신층新層으로 추정되고 있다. 현재 상좌부불교 지역은 『쿧다까니까야』를 다섯 번째 경장에 포함시키긴 하지만 지역에 따라 정전正典에 대한 기준을 각기 달리 한다.

원칙적으로 붓다의 가르침은 법과 율로 구성되며 율은 법의 토대가 된다. 상좌부불교 전승의 율장은 크게 1) 쑫따위방가(Suttavibhaṅga), 2) 칸다까(Khandhaka); 마하왁가(Mahāvagga)·쭐라왁가(Cullavagga), 3) 빠리와라(Parivāra)의 세 부분으로 구성되어 있는데 1), 2), 3)의 순서대로 편집되었다고 알려져 있다. 그러나 올덴베르그(H. Oldenberg)는 내용적인 성립순서를 고려하여 2), 1), 3)의 순서대로 여러 이본들을 대조하고 교정하여 총 다섯 권의 빠알리 율장을 로마자로 간행하였다.

붓다의 가르침은 제1차 결집에서 법과 율이란 이름으로 합송된 것이 전승되어져 온 것인데 법과 율을 배우고 지키려는 경향을 경장과 율장에서는 '아비담마(abhidhamma)'와 '아비위나야(abhivinaya)'라고 부른다. 이러한 경향이 불멸후에는 자연스럽게 아비담마라는 문헌군으로 등장하기에 이른다. 붓다의 교설은 법수法數나 주제별로 분류해서 논모論母로 전승되어 오다가 여기에 설명이 덧붙여지면서 아비담마 체계로 발전되어온 것이다. 그래서 제3차 결집 때부터 논모에 대한 정의와 상세한 주석과 분석을 시도하면서 자연스럽게 논장으로 연결되기 시작해서 지금과 같은 상좌부불교의 칠론七論으로 정착되기 이른다. 보통 아비담마라고 할 때는 주로 부파 내부에서 급속히 발전한 초기경전에 대한 연구 및 교의를 조직화하려는 노력 등을 의미하는데, 그러한 노력의 소산으로 점차 여러 부파 안에서 저술된 교의 해설서,

강요서, 논술서 등도 모두 아비담마라고 부르게 되었다. 상좌부 전통의 아비담마 칠론은 기원 전후에 이르기까지 약 200년간에 걸쳐서 점차적으로 성립한 것으로 추정할 뿐 정확한 성립 연대는 아직 잘 알려져 있지 않으며 그들 간의 선후 관계도 그다지 정확한 것은 아니다.

『청정도론淸淨道論』으로 잘 알려진 『위쑫디막가(*Visuddhimagga*)』는 5세기경에 편찬된 상좌부불교 전승의 유서 깊은 문헌이다. 이 문헌을 배제하고 상좌부불교를 논하기 어려울 정도로 그 위치는 각별하다. 『위쑫디막가』는 율장의 주석서와 논장의 주석서들, 그리고 담마빨라(Dhammapāla)가 주석한 『쿧다까니까야』에 대한 주석서들에서 다양한 해석의 토대가 되어주면서 항상 논의의 중심에 놓여 있다. 그보다 후대인 11세기경에 편찬된 것으로 알려진 『아비담맏타쌍가하(*Abhidhammatthasaṅgaha*)』는 아비담마에 관한 일종의 강요서의 성격을 띠고 있다. 아비담마 전체를 아우르고 간결하게 설명해주는 길라잡이의 필요성에 부응해서 나타난 것이 『아비담맏타쌍가하』이다. 이 문헌이 나타나자 아비담마 논의의 순서와 가르침은 현재까지 여기에 근거해서 이루어지고 있을 정도로 『위쑫디막가』와 함께 상좌부불교 아비담마의 부동의 준거로 자리 잡게 되었다.

40업처業處 수행은 상좌부불교 수행의 특징을 이룬다. '업처'는 '깜맏타나(kammaṭṭhāna)'를 말하는데 이것은 명상의 주제나 명상의 도구로서의 기능을 가진다. 『위쑫디막가』에는 모두 40가지 주제의 깜맏타나가 나타난다. 40가지 혹은 그 이상의 주제들은 본래 초기경전에 산재해서 나타나지만 특별히 깜맏타나로서 본래부터 고안된 것은 아니었다. 붓다고사는 초기경전 가운데 마음의 집중(concentration)을 가져오는 명상주제를 선별해서 이것을 깜맛타나라고 불렀다. 40가지 깜맛타나는 10까시나(kasiṇā, 遍處), 10부정不淨, 10수념隨念, 4범주梵住, 4무색정無色定, 1상想, 1구별區別이다. 여기서 우뻬카는 사범주의 구성요소로서 나타난다.

사범주로서의 우뻬카는 본래 번뇌를 제거하는 기능과 함께 네 번째 선정, 나아가 칠각지 수행과 병행해서 무소유처를 얻도록 해준다. 하지만 『위쑫디막가』에는 번뇌의 제거보다는 주로 집중을 가져오는 '싸마타의 깜맛타나'로서 소개한다. 그리고 칠청정七淸淨의 구도 속에 보이는 우뻬카에 대한 논의도 심청정心淸淨에 귀속됨으로서 싸마타의 역할만이 강조되는 등 본래의 고유성이 온전히 드러나지 않는 제한성이 있다. 그럼에도 주목해야 할 것은 우뻬카가 제 기능과 역할을 다해야만 비로소 10까시나, 10부정, 10수념, 4무색 등 집중을 가져오는 나머지 깜맛타나들도 유용하게 쓰일 수 있다는 점이다. 비록 40업처에 편입되면서 집중의 기능만이 강조되고 이와 같이 번뇌를 제거하는 통찰이나 관찰의 기능은 잘 드러나지 않는 제한성이 있지만, 싸마타 수행에 있어서 우뻬카가 지닌 실질적인 비중 때문에 상좌부불교의 40업처에서 간과할 수 없는 위치를 차지한다고 말할 수 있다.

제3장 다차원적 스펙트럼; 초기불교 수행의 우뻬카

1. 종류

①느낌(vedanā, 受)의 우뻬카

초기불교 수행에 나타난 우뻬카들 중에 먼저 느낌에 대한 우뻬카가 있다. 이 우뻬카는 느낌을 분명하게 아는(pajānāti) 행위와 관련이 있다. 『쌍윳따니까야』의 「웨다나쌍윳따(*Vedanāsaṁyutta*)」는 감관과 대상의 접촉에 의해서 발생하는 느낌을 크게 신체적인 느낌(kāyikā vedanā)과 정신적인 느낌(cetasikā vedanā)의 두 가지로 구분한다. 이 두 가지 느낌은 즐거운 느낌(sukhā vedanā), 괴로운 느낌(dukkhā vedanā), 즐겁지도 괴롭지도 않은 느낌(adukkhamasukhaṃ vedanā)의 셋으로,[111] 그리고 다시 신체적인 즐거움의 기능(sukhindriyaṃ), 신체

111 SN. Ⅳ. 204; 231; T.2.121a8

적인 괴로움의 기능(dukkhindriyaṃ), 정신적인 즐거움의 기능(domanassindriyaṃ), 정신적인 괴로움의 기능(domanassindriyaṃ), 우뻬카의 기능(upekkhindriyaṃ)[112] 이렇게 다섯 가지로 확장된다. 앞서의 즐겁지도 괴롭지도 않은 느낌(adukkhamasukhaṃ vedanā)과 여기서의 우뻬카의 기능(upekkhindriyaṃ)은 동일한 의미를 지닌 다른 표현 방식으로 두 가지 모두 '신체적·정신적으로 괴롭지도 즐겁지도 않은 느낌'을 말한다. 그 밖에 6가지, 18가지, 36가지, 108가지로 다양하게 표현되는 느낌들은 모두 신체적·정신적인 느낌에 포섭된다.

그런데 여기서 무엇보다 중요한 것은 감관과 대상의 접촉에 의해서 생기는 모든 느낌을 '알고 보면(jānato passato)' 무명을 끊어버릴 수 있다는 사실이다. 신身·수受·심心·법法에 대한 싸띠(sati)[113]를 유지하

---

112 SN. V. 209; T.2.124a12~13. 『잡아함경雜阿含經』도 마찬가지로 신체적인 즐거움은 '樂', 신체적인 괴로움은 '苦', 정신적 즐거움은 '喜', 정신적 괴로움은 '憂'이며, 우뻬카는 '捨'로 구분하여 표기한다.
기능으로 옮긴 'indriya'는 인간이 가진 본질적인 능력을 의미한다. 한자로는 '근根'이라고 하는데 모두 22가지가 있다(SN. Ⅳ. 193). 그중에는 신체적인 즐거움의 기능, 신체적인 괴로움의 기능, 정신적인 즐거움의 기능, 정신적인 괴로움의 기능, 우뻬카의 기능(upekkhindriya)이 포함되어 있다. 신체적인 즐거움의 기능은 몸에 생긴 즐겁고 편안한 느낌을, 신체적인 괴로움의 기능은 몸에 생긴 괴롭고 편안하지 않은 느낌을, 정신적인 즐거움의 기능은 마음에 생긴 즐겁고 편안한 느낌을, 정신적인 괴로움의 기능은 마음에 생긴 괴롭고 편안하지 않은 느낌을, 그리고 우뻬카의 기능은 신체나 정신적으로 편안한 것도 편안하지 않은 것도 아닌 느낌을 말한다(SN. V. p.209).

113 'sati'는 우리말 음사인 '싸띠'를 사용하기로 하고, 번역어가 필요한 경우에는 '알아차림'으로 표기한다.

면서 만일 즐거운 느낌이 발생하면 그 느낌은 몸이라는 조건에 의해서 생긴 것이기 때문에 몸은 무상하고 형성된(saṅkhatam) 것이며 조건적인 것이라고 알고 본다. 몸이라는 조건에 의해서 생긴 즐거운 느낌은 항상 유지될 수 없다. 몸과 즐거운 느낌 모두에 대해 무상(aniccatā)과 소멸(nirodha), 이욕(virāga, 離慾) 등을 잘 관찰하면 몸과 함께 즐거운 느낌에 대한 탐욕의 성향이 사라진다. 괴로운 느낌과 괴롭지도 즐겁지도 않은 느낌의 경우도 이와 동일한 방법으로 관찰해서 탐욕과 무명의 잠재성향을 제거한다.[114]

『이띠웃따까(*Itivuttaka*)』는 즐거운 느낌, 괴로운 느낌, 괴롭지도 즐겁지도 않는 느낌들의 발생과 사라짐에 대하여 분명하게 알면(pajānāto)[115] 무상 등을 깨달아 완전한 열반에 들 수 있다고 설한다.[116] 완전한 열반은 곧 괴로움의 종식을 의미한다. 만일 즐거운 느낌은 괴롭다고, 괴로운 느낌은 화살이라고, 괴롭지도 즐겁지도 않은 느낌은 무상이라고 보면 그는 올바로 보는 자로서 갈애를 부수고 족쇄(saṁyojana)를 끊고 아만(māna)에 대한 바른 이해로써 괴로움을 종식시킨다.[117]

---

114 SN. Ⅳ. 30f, 211f; MN. Ⅲ. 285f.

115 이 동사는 'jānāti'에 강조형 접두사 'pa'가 붙은 형태로 사전적인 의미는 '있는 그대로를 진실하게 알다', '이해하다', '식별하다' 등의 뜻이 있다. 우리말로는 '꿰뚫어 알다'나 '분명하게 알다'로 옮기는데 특히 괴로움, 괴로움의 발생과 소멸, 소멸하는 길을 'pajānāti'하는 자를 일러 'paññavā', 즉 '지혜로운 자'라고 부르는 것처럼(MN Ⅰ p.292) 통찰의 지혜(paññā)를 수반한다.

116 It. 46~47.

117 SN. Ⅳ. 207; T.2.119a26~b08.

느낌의 우뻬카는 '신체적·정신적으로 괴롭지도 즐겁지도 않은' 느낌을 말하며, 느낌을 통한 괴로움의 종식은 모든 느낌이 지닌 무상성을 분명하게 아는 통찰로부터 유래한다. 사념처 수행의 수념처受念處는 경험하는 모든 느낌을 수관하고(ānupassati) 분명하게 알면(pajānāti) 집착하지 않고 초연하게 머물 수 있다고 하여[118] 느낌은 제거해야 할 관찰대상임을 분명히 한다.

'신체적·정신적으로 괴롭지도 즐겁지도 않은' 느낌의 우뻬카는 제거되어야 할 관찰대상이지만 동시에 능동적인 관찰주체이기도 하다. 다시 말해 '신체적·정신적으로 괴롭지도 즐겁지도 않은' 느낌의 우뻬카에 내재해 있는 무명의 잠재성향은 반드시 정화되어야만 할 대상이지만, 관찰자의 입장에 서면 '신체적·정신적으로 괴롭지도 즐겁지도 않은' 느낌의 우뻬카는 공평하게 관찰하는 순기능을 가진다. 일례로 네 번째 선정은 신체적인 괴로움과 정신적인 괴로움이 모두 사라지고 '신체적·정신적으로 괴롭지도 즐겁지도 않은' 느낌의 우뻬카가 확립되는데, 이때 확립된 우뻬카는 가장 정제된 것으로서 강한 통찰이나 관찰의 힘을 발휘한다. 우뻬카가 지닌 순기능을 통해서 탐욕과 무명의 잠재성향이 완전히 제거되면[119] 종국에는 우뻬카의 고요한 평정平靜, 즉 열반의 적정寂靜에 머문다.

②육근(cha-āyatana, 六根)의 우뻬카

여섯 가지 감관과 관련된 육근六根의 우뻬카는 육근이 외부대상을

118 DN. Ⅱ. 298~299.

119 SN. Ⅳ. 211~212; V. 213~215.

접할 때 발생하는 경험을 '분명하게 아는(pajānāti)' 통찰과 관련이 있다. 육근이 대상을 만나면 반드시 '즐거움을 주는 것', '괴로움을 주는 것', 그리고 '괴롭지도 즐겁지도 않은 경험을 주는 것(upekkhaṭṭhānīyaṁ)'들이 생기기 마련이다. 눈으로 형상(色)을 볼 때 마음에 들거나 들지 않는 것, 아니면 마음에 드는 것도 아니고 들지 않는 것도 아닌 것(manāpa-amanāpa)들을 경험한다. 마찬가지로 청각에 대한 소리, 후각에 대한 냄새, 미각에 대한 맛, 몸에 대한 감촉, 마음에 대한 법(현상)을 인식할 때 각각 동일한 경험을 한다.[120] 그런데 이때 각 감관의 대상이 주는 이러한 경험들이 의존적으로 발생한 것이라는 통찰에 이르면 무상·고·무아를 깨닫는다. 무상·고·무아를 깨달으면 감관의 대상이 주는 경험들을 싫어하여 멀리하게 되고(厭離), 멀리하면 탐욕이 사라지면서 해탈로 나아간다. 그리고 우뻬카야말로 고요하고 수승한 것임을 알게 되면 마음에 드는 것, 마음에 들지 않는 것, 마음에 드는 것도 아니고 들지 않는 것도 아닌 것들이 모두 사라지고 우뻬카가 확립된다.[121]

앞서 느낌의 우뻬카가 신체적·정신적인 모든 느낌을 관찰하는 방법을 통해서 괴로움을 종식시키는 것처럼 육근의 우뻬카도 육근의 대상이 주는 경험들이 지닌 무상·고·무아를 통찰하는 방법을 통해서 괴로

---

120 MN. Ⅲ. 216~218; Nd Ⅰ. 241. 앞서 감관과 대상에 의해서 발생한 경험을 세 가지 느낌으로 표현한 것과 매우 유사하지만, 여기서는 느낌을 포함하여 마음에서 일어나는 다양한 현상들을 외연으로 한다는 점에 있어서 그 범위가 더 포괄적이다.

121 SN. Ⅳ. 34-35; MN. Ⅲ. 299~300.

움을 종식시킨다. 괴로움이 사라지면 마음에 드는 것, 들지 않는 것, 드는 것도 아니고 들지 않는 것도 아닌 것들이 모두 사라지면서 더 이상 동요하지 않기 때문에 마음은 우뻬카의 고요한 평정(靜)을 유지한다.

③선한 것에 의지한(kusalanissitā) 우뻬카

다음은 'upekkhā-kusalanissitā'라고 하여 '선한 것에 의지한 우뻬카'가 있다. '선한 것에 의지한'이란 표현은 'upekkhā-kusalanissitā'를 원어의 뜻 그대로 옮긴 것이다. 이 우뻬카는 색色·수受·상想·행行·식識으로 이루어진 오온五蘊은 무상하며 근根·경境·식識의 접촉에 의해서 생긴 경험들도 모두 무상하다고 '알고 보는' 지혜(añña)를 통해서 생긴다. 지혜는 곧 통찰의 지혜를 말하는 것으로 우뻬카를 동반하는데, 우뻬카는 오온과 오온의 경험들을 공평하게 관찰해서 무상성을 깨닫게 한다. 무상성을 깨닫게 되면 마음은 동요하지 않는다.

『맛지마니까야』의 「마하핫티빠도빠마쑫따(*Mahāhatthipadopama-sutta*)」는 만일 다른 사람들이 괴롭히고 모욕하고 상처를 줄 때 그것은 모두 감관의 접촉에 의해서 생긴 조건적인 것이므로, 선한 것에 의지한 우뻬카를 닦아서 조건적인 것의 무상성을 통찰하고 더 이상 동요하지 말아야 한다고 다음과 같이 설한다.

> 만약 어떤 수행승을 다른 자가 꾸짖고 질책하고 분노하여 상처를 준다면, 그는 이와 같이 '나에게 이 청각의 접촉으로 괴로운 느낌이 생겼다. 그것은 조건으로 생겼기 때문에 조건이 없으면 소멸한다.

무엇을 조건으로 하는가. 접촉을 조건으로 한다'라고 알아야 합니다. 그는 '감각 접촉(觸)은 무상하다'라고 보고, '느낌(受)은 무상하다'라고 보고, '지각(想)은 무상하다'라고 보고, '행行은 무상하다'라고 보고, '의식(識)은 무상하다'라고 봅니다. 그래서 그는 이와 같이 대상의 세계가 무상함을 분명하게 알아 믿음과 안정과 확신을 가지게 됩니다. …… 정진은 피곤함을 모를 것이고 알아차림이 확립되어 혼란스럽지 않을 것이고 몸은 맑아지고 격정이 일지 않고 마음은 잘 집중될 것입니다. …… 이와 같이 만약 선한 것에 의지한 우뻬카가 확립되지 않으면 그는 동요하고 흔들리게 됩니다.[122]

---

122 MN. Ⅰ. 185~186; 189. 한편 T.1.464c17~465a17에 의하면 'upekkhā-kusalanissitā'에 대응하는 것이 '선상응사자善相應捨者'이다. '不住善相應捨者 彼比丘應慚愧羞厭 我於利無利 於德無德'이라 하여, 만일 선善과 상응하는 사捨에 머물지 못하면 그 비구는 '나는 이익이 있을 만한데도 이익이 없고, 덕이 있을 만한데도 덕이 없다고 부끄러워하고 싫어하는 마음을 일으켜야 한다'라고 설한다. 이것은 사捨는 선善한 성격을 지닌 것이므로 이 사捨를 지니지 못하는 것을 경계해야 한다는 뜻을 담고 있다. 반면에 본문에서 인용한 「마하핱티빠도빠마숟따」는 'upekkhā kusalanissitā na saṇṭhāti. So tena saṃvijjati, saṃvegaṃ āpajjati'라고 하여 만일 이 선한 것에 의지한 우뻬카가 확립되지 못하면 두려움, 걱정 등으로 인해서 동요하거나 흔들린다고 설한다. 선한 것에 의지한 우뻬카는 동요하지 않아서 고요함을 유지해준다. 『중아함경中阿含經』도 마찬가지로 'upekkhā-kusalanissitā'에 대하여 '彼因慚愧羞厭 便住善相應捨 是妙息寂 謂捨一切有離愛·無欲·滅盡無餘 諸賢 是謂比丘一切大學'이라 하여 '선과 상응하는 사(善相應捨)'에 머물면 식적息寂을 얻어 일체의 유有, 애愛, 욕慾이 남김없이 다하여 큰 배움을 얻게 된다고 한다(T.1.465a22~24). 여기서 '식적'이란 '쉬어서 고요함'을 말하는 것으로 모든 유, 애, 욕의 불안정한 요소들이 사라지고 소멸한 상태이

근·경·식의 접촉에 의해서 생긴 경험들, 그리고 오온이 지닌 무상한 속성을 깨닫는 지혜(aññа)는 곧 통찰에 의한 것으로서 우뻬카를 동반한다. 지혜를 동반하는 '선한 것에 의지한 우뻬카'가 공평한 관찰력으로 대상의 무상성을 깨닫게 되면 즐거움에 들뜨거나 두려움이나 걱정, 불안 등으로 인해서 동요하지 않기 때문에 고요하게 머물 수 있다. 무상한 본질을 통찰하는 지혜는 불안정한 정신적인 요소들의 제거로 이어진다.

앞서 '느낌의 우뻬카'와 '육근의 우뻬카'가 감관의 대상을 통한 느낌이나 경험들을 주 관찰대상으로 하는 것과 같이 '선한 것에 의지한 우뻬카'도 오온과 함께 근·경·식의 화합과 관련된 느낌과 내적 경험을 주 관찰대상으로 한다는 점에서 이들은 모두 유사한 기능과 대상을 가지며, 그러한 대상이 지닌 본질을 통찰하거나 관찰하는 행위와 직접 관련되어 있다는 사실을 알 수 있다.

④세 번째 선정(第三禪)의 우뻬카

선정 수행에 있어서 발현되는 우뻬카는 색계정色界定의 세 번째와 네 번째 선정,[123] 그리고 무색정無色定의 공무변처정空無邊處定부터 비상비비상처정非想非非想定에 이르기까지 광범위한 선정의 영역에

다. 모든 불안정한 요소들이 쉬어서 잠잠해지면 그것이 곧 동요하지 않는 고요함이다.

123 실제로 우뻬카는 첫 번째 선정의 이전, 첫 번째 선정, 그리고 두 번째 선정에도 존재하지만 다른 정신적인 요소들에 가려서 그 힘이 비교적 약한 상태이기 때문에 전면에 나서지 못한다. 그러다가 색계 세 번째 선정 이후부터 두드러지면서 주목받기 시작한다.

걸쳐서 나타난다. 그중에서 '세 번째 선정의 우뻬카'는 색계 선정의 세 번째 단계에서 전면에 등장한다. 이때는 항상 '평정하고 알아차림이 있고 즐겁게 머무는(upekkhako satimā sukhavihārī)'이라는 정형구로 묘사된다.[124] 세 번째 선정 이후부터 우뻬카와 싸띠가 다른 하위의 선정의 계위에서보다 상대적으로 더 강해지기 때문에 '평정하고 알아차림이 있는(upekkhako satimā)'이라고 말한다. 평정하고 알아차림이 있기 때문에 선정에 들어서 고요하게(靜) 머물고, 선정에서 위빳싸나로 이행할 때는 원활한 통찰이 이루어질 수 있다.

그러나 세 번째 선정에서 희열(pīti, 喜悅)은 사라지지만 미세하게 몸으로 느끼는 즐거움(sukhañ kāyena, 身覺樂)은 아직 남아 있기 때문에[125] 우뻬카가 완전히 확립된 상태는 아니라고 보아야 한다. 우뻬카가 완전히 확립되면 그것의 원인이 신체적인 것이든 정신적인 것이든 관계없이 어떠한 즐거움이나 괴로움 등 불안정한 정신적인 요소들에 의해서 영향 받지 않는 고요함이 유지되기 때문이다.

⑤ 네 번째 선정(upekkhāsatipārisuddhi, 捨念淸淨)의 우뻬카

이 우뻬카는 색계 네 번째 선정에서 발현된다. 이때는 항상 '이전의 〔신체적인〕 괴로움과 즐거움을 넘어 〔정신적인〕 괴로움과 즐거움이 없고, 청정한 우뻬카와 알아차림이 있는(upekkhā sati pārisuddhiṃ)'이라는 정형구로 묘사된다.[126] 그런데 여기서 『숟따니빠따(*Suttanipāta*)』

124 MN. Ⅰ. 41, 21, 308; SN. Ⅲ. 264, 265; Ⅴ. 9; Vin. Ⅲ. 4; T.1.658a1~3.

125 MN. I. 441.

126 MN. Ⅰ. 22, 90, 454; SN. Ⅳ. 237; Ⅴ. 9; Vin. Ⅲ. 4; Ⅴ. 4; T.1.658a6~7.

는 뜻은 동일하지만 'upekkhā sati pārisuddhiṃ'을 'upekkhaṃ samathaṃ visuddhaṃ'이나 'upekkhā sati saṃsuddhaṃ'으로 표기하기도 한다.[127] 표기법은 이처럼 다소 다르게 나타날지라도 이들 모두는 동일한 선정의 상태를 의미한다. 'upekkhā sati pārisuddhiṃ'이란 우뻬카가 확립되고 싸띠 또한 강화된다는 의미를 담지한다. 여기서 'upekkhā,' 'sati', 'pārisuddhi', 이들의 상호관계를 해석하는 관점의 차이에 따라 현재 몇 가지 이견들이 분분한데, 이에 대한 보다 상세한 논의는 싸마타 수행의 장에서 이어질 것이다.

네 번째 선정은 희열과 즐거움의 선정의 요소인 선지禪支가 사라지고 즐거움과 괴로움이 없기 때문에(adukkhaṃ asukhaṃ) 우뻬카와 싸띠가 청정하다. 아니 보다 엄밀하게 말해서 우뻬카와 싸띠가 청정하기 때문에 즐거움과 괴로움이 없다는 표현이 더 적절할 것이다. 청정하다는 말은 곧 확고하게 확립된 상태를 의미한다. 확고하게 확립된 우뻬카는 고요한 선정의 유지를, 위빳싸나로의 이행 시에는 강력한 관찰력이라는 두 가지 기능을 제공한다. 우뻬카가 확립되면 그와 함께 싸띠가 지닌 알아차림의 강도 또한 동반 상승하기 때문에 우뻬카와 싸띠는 하위의 선정들에서보다 이때가 가장 수승하다.[128] 따라서 세 번째보다 네 번째 선정에서 우뻬카는 더욱더 강화된다.

⑥심해탈에 대한 우뻬카(upekkhā-cetovimutti)

심해탈(cetovimutti, 心解脫)은 마음이 번뇌로부터 벗어나는 것을 말한

127 Sn. p.11, p.214.

128 MN. Ⅰ. 22; SN. Ⅳ. 237; Ⅴ. 9; Vin. Ⅴ. 4.

다. 번뇌로부터의 자유는 사범주(cattāro brahma-vihārā, 四梵住)나 주로 사무량심(cattā appamāṇacittā, 四無量心)으로[129] 알려진 자慈·비悲·희喜·사捨(우뻬카)를 닦아서 성취되기도 한다. 사범주와 사무량심은 모두 자·비·희·사라는 네 가지 동일한 구성요소를 가지며 개념상으로 별다른 구분 없이 혼용되는데, 빠알리니까야에는 주로 사범주로 나타난다.

자·비·희·우뻬카를 닦으면 감각적 욕망에 의한, 존재(bhava, 有)에 의한, 무명에 의한 번뇌로부터 마음이 해탈한다. 그리고 해탈하면 '이것이 있다. 열등한 것이 있다. 수승한 것이 있다. 그리고 이러한 상념(saññā)에 의한 것보다 더 뛰어난 출리(nissaraṇa, 出離)가 있다'라고 통찰하고 열반을 실현한다.[130] 이것은 모든 번뇌로부터 일시적인 것이 아닌 완전한 벗어남이다. 사범주의 네 가지 구성요소는 번뇌를

---

129 사범주는 'cattāro brahma-vihārā'를 옮긴 것이지만 『맛지마니까야』에는 'cattasso appamañña'라고 하여 사무량四無量으로 나타난다(MN. I. 297). 하지만 빠알리니까야에서 심해탈에 대한 우뻬카는 'cattāro brahma-vihārā(사범주)'를 가리키는 경증이 더 일반적이므로 여기서는 심해탈을 사범주로 규정한다. 후대 주석서와 대승불교에는 대부분 사무량으로 나타난다. 아함경에는 거의 사무량으로만 나타나지만 네 가지 구성요소에 있어서 남방과 북방의 전승이 모두 동일하다. 북방 설일체유부說一切有部의 총 논서격인 『아비달마구사론阿毘達磨俱舍論』에 따르면 '무량'이란 이루 헤아릴 수 없는 유정有情을 대상으로 삼고 이루 헤아릴 수 없는 복福을 가져오며 이루 헤아릴 수 없는 과보를 초래하기 때문에 무량이라고 부른다. 그리고 분노와 해침, 기뻐하지 않는 것, 욕계의 탐욕과 성냄 등의 장애(번뇌)를 네 가지 무량의 요소가 대치하는데, 사捨무량은 무탐無貪과 무진無瞋을 본질로 삼는다(T.29301c29~302a05).

130 DN. Ⅲ. 223, 144; AN. Ⅱ. 73; Ⅳ. 186; Ⅴ. 63; MN. Ⅰ. 38.

제거하는 구체적인 기능과 방법을 제시하는데, 이들을 올바른 때에 (kāle) 잘 실천해야만 번뇌를 제거해서 해탈로 이어질 수 있다.[131]

해탈은 여러 가지 오염원으로부터 마음이 벗어나는 것을 말하는데 만일 자애(mettā, 慈)를 많이 닦고 열심히 정진하면 악의(byāpāda)를, 연민(karuṇā, 悲)은 위해(vihesā, 危害)를, 기쁨(muditā, 喜)은 미움(arati)을, 그리고 우뻬카는 탐욕(rāga)으로부터 멀어지게 한다.[132] 만일 어떤 사람에게 원한(āghāta)이 쌓이면 자애와 연민 그리고 우뻬카를 많이 보내고 그 사람에게 별도의 주의를 기울이지 말아야 한다. 그리고 업(kamma, 業)이 자신의 것(kammassakatā)이라고 생각하면서 원한을 차츰 제거해 나간다.[133] 해탈하면 그 마음은 원한과 악의가 사라지므로 어떠한 것에도 구애받지 않고 무량(appamāṇa, 無量)하게 계발된다.[134] 또 무량한 마음이 계발되면 가는 곳마다, 머무는 곳마다, 앉는 곳마다, 그리고 눕는 곳마다 평안(phāsu)으로 충만하게 된다.[135] 평안으로 옮긴 '파쑤(phāsu)'는 마음이 매우 안정되고 편안한 상태를 말하는데, 이러한 내면의 상태는 부정적인 오염원이 사라지고 우뻬카의 평정심이 계발되었기 때문에 가능한 것이다.

심해탈에 대한 우뻬카는 번뇌를 제거하는 기능과 함께 동요하지

---

131 Sn. p.12.

132 AN. Ⅲ. 290~291. 그런데 T.2.197b23f.는 '無怨無嫉 亦無瞋恚', 즉 원한 없음, 시기 없음, 성냄 없음이라 하여 마음의 오염원의 종류가 빠알리니까야와는 다소 차이를 보인다.

133 AN. Ⅲ. 185.

134 DN. Ⅰ. 251.

135 AN. Ⅳ. 301.

않는 고요한 평정平靜의 측면이 강조된다. 다른 세 가지 덕목들(자·비·희)의 정점에 위치하면서 이들의 부족함을 보충하고 또한 완전하게 해준다.[136] 만일 자애·연민·기쁨이 지나치게 과하거나 반대로 너무 부족하면 그에 따라 마음은 들뜨거나, 아니면 침체되는 등 안정을 찾지 못하고 동요한다. 그러면 우뻬카는 세 가지 덕목들이 서로 균형과 조화를 이루게 하면서 동요를 잠재운다.

사범주 각각의 요소들은 독립된 형태 아니면 함께 병행해서 닦을 수도 있는데,[137] 여기서 중요한 것은 우뻬카에 의해 통찰 수행이 가능하다는 점이다. 『앙굳따라니까야』의 「다싸마쑫따(*Dasamasutta*)」는 사범주의 어느 한 가지 요소만을 닦더라도 마음의 해탈을 〔한시적으로〕 얻을 수 있고, 또 그렇게 얻은 마음의 해탈을 통해서 통찰 수행으로의 이행이 가능하다고 설한다. 통찰의 과정은 다음과 같이, 사범주를 통한 마음의 해탈은 〔조건에 의해서〕 형성되었고 의도되었으며, 형성되고 의도된 것은 무엇이건 무상하고 소멸하기 마련이라고 통찰한 후에 완전히 번뇌가 다하게 되는 형식을 취한다.

같은 방법으로 「바야왁가(*Bhayavagga*)」도 무량하고 원한 없고 고통 없는 우뻬카가 가득한 그 마음에서 색·수·상·행·식이 무상·고·병·종기·화살·재난·무너지는 것·공空한 것이며 무아라고 바르게 관찰할 수 있다고 설하여[138] 우뻬카가 계발된 마음은 통찰이나 관찰의 기능을 갖추고 있다는 사실을 알 수 있다. 오온이 지닌 실상을 바르게 관찰할

136 W. G. Weeraratne(2003), vol. Ⅲ. p.443.

137 AN. Ⅱ. 128~129.

138 AN. Ⅱ. 130; Ⅴ. 344~345.

수 있는 이유는 우뻬카가 정신적인 요소들의 불균형을 시정해서 동요하지 않도록 해주기 때문이다. 동요하지 않으면 고요하다. 고요하면 관찰의 힘은 증가한다. 이와 같이 심해탈에 대한(사범주의) 우뻬카는 오염원이 사라진 후 해탈한 마음에서 오는 고요한 평정과 함께 대상의 본질을 공평하게 관찰할 수 있는 기능이 공존한다.

⑦평정각지 우뻬카(Upekkhāsambojjhaṅga, 平靜覺支)

'우뻬카쌈보장가(upekhā-sambojjhaṅga)'는 한자로는 보통 '사각지捨覺支'나 '평정각지平靜覺支'로 옮기는데 여기서는 본래의 의미에 더 가까운 '평정각지 우뻬카'로 표기한다. 평정각지 우뻬카는 칠각지(satta-sambojjhaṅga, 七覺支)를 구성하는 요소 중에서 늘 마지막에 언급된다.

칠각지는 '멀리함(遠離)에 의해서(vivekanissitaṃ)', '탐욕을 버림(離貪)에 의해서(virāgānissitaṃ)', '소멸에 의해서(nirodhanissitaṃ)', 그리고 '완전한 버림에 의해서(vossaggapariṇāmiṃ)' 열반으로 향하게 하는 수행의 힘이다.[139] 그러므로 평정각지 우뻬카는 칠각지의 다른 요소들과 더불어 번뇌를 완전히 소멸하는 기능을 갖는다. 각 칠각지의 구성요소는 독립적으로 또는 서로 간에 견인차 역할을 하면서 최종목적지로 인도한다.[140] 다른 각지覺支들과 더불어 평정각지 우뻬카는 〔현상(법)에 대한〕 올바른 안목을 생기게 하고 올바른 앎을 가져오고 지혜를 증장시켜서 열반으로 향하게 한다.

---

139 AN. Ⅰ. 53.

140 SN. V. 97; T.2.189c9~190c27.

열반은 우선 염(sati, 念)각지에서 시작해서 택법(dhammavicaya, 擇法)각지, 정진(viriya, 精進)각지, 희열(pīti, 喜悅)각지, 경안(passaddhi, 輕安)각지, 정(samādhi, 定)각지, 평정(upekkhā, 捨)각지의 순차적인 이행 후라야 비로소 도달할 수 있다. 그리고 이 과정에서 마지막에 오는 평정각지 우뻬카의 성취는 구경지(paṭihacca-añña, 究竟智)의 성취와 다름 아니며, 구경지의 성취는 다시 열반의 성취를 의미한다.[141] 이처럼 평정각지 우뻬카와 구경지, 그리고 열반은 동일선상에 놓여 있기 때문에 평정각지 우뻬카는 곧 궁극의 경지에서 누리는 고요한 평정이라고도 볼 수 있다.

그런데 평정각지 우뻬카의 성취는 또한 명지(vijjā, 明智)에 의한 해탈을 의미한다.[142] 『맛지마니까야』의 「아나빠나싸띠쑫따(*Ānāpānasatisutta*)」는 칠각지를 닦으면 명지明知에 의한 해탈을 원만히 성취한다는 내용을 담고 있다.[143] 명지에 의한 해탈은 전통적으로 첫 번째 선정부터 네 번째 선정을 성취한 이후에 통찰을 통해서이거나 사념처四念處를 확립하고 칠각지를 이행한 이후에 도달한다. 사념처를 관찰하면서 싸띠(sati)가 확립되면 이내 칠각지 수행으로 나아간다. 칠각지 수행의 원만한 구족은 마지막 구성요소인 평정각지 우뻬카의 완성과 함께 이루어지기 때문에 평정각지 우뻬카의 완성은 명지(三明)에 의한 해탈을 의미한다.[144] 마음이 해탈하면 평정하고(upekkhako), 분명하게

---

141 SN. Ⅴ. 68~70; T.2.196c05~197a28.

142 AN. Ⅱ. 198; DN. Ⅲ. 250.

143 MN. Ⅲ. 88.

144 MN. Ⅲ. 85~88.

알아차리고, 대상에 마음이 사로잡히지 않아서 안정되어 있으며, 들떠 있는 마음이 고요히 가라앉아서[145] 커다란 안온함(phāsu)을 얻는다. 요컨대 평정각지 우뻭카의 성취⇔구경지의 성취⇔열반의 성취⇔명지에 의한 해탈이라는 연결식이 성립한다. 따라서 평정각지 우뻭카의 원만한 성취는 해탈과 동급의 내적 경지를 함의하기 때문에 평정각지 우뻭카를 성취하면 해탈한 마음에서 발현되는 것과 동일한 평정심이 유지된다.

한편 평정각지 우뻭카는 돌이켜서 '성찰하는 것(paṭisaṅkhāna)'을 그 특성으로 삼기도 한다.[146] 성찰하는 것은 대상에 대하여 깊이 숙고하고 잘 살피는 것이다. 깊이 숙고하고 잘 살피는 것이 무엇을 말하는지 좀 더 구체적인 이해를 도모하기 위해서 공포나 두려움(bhaya)을 제거하는 방법을 시설하는 다음의 경증을 예로 들어보자.

외딴곳이나 숲속에서 생활하는 수행자에게 공포나 두려움이 생기는 이유는 자신의 몸과 마음을 잘 단속하지 못하고 싸띠를 확립하지 못한다거나 지혜를 갖추지 못하는 등 여러 요인들로 인해서 발생한다. 만일 이러한 몸과 마음의 다양한 요인들(오염원들)을 떨쳐버리고 난 이후에도 공포나 두려움이 계속해서 생긴다면 그때는 공포나 두려움이 생기는 그 즉시 있는 그대로 마음을 집중해야 한다. 마음을 집중한 후에 그러한 공포나 두려움을 면밀하게 잘 관찰하면 여러 마음의 오염원들은 조건성을 지닌 무상한 것이라는 사실을 깨닫는 지혜가 계발된다. 그러면 그때 평정각지 우뻭카가 발현되면서 두려움과 공포

145 AN. Ⅱ. 198; DN. Ⅲ. 250; SN. Ⅴ. 114.

146 Ps. 16.

로부터 벗어난다.[147]

이와 같이 성찰이란 현재 의식의 수준에 떠오른 대상이 지닌 본질을 면밀하게 잘 관찰하고 파악하는 정신적인 태도를 가리킨다. 그리고 그러한 태도는 평정각지 우뻬카가 지닌 중요한 기능 중의 하나로서 통찰적인 지혜를 수반한다.

각 칠각지의 요소들은 모두 열반으로 향하고 열반을 최종목적지로 삼는다. 이들 중에서 평정각지 우뻬카는 해탈한 내면의 정서를 의미하기도 하고, 통찰로써 지혜를 증장시키기도 하는 등 양가적인 의미와 기능을 담지한다. 해탈하면 그 마음은 우뻬카, 그리고 분명한 알아차림이 함께하기 때문에 동요하는 일 없이 고요하게 머물 수 있다. 해탈한 아라한의 심리상태와 우뻬카의 관계에 관한 상세한 논의는 우뻬카의 완성과 유지의 장에서 이어질 것이다.

⑧ 다양성과 다양성에 의지한(nānattā-nānattasitā) 우뻬카

그 밖에 흥미로운 표현이 담긴 우뻬카에 대한 용례들이 발견되는데 '다양성과 다양성에 의지한 우뻬카(upekkhā-nānattā nānattasitā)'가 그 대표적인 예이다. 『맛지마니까야』의 「쌀라야따나위방가쑫따(*Saḷāyatanavibhaṅgasutta*)」는 '다양성과 다양성에 의지한 우뻬카'를 근根·경境·식識의 화합과 관련하여 설명하면서 이를 다시 '재가 생활에 의지한 우뻬카(gehasita-upekkhā)'와 '출가 생활에 의지한 우뻬카(nekkhammasita-upekkhā)'[148]의 두 가지 경우로 구분한다. 여섯 가지 감관

---

147 MN. Ⅰ. 16~21; T.2.190c25~27.

148 일반적으로 범부(puthujjana, 凡夫)는 재가(geha, 在家)나 세간(loka, 世間)과,

과 감관의 대상, 그리고 식이 화합하여(觸) 36가지 경험이 생기는데, 우선 정신적인 괴로움의 경험과 즐거움의 경험, 그리고 괴롭지도 즐겁지도 않은 경험(우뻬카)의 예가 제시된다. 이 세 가지는 다시 재가 생활에 의한 것과 출가 생활에 의한 것, 이렇게 두 가지로 구분한다.[149]

'재가 생활에 의지한 정신적인 즐거움'은 재가의 삶 속에서 마주하는 여섯 가지 감관의 대상들이 원하고 바라고 마음에 들고 탐욕을 생기게 하는 경험을 주는 경우에 해당하는 것으로서, 그러한 경험을 주는 대상을 얻거나 만났을 때 동반되는 만족감을 말한다. 이와 반대로 '출가 생활에 의지한 정신적인 즐거움'은 여섯 감관에서 인식되는 경험들이 무상하다는 것을 있는 그대로 지혜로써 알고 난 후이지만, 아직 마음에 즐거움이 동반되는 경우이다. 그리고 '재가 생활에 의지한 정신적인 괴로움'은 원하고 바라고 마음에 들고 탐욕을 야기하는 대상을 얻거나 만나지 못했을 때 생기는 불쾌한 감정을 말한다. 반면에 '출가 생활에 의지한 정신적인 괴로움'은 대상들에 대한 무상성을 알고 난 후이지만, 해탈에 대한 갈망을 일으키면서 겪는 일종의 정신적인 불쾌한 감정이다.

한편 '재가 생활에 의지한 우뻬카, 즉 괴롭지도 즐겁지도 않은 경험은 여섯 감관에서 인식되는 대상들이 지닌 한계와 영향력, 위험성 등을

그리고 성인(ariyapuggala, 聖人)은 출가(nekkhamma, 出家)나 출세간(lokuttara, 出世間)과 같은 의미로 쓰인다.

149 MN. Ⅲ. 216~217. T.1.692bf.의 경우도 범부凡夫와 성인聖人의 사捨로 구분하여 각각의 희喜, 우憂, 사捨에 18가지, 총 36가지 종류의 사捨를 말한다.

극복하지 못하는 데서 오는 평정을 가리킨다. 이러한 성격의 평정은 감관의 대상들, 즉 형상·소리·냄새·맛·감촉·법들이 지닌 한계를 넘지 못하므로 그 근저엔 일종의 무지(aññāṇa, 無智)의 성향이 자리 잡고 있는 셈이다. 이와 반대로 '출가 생활에 의지한 우뻬카'는 대상들이 무상하고 변하고 사라지고 소멸하는 것이라고 있는 그대로 알고 보는 데서 비롯된 것으로서 지혜와 관련이 있다.[150] 그러나 아직 완전한 지혜는 아니기 때문에 즐거움이나 불쾌함 따위로 인해서 동요한다. 다음은 출가와 재가에 있어서 여섯 가지 감관을 토대로 한 즐거움과 괴로움, 그리고 우뻬카의 종류를 표로써 정리한 것이다.

〈표1〉 출가와 재가에 따른 다양성과 다양성에 의지한 우뻬카

재가 생활에 의한 즐거움	출가 생활에 의한 즐거움
시각적 인식에 의한 즐거움	형상의 무상함을 아는 지혜에서 생긴 즐거움
청각적 인식에 의한 즐거움	소리의 무상함을 아는 지혜에서 생긴 즐거움
후각적 인식에 의한 즐거움	냄새의 무상함을 아는 지혜에서 생긴 즐거움
미각적 인식에 의한 즐거움	맛의 무상함을 아는 지혜에서 생긴 즐거움
촉각적 인식에 의한 즐거움	감촉의 무상함을 아는 지혜에서 생긴 즐거움
정신적 인식에 의한 즐거움	법의 무상함을 아는 지혜에서 생긴 즐거움

재가 생활에 의한 괴로움	출가 생활에 의한 괴로움
시각적 인식에 의한 괴로움	형상의 무상함을 알고 해탈에 대한 갈망의 괴로움
청각적 인식에 의한 괴로움	소리의 무상함을 알고 해탈에 대한 갈망의 괴로움

150 MN. Ⅲ. 217~220.

후각적 인식에 의한 괴로움	냄새의 무상함을 알고 해탈에 대한 갈망의 괴로움
미각적 인식에 의한 괴로움	맛의 무상함을 알고 해탈에 대한 갈망의 괴로움
촉각적 인식에 의한 괴로움	감촉의 무상함을 알고 해탈에 대한 갈망의 괴로움
정신적 인식에 의한 괴로움	법의 무상함을 알고 해탈에 대한 갈망의 괴로움

재가 생활에 의한 우뻬카	출가 생활에 의한 우뻬카
시각적 인식의 위험을 알지 못하는 우뻬카	형상의 무상함을 아는 지혜의 우뻬카
청각적 인식의 위험을 알지 못하는 우뻬카	소리의 무상함을 아는 지혜의 우뻬카
후각적 인식의 위험을 알지 못하는 우뻬카	냄새의 무상함을 아는 지혜의 우뻬카
미각적 인식의 위험을 알지 못하는 우뻬카	맛의 무상함을 아는 지혜의 우뻬카
촉각적 인식의 위험을 알지 못하는 우뻬카	감촉의 무상함을 아는 지혜의 우뻬카
정신적 인식의 위험을 알지 못하는 우뻬카	법의 무상함을 아는 지혜의 우뻬카

'다양성과 다양성에 의지한 우뻬카'는 육근과 관련된 형상에 관한, 소리에 관한, 냄새에 관한, 맛에 관한, 감촉에 관한, 법(현상)에 관한 경험들과 관련되어 있다. 이 우뻬카는 특히 육근의 대상이 주는 왜곡된 인식에 기인한 것으로서 미혹한 범부에게 나타나는 우뻬카는 주로 재가 생활에 의해서 발생하는 것이다. '재가 생활에 의한 우뻬카'는 감관의 경험이 지닌 위험성을 지혜로써 공평하게 관찰하지 못한 결과 왜곡된 견해에서 비롯되었기 때문에 이른바 무지의 성향이 강하다고 볼 수 있다. 반면에 '출가 생활에 의지한 우뻬카'는 감관의 경험이 지닌 무상성을 알고 보는 지혜에서 비롯되긴 했지만 다양한 감각적이거나 물질적인 경험을 통해서 얻는 지혜이기 때문에 아직은 동요할 수 있다. 그보다는 감각적·물질적인 경험을 극복한 무색계 선정의

성취에서 오는 우뻬카가 상대적으로 비교 우위에 있다. '재가 생활에 의지한 우뻬카'와 '출가 생활에 의지한 우뻬카'는 양쪽 모두 아직은 동요를 가져오므로 만일 우뻬카의 질적인 수준을 기준으로 비교 평가 한다면 이들은 동일선상에 놓일 수 있다.

⑨단일성과 단일성에 의지한(ekattā-ekattasitā) 우뻬카

다음으로 '단일성과 단일성에 의지한(ekattā ekattasitā) 우뻬카'가 있다. 이 우뻬카는 무색정에서 발현되는 우뻬카를 말한다. 『맛지마니까야』의 「싸라야따나위방가쑫따(*Saḷāyatanavibhaṅgasutta*)」는 다음과 같이 네 가지 무색계 선정의 우뻬카에 대한 묘사가 수록되어 있다. 공무변처空無邊處를 토대로 한, 식무변처識無邊處를 토대로 한, 무소유처無所有處를 토대로 한, 비상비비상처非想非非想를 토대로 한 우뻬카가 있는데 이를 일러 '단일성과 단일성에 의지한 우뻬카(upekkhā ekattā ekattasitā)'라고 부른다.

여기서 '단일성과 단일성에 의지한 우뻬카'에 의지해서 다양성과 다양성에 의지한 우뻬카를 버리고 극복한다.[151] 앞서 살펴본 '다양성과 다양성에 의지한 출가자의 우뻬카'는 아직은 감각적이거나 물질적인 경험에 의지한 것이기 때문에 그보다는 더 수승한 차원인 이 '단일성과 단일성에 의지한(무색정의) 우뻬카'로 제거할 수 있다. 그렇지만 '단일성과 단일성에 의지한 우뻬카'마저도 '비동일성(atammayatā)'에 의해서 결국엔 제거하고 극복해야 할 하나의 관찰대상이다.[152] 여기서

---

151 MN. Ⅲ. 220; T.1.693b26~693c05.

152 MN. Ⅲ. 220.

'비동일성'으로 옮긴 '아땀마야따(atammayatā)'는 부정접두어 'a'와 'tammaya+tā'의 합성어로 구성되어 있다. 'tammayatā'는 'taṇhā'의 뜻이 있기 때문에 'atammayatā'는 '갈애 없음'으로 해석될 수 있다.[153] '갈애 없음'은 출세간出世間으로 인도하는 위빳싸나와 동일하다.[154] 따라서 '단일성과 단일성에 의지한 우뻬카'는 위빳싸나의 통찰에 의해서 제거되고 극복될 수 있다는 의미이다. 정리하면, '다양성과 다양성에 의지한 우뻬카'는 '단일성과 단일성에 의지한 우뻬카'에 의해서 제거되고, '단일성과 단일성에 의지한 우뻬카'는 다시 위빳싸나의 통찰에 의해서 극복되는 중층의 정화과정을 밟는다.

'단일성과 단일성에 의지한 우뻬카'는 비록 '다양성과 다양성에 의지한 우뻬카'보다 더 수승한 차원이긴 하지만, 그것이 지향하는 최선의 목표는 아니기 때문에 통찰의 대상이 되어야 한다. '단일성과 단일성에 의지한 우뻬카'는 '다양성과 다양성에 의지한 우뻬카'를 제거할 수 있는 수단이기도 하지만, 이마저도 종국엔 넘어서야만 할 하나의 과정, 즉 대상이라는 점에서 이 역시도 양가적인 성격을 띤다고 볼 수 있다.

⑩세간·출세간의(sāmisā·nirāmisā; 世間·出世間) 우뻬카

한편 수순하는 수행의 정도와 깊이에 따라서 '세간의(sāmisā)'와 '출세간의(nirāmisā)', 그리고 '출세간보다 더 높은 출세간의(nirāmisā nirā-

---

153 Ps. Ⅳ. 99. Atammayatā ti tammayatā vuccati taṇhā, nittaṇhatā ti attho.

154 Ps. Ⅴ. 27. Atammayatan ti ettha tammayatā nāma taṇhā, tassā pariyādānato vutthānagāminīvipassanā atammayatā ti vuccati.

misatarā) 우뻬카'[155] 이렇게 세 가지로 구분하기도 한다.[156]

먼저 '세간의 우뻬카'는 형색·소리·냄새·맛·감촉 등 좋아하고 사랑스럽고 매혹적인 감각적 쾌락의 대상들로부터 욕망이 충족되었을 때 일어나는 평정이다. 반면에 '출세간의 우뻬카'는 즐거움과 괴로움이 소멸하여 즐겁지도 괴롭지도 않은 우뻬카와 싸띠가 청정한 네 번째 선정에 들어 머물 때의 평정이고, '출세간보다 더 높은 출세간의 우뻬카'는 탐욕·성냄·어리석음으로부터 완전히 벗어난 자신의 마음을 관찰할 때 생기는 평정이다.[157] 말하자면 '세간의 우뻬카'는 감각적인 대상을

155 'sāmisā'와 'nirāmisā'는 다양한 의미를 지니고 있기 때문에 번역상 몇 가지 이견들이 있다. 'sāmisa'는 '날고기, 음식, 자양분, 미끼, 유혹물, 물질 등을 가지고 있는'의 뜻이고 'nirāmisa'는 이러한 요소들을 가지고 있지 않는 것이다. 『쌍윳따니까야』의 「니라미싸쑫따(*Nirāmisasutta*)」는 감각적 욕망의 유무有無와 또 그 욕망의 정도에 따라 차별을 두고서 이들을 구분하기도 한다. 현재 'sāmisa'는 주로 '신체의', '자양' 혹은 '자양분'이나 '세간의' 등으로 직역하거나 의역하기도 하는데, 여기서는 이들 중에서 'sāmisa'를 '세간의'로, 'nirāmisā'를 '출세간의'로 간주한다. 왜냐하면 세간은 감각적 욕망의 대상을 바라는 일상적인 범부들의 삶에서 경험할 수 있지만, 일상적인 삶과 유리된 수행을 통해서 욕망을 극복하는 경험은 세간을 벗어난 출세간의 비일상적인 것이 될 수 있기 때문이다. 그런데 'sāmisa'를 '신체의'로, 그리고 'nirāmisā'를 '정신의'로 해석하는 경우를 볼 수 있는데, 이와 같은 방식에 의하면 'nirāmisatarā'의 경우 '정신적인 것보다 더 정신적인 것의'가 되어 그 뜻이 불합리해진다.

156 범부는 유학이나 무학에 들지 못한 사람, 유학은 도와 과가 구비된 아라한도까지 도달한 사람, 무학은 더 이상 배울 것이 없는 완성된 사람이다(Pug. 14). 이 세 가지 부류의 우뻬카는 배움의 정도나 수행의 수준이 점차 상향된다는 점에서 범부와 성인을 구분하는 기준과 유사하기 때문에 이들을 범부의 우뻬카, 유학有學의 우뻬카, 무학無學의 우뻬카로 대치해도 무방할 것이다.

157 SN. Ⅳ. 237f. 'nirāmisā nirāmisatarā'에서 비교급 'tara'는 보통 두 가지 이상의

접한 후 그로부터 기쁨과 즐거움을 누렸을 때 경험하는 만족감이나 편안함 등이고, '출세간의 우뻬카'는 신체적·정신적으로 괴롭지도 즐겁지도 않은 선정의 고요함이며, '출세간보다 더 높은 출세간의 우뻬카'는 해탈한 마음에서 오는 완전하게 균형을 이룬 고요함이다.

이와 같이 세간과 출세간의 구분은 우뻬카를 기준으로 한 평가로서 수행의 정도가 깊어짐에 따라 우뻬카의 질적인 수준은 그와 정비례하여 상승하는 양상을 띠게 된다. 일상의 감각적인 욕망을 충족한 후에 얻게 되는 만족감에서, 괴로움과 즐거움 등의 동요로부터 벗어난 아직은 불완전한 고요함으로, 그리고 종국엔 완전한 고요함의 순으로 상향 진행된다.

그런데 여기서 흥미로운 점은 '세간의 우뻬카'의 경우이다. 이것은 위에서 감각적인 쾌락의 대상들로부터 욕망이 충족되었을 때 동반되는 일종의 정서적인 만족감이라고 표현하였다. 감관의 대상들이 주는 경험이 지닌 영향력과 위험을 제대로 알고 보지 못한다는 입장에서 보면 앞서의 다양성과 다양성에 의지한 재가 생활에서 비롯된 무지의 우뻬카와 근원적인 유사점이 발견된다. 하지만 이들은 서로 다른 관점으로 구분될 수 있다. '다양성과 다양성에 의지한 재가의 우뻬카'가

대상을 놓고 서로 비교하여 우열의 가치가 상대적으로 더 높은 대상에 부가된다. 비교) It. 62. Rūpehi bhikkhave arūpā santatarā, arūpehi nirodho santataro ti. 따라서 '출세간보다 더 높은 출세간'이란 일반적인 출세간보다 상대적으로 더 높고 수승한 정신적인 차원이다. 성인의 단계를 예류도부터 아라한과에 이르기까지 정신적인 차원에 의해서 구분하는 것과 같은 이치인데, 이 경우에 아라한과는 예류도부터 불환과에 이르는 출세간보다 더 높은, 비교 최상위의 출세간에 해당될 것이다.

지혜의 결핍에서 오는 지성적인 차원의 무지라면, 여기 '세간의 우뻬카'는 감각적인 욕망의 충족에서 오는 보다 정서적인 차원에 대한 것이라고 말할 수 있다.

이와 같이 '다양성과 다양성에 의지한 재가자의 우뻬카'와 '세간의 우뻬카'는 공통점과 함께 차이점이 발견되지만, 양쪽 모두 내적인 균형감에서 벗어나 어느 한쪽으로 치우치는 편견에서 비롯된 동요라는 측면에서 보면 둘 다 동일한 관점에서 논할 수 있다. 그리고 '출세간의 우뻬카'는 앞에서 살펴본 '네 번째 선정의 우뻬카'와 동일한 의미를 지닌 서로 다른 표현방식이며, '출세간보다 더 높은 출세간의 우뻬카'는 궁극적으로 해탈한 마음에서 발현되는 평정이기 때문에 심해탈에 대한(사범주의) 우뻬카나 평정각지 우뻬카와 서로 비견될 수 있다.

⑪ 원리성遠離性의 우뻬카

『앙굳따라니까야』의 「뽀딸리야쑫따(*Potaliyasutta*)」에는 붓다가 유행승 뽀딸리야(Potaliya)에게 가장 훌륭하고 수승한 사람이 지니는 덕목이 무엇인지에 대하여 설법하는 내용이 소개된다. 어느 날 뽀딸리야가 세존에게 이르기를, 세상에는 네 부류의 사람들이 있는데 사실과 진실을 이야기할 때 비난받을 사람을 비난하지 않고, 또 사실과 진실을 이야기할 때 칭송해야 할 사람을 칭송하지 않는 사람이 가장 훌륭하고 수승한 사람이며, 이때 그가 지닌 덕목이 우뻬카로서 그것은 매우 경이로운 것이라고 말한다.[158] 그런데 이때의 우뻬카를 두고 '무관심

---

158 AN. Ⅱ. 101.

(indifference)'이라고 하거나 '정신적인 중립(equanimity)'의 태도로서 이해하는 경우를 볼 수 있다.[159] 그렇지만 전후의 문맥을 살펴볼 때 무관심이나 중립적인 태도 모두 다소 거리가 있어 보인다.

예를 들어 A가 진실한 사람이고 B가 거짓인 사람이라고 가정해 보자. 사람들이 이들에 대해서 사실과 진실을 말해야 할 때 다음과 같은 네 가지 경우의 수가 있을 수 있다. ①A를 칭송하고 B를 비난한다, ②A를 칭송하고 B를 비난하지 않는다, ③A를 칭송하지 않고 B를 비난한다, ④A를 칭송하지 않고 B도 비난하지 않는다는 경우이다. 이때 위의 예문, 즉 비난받을 사람을 비난하지 않고 칭송해야 할 사람을 칭송하지 않는 사람은 ④의 경우가 된다. 그런데 여기서 우뻬카를 만일 무관심으로 옮기면 그 다음으로 이어지는 문장에서 '가장 훌륭하고 수승한 사람'이라는 묘사가 좀 부자연스럽게 들린다. 왜냐하면 무관심은 다른 이에 대한 관심과 배려 등이 없는 사람을 연상시키는 용어로 주로 부정적인 의미에 사용되기 때문에 그런 성향의 사람을 일러 가장 훌륭하고 수승한 사람이라는 최상의 수식어는 잘 들어맞지 않아 보이기 때문이다. 그렇다고 정신적인 중립의 태도로서 이해한다면 칭송할 사람을 칭송하고 비난받을 사람을 비난하는 ①도 개인적인 편견 없이 시시비비是是非非를 가린 셈으로 간주할 수 있기 때문에 중립적인 태도에 포함시킬 수 있는 여지가 있다. 하지만 그럴 경우도 ①과 ④가 모두 훌륭하고 수승한 사람이라는 자격요건을 갖춘 것이 격이 되어서 '가장'이라는 비교최상급 수식어에 저촉되기는 마찬가지

---

159 E. M. Hare(1973), p.108.

이다.

그런 뽀딸리야의 말을 듣고 난 후 붓다는 적당한 때 사실과 진실에 맞게 비난해야 할 사람을 비난하고, 또 적당한 때 사실과 진실에 맞게 칭찬해야 할 사람을 칭찬하는 사람이 그보다 더욱 훌륭하다고 화답한다. 그리고 '적당한 때를 아는 것(kālaññutā)'[160]이야말로 가장 수승하기에 적당한 때에 맞춰 편견 없이 식별하는 정신적인 자세에 해당하는 ①을 가장 바람직한 태도로서 손꼽는다.[161] 붓다가 가장 바람직하다고 인정한 ①은 세상사에 얽혀 살아가는 범부의 입장에 해당한다. 세속의 범부는 늘 크고 작은 사건들에 노출되어 있고 사람들과 복잡한 관계망을 형성하면서 살기 마련이어서 늘 주변 환경에 어떤 식으로든지 대처하거나 반응을 보여야 한다. 하지만 출세간이라면 사정은 이와 다르다. 세상사나 사람들에 흥미와 관심을 갖고 시시비비를 따지는 등의 관여는 평정을 유지하는 일로부터 멀어지기 때문에 허락되지 않는다.

뽀딸리야가 가장 훌륭하고 수승한 태도라고 여긴, 비난받을 사람을 비난하지 않고 칭송해야 할 사람을 칭송하지 않는 태도는 출세간의 길을 걷는 자라면 견지해야 할 바람직한 태도일 것이다. 만일 논쟁이 벌어지게 되면 보통 사람들은 어느 한쪽 편을 들면서 그것에 집착하고

---

160 Mp. Ⅲ. 118은 'yuttapattakālena'라 하여 이것을 '적당한 때'로 풀이한다. 율장도 (Vin. V. 249) 만일 수행승이 타인을 질책하고자 한다면 다섯 가지 원칙을 가지고서 해야 한다고 하는데, 이때 맨 처음 나오는 원칙이 '적당한 때'를 기다리는 것이라고 할 정도로 'kalena'를 잘 분별하는 일이 중요시된다.

161 AN. Ⅱ. 101.

매달리지만 세상일에서 벗어난 자는 부질없이 이에 관여하지 않고 고요하게 평정을 유지하면서 지낸다.[162] 그러므로 비난받을 사람을 비난하지 않고 칭송해야 할 사람을 칭송하지 않는 사람이 지닌 우뻬카의 성격은 무관심이나 중립이라기보다 옳고 그름 등의 가치판단을 늘 해야 하는 세속으로부터 멀찌감치 떨어져 일정한 거리를 유지하는 원리성, 즉 초탈하고 의연한 신체적·정신적인 태도 정도로 이해할 수 있다.

2. 기능과 특성

이제 지금까지 살펴본 내용을 토대로 초기경전의 도처에 산재해 있는 우뻬카의 종류를 기능과 특성 중심으로 분류하고 재배치하는 작업을 시도해보겠다. 이러한 작업에 의해서 우뻬카의 다채로운 측면이 효과적으로 드러날 것이다.

초기경전에는 느낌, 육근, 선한 것에 의지한, 세 번째 선정, 네 번째 선정(출세간의), 심해탈에 대한(사범주의), 평정각지, 다양성과 다양성에 의지한, 단일성과 단일성에 의지한(무색정의), 세간의, 출세간의, 출세간보다 더 높은 출세간의 그리고 원리성의 우뻬카들이 나타난다. 이들을 주요 기능과 특성 중심으로 분류해 보면 공통점과 함께 차이점들이 발견된다. 예를 들어, 관찰, 평정, 무지, 지혜, 세속의 만족감, 초연함 등이 우뻬카의 기능적인 측면이라면 균형, 불균형,

---

162 Sn. p.178.

멀리함 등은 특성적인 측면이 될 수 있다.

'균형'은 우뻬카를 대표하는 기본적인 특성인데, 치우치지 않고 고른 평형(equipoise)의 상태를 유지하려는 성질 때문에 이를 두고 흔히 '중립(neutrality, 中立)'이라고 부르기도 한다. 그렇다면 중립에 담긴 의미를 한번 되새겨 보자. 무엇보다 이 용어는 어느 쪽 편에도 서지 않고 딱 그 중간의 포지션을 지키고 있는, 상황의 변화와는 무관하게 늘 자신의 자리만을 고수하는 부동不動의 형국을 연상시킨다. 그렇지만 앞서 심해탈에 대한(사범주의) 우뻬카에서 본 것처럼, 우뻬카는 정신적인 요소들이 너무 과하다거나 부족할 경우 이를 재빠르게 감지하여 이들이 조화를 이루도록 기민하게 움직인다. 앞서 게틴(R. M. L. Gethin)도 묘사한 바 있듯이 우뻬카는 일종의 능숙한 힘이나 능력(skillful power)이다. 이 능숙한 힘은 마음의 동요나 흔들림을 제거하고 내적인 고요함을 회복하도록 돕는다. 이와 같은 기민함은 우뻬카의 가장 중요한 특성인 균형감에서 비롯된다. 균형감은 불선한 마음을 감지하고 재빠르게 상황을 교정할 수 있는 능력이라고 부를 수 있을 정도로 역설적으로 들리겠지만 오히려 유연하다. 유연하게 활동하는 우뻬카의 균형감 덕분에 마음은 안정감을 되찾을 수 있다. 그런 이유로 여기서는 다소 경직된 인상을 주는 중립 대신 '균형'이란 용어를 사용할 것이다. 다음은 우뻬카의 종류에 따른 기능과 특성을[163]

163 우뻬카를 기능과 특성 중심으로 구분하는 작업은 『위쑫디막가』에 나타난 범주적 분류에 착안한 것이다. 이 문헌은 초기경전에 나타난 우뻬카를 모두 열 가지로 소개하고 이들을 다시 기능과 특성에 따라 범주화하여 재배치한다. 초기경전과 『위쑫디막가』에 나타난 우뻬카를 비교 분석하는 작업은 다음의 상좌부불교

구분해서 표로 나타낸 것이다.

〈표2〉 초기경전에 나타난 우뻬카의 기능과 특성

우뻬카의 종류	기능	특성
느낌(vedanā, 受)의 우뻬카	관찰, 평정	균형
육근(chaāyatana, 六根)의 우뻬카	관찰, 평정	균형
선한 것에 의지한(kusalanissitā) 우뻬카	관찰, 평정	균형
세 번째 선정(第三禪)의 우뻬카	(관찰), 평정	불균형
네 번째 선정(第四禪)·출세간(出世間)의 우뻬카	(관찰), 평정	균형
단일성에 의지한(ekattasitā)·무색정(無色定)의 우뻬카	(관찰), 평정	균형
심해탈에 대한 우뻬카(upekkhā-cetovimutti)	관찰, 평정	균형
평정각지 우뻬카(upekkhā-sambojjhaṅga)	관찰, 평정	균형
다양성에 의지한(nānattasitā) 재가자의 우뻬카	무지無智	불균형
다양성에 의지한(nānattasitā) 출가자의 우뻬카	지혜知慧	불균형
세간의(sāmisā) 우뻬카	만족滿足	불균형
출세간보다 더 높은 출세간의 우뻬카	평정	균형
원리성遠離性의 우뻬카	초연함	멀리함

각 우뻬카들을 기능과 특성 면에서 서로 공통점과 함께 차이점이 발견된다. 느낌, 육근, 선한 것에 의지한, 심해탈, 평정각지 우뻬카는 관찰과 평정의 기능을 공통적으로 갖추고 있다. 그리고 세 번째 선정, 네 번째 선정, 단일성에 의지한(무색정의), 출세간의 우뻬카는 본래 관찰의 기능을 갖추고는 있으나 평정의 기능이 이보다 두드러지게

수행의 우뻬카의 장에서 이루어질 것이다.

묘사된다. '다양성에 의지한 재가자의 우뻬카'는 지성적 차원의 무지함이, 반면에 '다양성에 의지한 출가자의 우뻬카'는 불완전하지만 지혜의 기능을 갖추고 있다. 또 '세간의 우뻬카'는 정서적인 만족감이 있는가 하면, '원리성의 우뻬카'에는 초연함의 기능이 각기 존재한다. 그런가 하면 '출세간보다 더 높은 출세간의 우뻬카'는 궁극적인 해탈의 상태에서 발현되기 때문에 평정의 기능이 강조된다.

그런데 여기서 한 가지, '다양성에 의지한 재가자의 우뻬카'나 '세간의 우뻬카'와 같은 경우는 재가자에게 귀속되므로 전문수행의 논의에서 제외시켜야 할 것으로 여겨질 수 있다. 하지만 실제로 전혀 무관한 것만은 아니다. 감각적인 욕망의 충족에서 비롯된 무지나 만족감은 보통은 재가의 삶과 관련되어 있지만 감관의 기능을 구족하고 있는 이상, 때에 따라서는 수행자의 일상적인 마음에도 충분히 일어날 수 있는 가능성은 존재한다. 수행에 있어서 몸과 마음에서 일어나는 현상(법) 모두가 관찰의 대상이라면 여기서 출가와 재가를 구분하여 그 실효성을 논하는 일은 사실상 무의미하다고 할 수 있다.

한편, 어느 쪽으로도 기울지 않는 완전한 정正균형은 보통 우뻬카의 주요한 특성으로 그동안 알려져 왔다. 그 대표적인 예가 바로 '따뜨라맛잔따따'이다. 하지만 위의 표와 같이 모든 우뻬카가 정균형을 갖춘 상태는 아니다. '세 번째 선정의 우뻬카'를 필두로 '다양성에 의지한 재가자와 출가자의 우뻬카'와 '세간의 우뻬카'들은 불완전한 균형감을 보여준다. 그리고 '원리성의 우뻬카'는 균형감보다는 정신적인 거리를 포함해서 물리적인 거리를 유지하는 것을 그 특성으로 삼는다. 따라서 모든 우뻬카는 완전하게 균형을 이룬 것, 그중에서도 특히 '따뜨라맛잔따따'를 이룬 것이라고 일괄적으로 이해하고 해석하는 기존의 방식은 그래서 좀 더 세심한 주의가 요구된다. 더욱이 다양한 기능적인 차이에도 불구하고 '중립'만으로 한정짓는다든가 '무관심하게 바라봄', '무관심', '냉담함', '괴롭지도 즐겁지도 않은 신체적인 느낌'처럼 그것의 일부분만이거나 본래의 기본 속성들과 거리가 있어 보이는 술어들이 우뻬카를 대신할 수 있는 개연성은 이제 더는 없어 보인다.

우뻬카의 종류와 그 기능 및 특성을 다음과 같이 정리할 수 있다.

초기경전에는 다양한 종류의 우뻬카가 소개되어 있다. 이를테면 느낌의, 육근의, 선한 것에 의지한, 세 번째 선정의, 네 번째 선정의, 단일성과 단일성에 의지한(무색정의), 심해탈에 대한(사범주의 우뻬카), 평정각지, 다양성에 의지한 재가자의, 다양성에 의지한 출가자의, 세간의, 출세간의, 출세간보다 더 높은 출세간의, 원리성의 우뻬카들이다.

이들 중에서 먼저 느낌의 우뻬카는 신체적·정신적으로 괴롭지도 즐겁지도 않은 느낌이고, 육근의 우뻬카는 감관이 대상을 접할 때 괴롭지도 즐겁지도 않은 경험을 말하며, 선한 것에 의지한 우뻬카는 근·경·식의 화합에 의한 경험들이 지닌 무상성을 통찰하고 동요하지 않는 평정이다. 세 번째 선정의 우뻬카는 색계 세 번째 선정에서, 네 번째 선정의 우뻬카는 색계 네 번째 선정에서, 단일성과 단일성에 의지한 우뻬카는 무색계 선정에서 각기 발현 유지된다. 그리고 심해탈에 대한 우뻬카는 사범주의 네 번째 요소로 구성된 우뻬카를 말하며, 평정각지 우뻬카는 칠각지의 마지막 구성요소로서 나타난다. 다양성에 의지한 재가자의 우뻬카는 감관의 대상을 통한 경험이 주는 일종의 지성적인 차원의 만족감이고, 다양성에 의지한 출가자의 우뻬카는 감관의 경험이 지닌 무상성을 지혜로써 알고 본 후 마음에 즐거움이 동반되는 것이다. 한편 세간의 우뻬카는 감각적인 욕망이 충족될 때 일어나는 정서적인 차원의 만족감에 해당하고, 출세간의 우뻬카는 네 번째 선정에 들어 머물 때 발현된다. 출세간보다 더 높은 출세간의 우뻬카는 해탈한 마음에서 일어나는 궁극적인 평정을 의미한다. 끝으로 원리성의 우뻬카는 세속과는 일정한 거리를 두는, 초탈하고 의연한 신체적·정신적인 태도 정도로 이해할 수 있다.

이들은 기능과 특성에 따라서 관찰, 평정, 무지, 지혜, 세속적인 만족감, 초연함, 균형, 불균형, 멀리함 등으로 나타난다. 여기서 관찰, 평정, 무지, 지혜, 세속적인 만족감, 초연함 등은 기능적인 측면이고, 균형, 불균형, 멀리함 등은 그 특성이 될 수 있다. 각 우뻬카들은 기능과 특성 면에서 서로 공통점과 함께 차이점이 발견된다. 먼저 느낌의, 육근의, 선한 것에 의지한, 평정각지 우뻬카는 공통적으로 관찰과 평정의 기능을 갖추고 있다. 그리고 세 번째 선정, 네 번째 선정(출세간), 단일성과 단일성에 의지한(무색정의), 심해탈에 대한(사범주의) 우뻬카들도 기본적으로 관찰의 기능을 갖추고는 있으나 고요한 평정의 기능이 보다 두드러지게 묘사된다. 또한 다양성에 의지한 재가자의 우뻬카는 지성적인 차원의 무지함이 있는 반면에 다양성에 의지한 출가자의 우뻬카는 아직 불완전하지만 지혜를 갖추고 있다. 그리고 세간의 우뻬카는 정서적인 차원의 만족감이, 원리성의 우뻬카는 초연함 등의 기능이 각기 존재한다. 그 밖에 출세간보다 더 높은 출세간의 우뻬카는 궁극적인 해탈의 경지를 의미하기 때문에 고요한 평정의 기능이 보다 강조된다.

우뻬카는 정正균형을 이룬 것이라고 보통은 알려져 왔지만 그것이 모든 우뻬카에 해당된다고 보긴 어렵다. 세 번째 선정의 우뻬카를 필두로 다양성에 의지한 재가자와 출가자의 우뻬카, 세간의 우뻬카들은 불완전한 균형감을 보여준다. 그리고 원리성의 우뻬카는 내적인 균형감보다는 신체적·정신적으로 대상과 거리를 두고 멀리하는 것을 주요한 특성으로 삼는다. 그러므로 완전한 균형감, 즉 완전한 중립성이라고 하여 우뻬카를 '따뜨라맞잗따따'로 대치하는 기존의 방식은 좀 더 세심한 주의를 요한다. 또한 심해탈에 대한(사범주의) 우뻬카에서 본 것처럼, 정신적인 요소들의 과부족을 재빠르게 감지하여 균형을 회복하도록 기민하게 활동하므로 역설적이게도 오히려 유연하다. 따라서 어떠한 상황에서도 늘 자신의 자리만을 고수하는 듯한 인상을 주는 '중립'은 우뻬카의 특성을 다 담아내지 못하는 제한적인 표현이기 때문에 그 쓰임은 고려해 보아야 한다. 더욱이 다양한 기능적인 차이에도 불구하고 '중립'의 특성으로만 한정짓는다든가 '무관심하게 바라봄', '무관심', '냉담함', '괴롭지도 즐겁지도 않은 신체적인 느낌' 등 그것의 일부분만이거나 본래의 기능이나 특성들과는 다소 거리가 있어 보이는 술어들이 더 이상 우뻬카를 대신할 수는 없을 것이다.

제4장 전승 및 비선형적 전개; 상좌부불교 수행의 우뻬카

1. 아비담마 논서와 주석서

빠알리 아비담마 논서의 대표격인『담마상가니(*Dhammasaṅgaṇī*)』에 나타난 우뻬카에 대한 설명부터 살펴보자. 이 논서는 네 번째 선정의 선지로서 나타나는 우뻬카에 주목하면서 다음과 같이 말한다. "감관이 대상을 경험할 때 느끼는 괴롭지도 즐겁지도 않은 느낌이 우뻬카인데, 이러한 느낌이 지혜(ñāṇa)와 함께 일어날 때 그 마음은 선법(kusala-dhamma, 善法)이다."[164] 네 번째 선정의 우뻬카는 정균형을 이룬 상태에서 관찰과 평정의 기능을 모두 갖추었기 때문에 이 선정에서 통찰을 진행하면 보다 수월하게 지혜를 수반할 수 있다.

그리고『앗타쌀리니(*Atthasālinī*)』의 경우는, 괴로움과 즐거움이

164 Dhs. 28~29.

생길 때 그것을 공평하게 관찰한 후 괴롭지도 즐겁지도 않은 중립적인 느낌을 생기게 하며 대상을 편향되지 않게 조사하고 탐구하는 것이라고 기술한다.[165] 이러한 기술은 공평하게 관찰하는 기능, 그리고 그러한 결과로서 동요하지 않는 내적인 고요함까지 포괄한다는 점에서 우뻬카가 지닌 양가적인 기능과 특성을 비교적 잘 드러낸다. 연이어서 열 가지 종류의 우뻬카, 즉 chaḷaṅgupekkhā(육근의 우뻬카), brahmavihārupekkhā(범주의 우뻬카), bojjhaṅgupekkhā(평정각지 우뻬카), viriyupekkhā(정진의 우뻬카), saṅkhārupekkhā(쌍카라 우뻬카), vedanupekkhā(느낌의 우뻬카), vipassanupekkhā(위빳싸나 우뻬카), jhanupekkhā(선정의 우뻬카), tatramajjhattupekkhā(따뜨라맞잔따따 우뻬카), pārisuddhiupekkhā(사념청정의 우뻬카)를 소개한다. 그렇지만 이러한 구분은 후대 『위쑫디막가』에 나타난 분류법과 사실상 동일하다.[166]

『위방가(*Vibhaṅga*)』와 같은 경우는 특히 정중正中인 'majjhattatā'의 마음을 지니고 공평하게 관찰하는 것이라고 정의한다.[167] 여기서 'majjhattatā'는 말 그대로 어느 쪽에도 치우치거나 편중되지 않고 한가운데 서 있는 상태이다. 'majjhattatā'라는 용어는 이처럼 『앋타쌀리

---

165 Dhs-a. 43, 157, 172.

166 Dhs-a. 172.

167 Vibh. 259. upekkhako'ti tattha katamā upekkhā yā upekkhā upekkhanā ajjhūpekkhāna majjhattatā cittassa ayaṃ vuccati upekkhā. 아신 텃띨라는 'majjhattatā'에 최고의 의미를 부여하여 최상으로 마음이 균형을 이룬 상태, 즉 'supreme equanimity state of balance of consciousness'라고 표현한다 〔Paṭhamakyaw Ashin Thiṭṭila(1969), p.338〕.

니』에서 단독의 형태로 쓰이다가 『위쑫디막가』에 와서 여기에 'tatra'가 가미되면서 'tatramajjhattatā'라는 독특한 기술적인 술어로서 정착되기에 이른다.

그런가 하면 『뿍갈라빵냐띠(*Puggalapaññatti*)』는 다양한 인간 유형에 대한 분석을 중심으로 논의가 전개되는 성격을 지닌 논서이기 때문에 특히 인간이 지닌 성격적인 특성에 따라서 다음과 같이 기술한다. "우뻬카를 지닌 사람은 사실과 진실에 따라 비난할 만한 사람을 비난하지 않고 또 칭찬할 만한 사람도 칭찬하지 않으면서 무심하게 지내는 사람이다."[168] 실제로 이러한 특성을 지닌 우뻬카는 앞서 초기경전에서 살펴본 용례들 중에서 시시비비를 따지는 일로부터 일정하게 거리를 유지하면서 초연하게 지내는 '원리성의 우뻬카'에 해당한다.

그 밖에 『까타왇투(*Kathāvatthu*)』는 붓다와 같은 아라한은 칠각지七覺支를 구현하는 존재라고 강조하면서 이때 칠각지의 구성요소와 함께 평정각지 우뻬카(upekkhāsambojjhaṅga)를 소개한다.

그리고 다른 지면에는 여섯 가지 감관(육근)에 대한 우뻬카(chaḷupekkhā)도 모습을 보이는데, 이것은 눈으로 형상을 보고 귀로 소리를 듣고 코로 냄새를 맡고 혀로 맛을 보고 몸으로 감촉을 느끼고 마음으로 법을 아는 것과 관련되어 있다는 정도로 기술되어 있다.[169] 『까타왇투』의 주석서는 이것을 두고 여섯 가지 문門에 대한 우뻬카(chasu dvāresu upekkhā)로 표기한 뒤에 이 여섯 가지 문은 동일한 순간에 발생하지 않는다는 설명을 덧붙인다.[170]

---

168 Pp. 51; Pp-a. 227.

169 Kv. 158, 280.

상술한 논서와 주석서들에는 우뻬카에 대한 내용들이 편재해서 나타나지만 대체로 단편적인 내용들만 전하고 있어서 이들만으로는 초기경전에서 전승된 우뻬카의 전체적인 윤곽을 잘 파악할 수 없다는 제한성이 있다. 비록 『앗타쌀리니』처럼 열 가지 종류의 우뻬카가 전체적으로 제시되는 경우도 있긴 하지만 그것도 『위쑫디막가』의 분류방식과 내용이 동일하다. 실제로 이 주석서는 붓다고사가 『담마상가니』를 해석한 것이며, 『위쑫디막가』 역시 그의 찬술로 알려져 있기 때문에 이 두 문헌의 내용이 동일하거나 유사하다는 사실은 오히려 자연스러운 귀결일 것이다. 그런 연유로 『앗타쌀리니』를 참조하더라도 우뻬카의 원형을 온전히 유추해 내기란 사실상 어려운 실정이다.

한편 『위쑫디막가』는 우뻬카를 '따뜨라맛잔따따우뻬카(tatramajjhattatāupekkhā)'로 표기하면서 '따뜨라맛잔따따'와 우뻬카를 동일시한다.[171] '맛자따따(majjhattatā)'는 앞서 『위방가』에서 본 것처럼 정중正中의 뜻으로 본래는 주로 '맛자따따' 단독으로 쓰였던 것이다.[172] 그러던 것이 『위쑫디막가』에 와서 여기에 강조 접두사격인 'tatra'가 가미되었고, 그 결과 현재의 'tatramajjhattatā'의 형태로 전개되어 '완전한 중립성(正中立)'을 의미하기에 이른다. 그에 따라서 이 술어는 『위쑫디막가』의 고유한 표현방식으로 정착된 것인데, 현재 이 문헌 이후에 대부분의 빠알리 문헌자료들은 우뻬카와 '따뜨라맛잔따따'를 동일시한다. 『위쑫디막가』는 이 '따뜨라맛잔따따'를 마음과 마음에 수반되는

170 Kv-a. 75~76.

171 Vism. 161.

172 Vibh. 259.

정신적인 요소들을 공평하게 전달하는 특징을 가지며, 모자라거나 넘치는 것을 막는다거나 편견을 없애는 역할을 하며, 다양한 정신적인 현상들에 대해서 공평하기 때문에 마치 앞으로 나아가는 말들을 고르게 모는 마부와 같다고 묘사한다.[173] 그러고 나서 별도의 장을 할애하여 우뻬카의 종류에 대하여 비교적 상세한 설명을 덧붙인다. 그 내용은 비록 초기경전을 반영하고 있기는 하지만 몇 가지 점에서 재론의 여지를 남긴다. 이 문제는 다음의 장에서 좀 더 구체적으로 논의될 것이다.

『위쑫디막가』의 적지 않은 부분을 참조한 것으로 알려진 후대 아비담마 논서인 『아비담맏타쌍가하(*Abhidhammatthasaṅgaha*)』의 경우는 우뻬카를 신체적으로 중립적인 느낌과 정신적으로 중립적인 느낌의 두 가지 형태로 구분한다. 먼저 신체적으로 중립적인 느낌은 일부

---

173 Vism. 466~467. 한편 『아비달마구사론阿毘達磨俱舍論』은 사(upekṣā, 捨)를 '마음의 평등성平等性'이나 '무경각성無警覺性'으로 정의한다(T.29.19b16. 心平等性 無警覺性說 名爲捨). 여기서 경각警覺이란 대상에 주의注意를 기울이고 유의하도록 마음을 움직여 일깨우는 작용을 하기 때문에 무경각성은 혼침과 도거를 떠난 마음의 평등성 또는 동요가 없는 것이다〔권오민(2007), p166〕. 또한 선한 마음에 포함되는 법(大善地法)으로서 마음을 무공용(anābhogaṃ, 無功用)으로 돌리는 것이다〔테오도르 체르바츠키·권오민 역(1986), p.199〕. 무공용의 사전적인 의미는 주의, 성찰, 사유思惟 등을 하지 않는 것이다〔전재성(2012), p.120〕. 따라서 평등성과 무경각성 그리고 무공용으로 대변되는 우뻬카(捨)는 마음이 대상에 반응하여 그 어느 쪽으로 반응한다거나 별도의 주의를 특별히 기울이지 않는 상태가 된다. 이와 같이 북방의 아비달마 전통에서 우뻬카는 지성적인 관찰 태도보다는 정서적인 차원의 고요함이 강조된다는 사실을 알 수 있다.

욕계의 불선한 마음들, 무인(ahetu, 無因)의 마음들, 선한 마음들, 과보의 마음들, 작용(kriyā)하는 마음들과 함께하면서 신체적인 중립의 느낌을 수반한다.[174] 그리고 정신적인 중립의 느낌은 색계 선정의 선한 마음들, 과보의 마음들, 작용의 마음들과 함께하면서 정신적으로 중립적인 느낌이 동반된다.[175]

색계 선정의 마음에 나타나는 우뻬카는 욕계의 마음에 나타나는 우뻬카와는 분명히 차원이 다른 것으로서 특히 정신적인 측면의 중요성이 강조된다. 선정의 우뻬카는 아주 강한 정신력에 의해서 계발되는데, 수행자는 선정의 요소들을 차례대로 제거하면서 더욱 정교하고 고요한 우뻬카를 계발시켜 나간다.[176] 정신적인 균형이나 평정의 상태를 말하는 이 지성적인(intellectual) 차원의 '따뜨라맛잗따따'는 괴롭지도 즐겁지도 않은 신체적인 중립의 느낌, 즉 감각적인(hedonic) 중립의 우뻬카와는 구분된다.[177] 그리고 매우 고상한 마음으로 세속적인 좋음과 싫음 등 그 어느 편에도 서지 않고 편안하고 평온한 마음 상태이다. 그래서 아름다운 마음에 수반되는 요소들 중에 포함시킨다.[178] 특히 아름다운 마음에 수반되는(sobhanacetasika) 요소들 중의 하나로 소개될 때는 우뻬카 대신에 '따뜨라맛잗따따'로 표기한다.

『아비담맏타쌍가하』는 감각적인 중립의 느낌과 정신적인 중립의

---

174 Abhidh-s. 1-2; Shwe Zan Aung(1979) p.83.

175 Abhidh-s. 3; Shwe Zan Aung(1979) p.89.

176 Nārada Mahā Thera(1980), p.53.

177 Shwe Zan Aung(1979), pp.14~15; Bhikkhu Bodhi(2010), p.86.

178 대림·각묵스님(2009), p.228.

두 가지 종류로 우뻬카를 구분하고 있으며, 특히 정신적인 균형을 말할 때는 『위숟디막가』의 용례와 같이 '따뜨라맞잔따따'라는 아비담마 고유의 기술적인 술어를 차용한다. 이 논서는 시기적으로 『위숟디막가』보다 약 6세기 정도 이후에 출현했는데 많은 부분에서 『위숟디막가』를 인용하고 있다고 알려져 있다. 실제로 우뻬카에 대한 설명과 표현방식도 이 문헌에 의한 것이다. 『아비담맏타쌍가하』는 모두 52가지 마음에 수반되는 요소들을 크게 ①다른 것과 같아지는 것들(aññasamāna), ②아름다운 것들, ③불선한 것들의 세 가지로 분류하는데 이들 중에서 '따뜨라맞잔따따'는 '아름다운 것들'에 포함된다.[179]

그러나 앞서 초기경전에 따르면 모든 우뻬카들은 반드시 아름답거나 정균형을 갖춘 것만은 아니다. 일례로 무지無智에 기반을 둔 괴롭지도 즐겁지도 않은 느낌의 우뻬카나 감각적인 욕구를 충족시키고 난 후 뒤따르는 정신적인 만족감으로서의 우뻬카들은 그 대표적인 예이다. 그리고 세 번째 선정의 우뻬카나 출세간의 우뻬카와 같은 경우들은 비록 아름다운 것들에 포함될 수는 있겠지만 아직은 불완전한 균형감을 보인다. 그럼에도 만일 '따뜨라맞잔따따'가 모든 우뻬카를 대신한다면 그것은 과일반화의 오류일 것이다.

이상으로 아비담마 논서와 주석서에 나타난 우뻬카에 대한 표현방식과 이해 정도를 살펴본 결과, 다음과 같은 점들이 발견된다. 우뻬카는 주로 공평한 관찰태도이거나 한가운데 서 있는 정중(majjhattatā, 正中)이나 그와 유사하게 어느 한쪽 편도 들어주지 않는 중립中立으로 표현되

---

179 Abhidh-s. 6.

기도 한다. 그리고 그러한 중립의 자리를 고수한 사람이 지닌 인격적인 자질로서 보는 경우도 있다. 또한 신체적인 중립과 정신적인 중립의 우뻬카로 양분하여 정신적인 중립은 '따뜨라맞잔따따'로 표기한 후에 이를 선한 법이나 아름다운 마음들의 부류에 포함시키는 모습도 볼 수 있다. '따뜨라맞잔따따'로서 우뻬카를 대신하는 방식은 아비담마에서 고안된 것으로서 그 유례는 초기경전에서 좀처럼 찾아보기 어렵다.

이상과 같이 주로 일부의 단편적이거나 개략적인 내용들만 전하고 있다거나 다소간의 변형된 형태마저 보이고 있기 때문에 후대 아비담마 논서와 주석서만으로는 초기경전에서 전승된 전체적인 우뻬카의 형태를 온전히 파악해 내기란 쉽지 않다. 이들뿐만 아니라 앞서 살펴본 근현대 빠알리 불교의 제 문헌들을 포함하여 우뻬카에 대한 개념적인 이해와 표현 방식은 이상의 범위에서 크게 벗어나지는 않는다. 그와 같은 표현 방식과 이해의 배경에는 무엇보다 『위쑫디막가』의 전통이 그 중심에 놓여 있다고 판단된다.

초기경전에서 살펴본 것처럼 우뻬카는 보다 다양한 용례와 종류들이 발견된다. 그리고 그와 같은 다양성은 『위쑫디막가』의 표현대로 본래는 모두 동일한 의미이지만, 맥락적인 표현방식에 따른 차이에서 비롯된 것이라기보다 이 술어가 지닌 고유성에서 유래한다고 보는 편이 보다 적절할 것이다.

2. 『위숟디막가(*Visuddhimagga*)』

1) 『위숟디막가』의 수행론

붓다고사(Buddhaghosa)에 의해서 편찬된 『위숟디막가』, 이른바 『청정도론淸淨道論』은 상좌부불교를 대표할 정도의 영향력이 있는 논서라고 알려져 있지만, 실제 그 내용은 아비담마 논서라기보다는 법을 탐구하면서 깨달음을 추구하는 사람들에게 지침이 되는 수행 강요서의 성격이 더 짙다. 여기에는 가장 기초적인 계율의 단계에서 출발하여 싸마타를 닦고 이어서 위빳싸나로 진행하는 과정들이 매우 상세하고도 체계적인 구도로 설명되어 있다. 전체는 총 23장으로 구성되어 있으며, 『맛지마니까야』의 「라타위니따숟따(*Rathavinītasutta*)」에 나타난(Ⅰ. 145) 깨달음에 이르는 길로 제시된 칠청정七淸淨을 일곱 가지 단계로 나눈 후에 이를 다시 계戒·정定·혜慧 삼학三學의 세 가지 측면으로 분류한다. 일곱 가지 단계는 계戒청정, 심心청정, 견見청정, 의심을 제거함에 의한 청정, 도道와 비도非道에 대한 청정, 도 닦음에 대한 청정, 지견知見청정으로 구성되어 있다.

칠청정의 단계를 다시 삼학의 주제로 구분하여 편입시킴으로써 초기불교 수행에 대한 전체적인 밑그림을 일목요연하게 파악할 수 있게 한다. 조직적이면서 체계적인 구도는 초기불교 수행이 후대로 이어지면서 정교하게 다듬어진 방식이나, 이후 상좌부불교의 특색을 파악하는 데 있어 중요한 자료를 제공한다. 사실 붓다의 가르침을 삼학으로 구분하여 설명하는 방식은 모든 불교에 공통된 것이라고 할 수 있다. 그러나 특히 칠청정에 초점을 맞추는 방식은 『위숟디막가』를 위시한 상좌부불교 전통에만 나타나는 각별한 점이면서 이 문헌과 다른 부파의 논서들을 구분하는 특색이기도 하다.[180] 『위숟디막가』에 나타난 전체적인 수행체계를 도식화하면 다음과 같다.

〈표3〉 『위숟디막가』 전체의 내용 구성

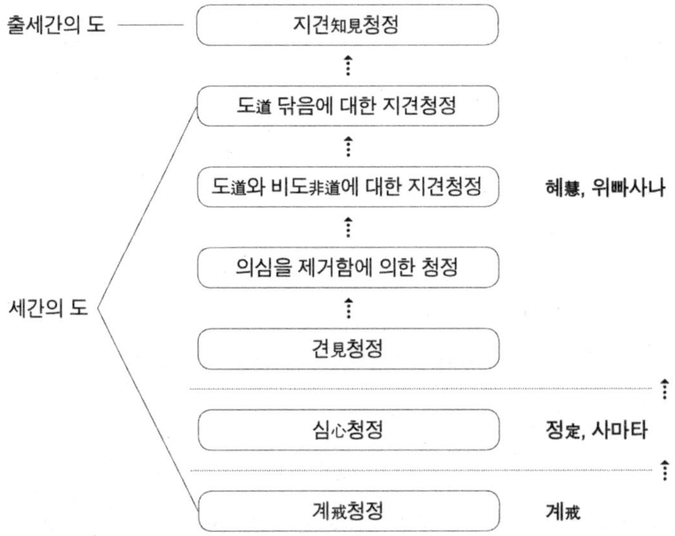

일곱 단계의 청정은 순서대로 성취되고 각 단계는 바로 전 단계에 의해서 지지되는 구조이기 때문에 전 단계의 성취 없이 그 다음 단계로의 진입은 가능하지 않다. 계청정과 심청정을 바탕으로 나머지 다섯 가지 청정으로 대표되는 위빳싸나(Vipassanā) 수행을 통해서 마지막 열반의 실현인 지견청정知見淸淨으로 나아간다. 전체적인 구도 속에서 우뻬카에 대한 본격적인 논의는 심청정을 말하는 정(定, samādhi)

---

180 대림스님(2005), p.34.

또는 싸마타(samatha)의 단계에서 보인다. 그리고 그중에서도 특히 세 번째 선정의 내용을 주석하는 부분에 나타난다는 사실은 세 번째 선정의 단계부터 선정의 요소(禪支)로서 전면에 떠오르기 시작한 우뻬카의 출현에 주목한 때문일 것이다.

『위쑫디막가』 전체에 걸쳐서 나타나는 우뻬카의 종류는 모두 열 가지로 세 번째 선정, 네 번째 선정, 사범주, 여섯 가지 감관, 느낌, 따뜨라맞잔따따, 위빳싸나, 쌍카라, 평정각지, 정진의 우뻬카들이다.[181] 그리고 이들은 이 문헌의 세 번째 선정을 주석하는 부분에서 열거하는 열 가지 종류의 우뻬카들과 서로 일치한다. 따라서 세 번째 선정의 주석 부분에 나타난 열 가지 종류의 우뻬카는 『위쑫디막가』 전체에 걸쳐서 나타나는 용례를 반영한 것으로서 대표성을 띤다고 볼 수 있다.

『위쑫디막가』는 역사적 사료로서의 가치도 중요하지만 무엇보다도 실제 수행에 있어서 적극 활용될 수 있는 장점을 가지고 있다. 그 수행적인 기법은 단지 오랜 전통에만 머물러 있는 것이 아니라 과거로부터 지금까지 출가자들을 중심으로 면면히 전수되어 오고 있으며, 자기 성찰과 마음의 계발에 관심이 있는 일반 사람들에게도 적극적으로 보급 활용되고 있다. 이러한 수행론적인 가치와 비중을 지닌 『위쑫디막가』와 그 저본인 초기경전을 비교 분석한다면 우뻬카의 전승적인 추이가 보다 선명하게 드러날 수 있으며, 또 그에 따라 좀 더 명료한 이론적 차원의 토대를 확보할 수 있을 것이다.

---

181 Vism. 160, 161, 162, 633, 164, 167, 168, 273, 317, 318, 320, 323, 324, 325, 339, 382, 404, 461, 467, 636, 653, 656, 671.

2) 우뻬카의 기능적 분류와 특징

『위쑫디막가』는 기능에 따라서 우뻬카를 열 가지 종류로 구분한다.[182] 그 구체적인 종류는 다음과 같다. ① 육근六根의 우뻬카(chaḷaṅgupekkhā), ② 범주梵住의 우뻬카(brahmavihārupekkhā), ③ 평정각지平靜覺支 우뻬카(bojjhaṅgupekkhā), ④ 중립의 우뻬카(tatramajjhattupekkhā), ⑤ 선정의 우뻬카(jhānupekkhā), ⑥ 사념청정의 우뻬카(satipārisuddhupekkhā), ⑦ 쌍카라 우뻬카(saṅkhārupekkhā), ⑧ 위빳싸나 우뻬카(vipassanupekkhā), ⑨ 느낌의 우뻬카(vedanupekkhā), ⑩ 정진의 우뻬카(viriyupekkhā)이다.[183]

그리고 ① 육근의 우뻬카, ② 범주의 우뻬카, ③ 평정각지 우뻬카,

---

182 이 문헌 이외에 『아비담맛타쌍가하』도 궁극적 실재로서의 마음을 욕계, 색계, 무색계, 출세간의 네 가지로 구분한 다음 다시 욕계의 마음에 수반되는 우뻬카를 네 가지로 상정한다(Abhidh-s. 1-2). 하지만 이러한 구분도 『위쑫디막가』를 저본으로 한 것이며 단지 마음의 활동에 수반되는 우뻬카의 유무有無만을 기준으로 삼아 그 종류를 열거한다. 그리고 무엇보다도 정치精緻한 아비담마적인 심층 심리구조를 묘사하고 있다는 제한적인 성격 때문에 여기서는 논외로 한다.

183 Vism. 160. 이 밖에 Vism. 636에는 초기경전에는 보이지 않는 '전향의 우뻬카(āvajjanūpkkhā)'라는 것이 있다. 이것은 위빳싸나 수행에 있어서 겪을 수 있는 열 가지 오염(번뇌)을 설명하는 부분에 보인다. 전향의 우뻬카는 쌍카라(行)에 대해서 마음에 우뻬카가 생길 때 전오식前五識에 나타난 어느 곳으로 마음이 향하든지(轉向) 의문(manodvāra, 意門: 전오식前五識)의 대상을 결정하고 정의하는 역할을 한다〔대림·각묵스님(2009), p.134)〕. 다시 말해 쌍카라에 대해서 우뻬카가 생기면 동시에 의문意門에 대해서도 우뻬카가 생긴다는 뜻이다. '전향의 우뻬카'는 쌍카라의 우뻬카를 좀 더 심층 심리적으로 부연 설명한 것이므로 이것은 열 가지 분류에는 포함되지 않는다.

④ 중립의 우뻬카, ⑤ 선정의 우뻬카, ⑥ 사념청정의 우뻬카는 모두 '따뜨라맛잔따따'에 귀속된다. 이들은 그 뜻이 모두 동일한데, 비유하자면 마치 동일한 사람에게 젊은이, 어른, 또는 사령관 등으로 다르게 부를 수 있는 것처럼 다만 문맥에 따라서 차이가 있을 뿐이다. 그러므로 이들 가운데 육근의 우뻬카가 있는 곳에는 평정각지 우뻬카가 발견되지 않고, 평정각지 우뻬카가 있는 곳에는 육근의 우뻬카가 발견되지 않는다.

마찬가지로 쌍카라 우뻬카와 위빳싸나 우뻬카도 그 뜻이 서로 같은데 이들은 기능에 따라서 두 가지로 구분할 뿐이다. 예를 들어 위빳싸나의 통찰을 진행하는 사람이 통찰의 지혜로 삼특상三特相을 보고 무상이나 쌍카라를 관찰하면 그 사람의 마음에 우뻬카가 자리 잡게 되는데, 이때 생기는 우뻬카를 위빳싸나 우뻬카라고 부른다. 그리고 만일 쌍카라에 집착하는 마음에 우뻬카가 생기면 이것을 일러 쌍카라 우뻬카라고 부른다. 쌍카라 우뻬카는 존재나 자아의 실재를 통찰함으로써 집착으로부터 벗어나게 한다. 오온五蘊의 요소가 무상하고 공空이라고 보면서 쌍카라들을 파악할 때 두려움과 즐거움을 버리고 쌍카라에 대해 중립적이 되어서 '나'라거나 '내 것'이라고 집착하여 취하지 않는다. 위빳싸나 우뻬카가 확립되면 쌍카라에 대한 우뻬카 역시 확립된다. 그러나 위빳싸나의 '관찰함'과 쌍카라의 '집착함' 등 그 기능에 따라서 두 가지로 구분한다.

한편 느낌의 우뻬카와 정진의 우뻬카는 서로 다른 뜻이고 또 나머지와도 그 뜻이 다르다.[184] 요컨대 ①부터 ⑥까지는 모두 동일한 의미로서 '따뜨라맛잔따따', 즉 완전한 중립성이고, ⑦번과 ⑧번은 동일한 의미이지만 기능에 따라 두 가지로 구분한 것이고, ⑨번과 ⑩번은 각기 서로 다른 의미이면서 동시에 나머지들과도 그 뜻이 서로 다르다. 상술한 내용을 기능적인 분류와 특성 중심으로 배열하면 다음의 표가 된다.

〈표4〉『위쑫디막가』의 우뻬카의 종류 및 기능적 분류와 특성

<table>
<tr><th>우뻬카의 종류</th><th colspan="2">기능적 분류와 특성</th></tr>
<tr><td>① 육근六根의 우뻬카(chalangupekkhā)</td><td colspan="2" rowspan="6">동일한 의미,
중립(tatramajjhattatā)</td></tr>
<tr><td>② 범주의 우뻬카(brahmavihārupekkhā)</td></tr>
<tr><td>③ 평정각지 우뻬카(覺支, bojjhaṅgupekkhā)</td></tr>
<tr><td>④ 중립의 우뻬카(tatramajjhattupekkhā)</td></tr>
<tr><td>⑤ 선정의 우뻬카(jhānupekkhā)</td></tr>
<tr><td>⑥ 사념청정의 우뻬카(satipārisuddhupekkhā)</td></tr>
<tr><td>⑦ 쌍카라 우뻬카(saṅkhārupekkhā)</td><td>집착의 기능</td><td rowspan="2">동일한 의미</td></tr>
<tr><td>⑧ 위빳싸나 우뻬카(vipassanupekkhā)</td><td>관찰의 기능</td></tr>
<tr><td>⑨ 느낌의 우뻬카(vedanupekkhā)</td><td colspan="2">나머지와 다른 의미</td></tr>
<tr><td>⑩ 정진의 우뻬카(viriyupekkhā)</td><td colspan="2">나머지와 다른 의미</td></tr>
</table>

① 육근의 우뻬카~⑥ 사념청정의 우뻬카를 말하는 '따뜨라맞잔따따'는 앞에서도 언급했듯이 특별히 『위쑫디막가』에 보이는 기술적인 용어로 초기경전에는 그 유례를 찾아보기 어렵고, 다만 'upekkhā'나 'upekhā'로 나타날 뿐이다. '따뜨라맞잔따따(tatramajjhattatā)'는 'tatra'

---

184 Vism. 161~162

와 'majjhatta+tā'의 합성인데 'tatra(거기에, 그 장소에, 바로 그때에)'와 'majjhattatā(중립, 공평, 무관심, 평정, 평온)'로 구성된다. 그래서 그 뜻은 '완전한(正) 중립성', 즉 'complete equanimity', 'keeping balance here & there'를 의미한다.[185] 그런데 비구 냐나몰리는 'tatramajjha-ttupekkhā'에서 'tatra'를 'specific'으로 옮겨서 '특수한 중립(specific neutrality)이라고 부르지만[186] 여기서 'specific'이 의미하는 바가 무엇인지 분명하지 않다. 만일 'tatramajjhattupekkhā'가 문자 그대로 특수하거나 특별한 중립이라면 그 밖에 나머지 우뻬카들은 완전한 중립성이 아니라는 사실을 간접적으로 인정하는 결과를 가져오게 된다. 이러한 결과는 앞서 『위쑫디막가』에서 열 가지 우뻬카가 모두 동일한 뜻이지만 문맥에 따라 다르게 불릴 뿐이라는 설명에 저촉되기 때문에 'specific'으로 옮기는 것은 그래서 불합리하다.

'따뜨라맞잔따따'의 중립의 상태는 대상에 대하여 한쪽으로 치우치지 않는 공정한 견해를 그 특징으로 한다.[187] 법들에 대해서 중립적인 상태이기에 마음과 마음에 수반된 정신현상들(cetasika)을 공평하게 전달한다거나 모자라거나 넘치는 것을 막고 편견을 끊는 역할을 한다. 그리고 마음과 마음에 수반된 정신현상들을 공정하게 보기 때문에, 달리는 말을 고르고 공평하게 모는 마부와 같다고 비유하여, 이것은

---

185 T. W. Rhys Davids & William Stede(1986), p.295; Ven. Nyanatiloka(2004), p.211; 전재성(2005), p.384, p.534.

186 Bhikkhu Ñāṇamoli(1976), p.765. 구나라타나(H. Gunaratana)도 냐나몰리와 동일한 역어를 사용한다〔Henepola Gunaratana(2009), p.99〕.

187 Nārada Mahā Thera(1980), p.109.

특별히 균형 잡힌 내적 상태임을 강조한다. 그리고 '느낌의 우뻬카'는 대상을 경험할 때 즐겁지도 괴롭지도 않은 신체나 감각적인 느낌에 한정된 것이며, '정진의 우뻬카'는 너무 과도하지도 너무 느슨하지도 않은 정진을 말한다.[188] 그럼 이제 『위숟디막가』에 나타난 열 가지 우뻬카에 대한 분류방식을 가지고 초기경전과 비교하면서 생길 수 있는 문제점들을 짚어보겠다.

3) 초기경전과 『위숟디막가』의 비교

초기경전과 『위숟디막가』에 보이는 우뻬카의 종류를 유사한 명칭과 개념에 따라 서로 배대하고 기능과 특성 중심으로 비교하면 다음과 같은 〈표5〉를 얻을 수 있다. 왼편은 초기경전에 나타난 우뻬카의 종류이고, 맨 오른편은 이와 비견될 수 있는 『위숟디막가』에 나타난 우뻬카의 종류이다. 그리고 중앙은 초기경전과 『위숟디막가』의 우뻬카들이 지닌 기능과 특성을 비교하여 배열한 것이다. 도표를 통해서 초기경전에는 존재했던 우뻬카가 『위숟디막가』에 와서 사라지고 다소간의 변형을 겪는다거나 심지어 새롭게 생성되기도 하는 등 그 추이 정도를 비교적 손쉽게 확인할 수 있으며, 기능 및 특성의 차이점도 한눈에 파악할 수 있다.

---

188 Vism. 160~161; 466~467.

〈표5〉 초기경전과 Visuddhimagga의 우뻬카의 종류 및 기능과 특성 비교

초기경전의 우뻬카 종류	기능과 특성 비교			Visuddhi-magga의 우뻬카 종류
느낌	관찰, 평정	균형	중간 느낌	느낌
육근	관찰, 평정	균형	중립	육근
선한 것에 의지한	관찰, 평정	균형		
세 번째 선정	(관찰), 평정	불균형	중립	선정
네 번째 선정·출세간	(관찰), 평정	균형	중립	사념청정
단일성에 의지한(무색정의)	(관찰), 평정	균형	중립	
심해탈에 대한(사범주의)	관찰, 평정	균형	중립	범주
평정각지	관찰, 평정	균형		평정각지
다양성에 의지한 재가자	무지無智	불균형		
다양성에 의지한 출가자	지혜知慧	불균형		
세간의	만족滿足	불균형		
출세간보다 더 높은 출세간	평정	균형		
원리성	초연함	멀리함		
			중립	따뜨라-맞잔따따
			집착	쌍카라
			관찰	위빳싸나
			중립	정진

유사한 명칭과 개념에 따라 양 진영을 서로 배대한 결과, 느낌; 느낌, 육근; 육근, 세 번째 선정; 선정, 네 번째 선정(출세간); 사념청정, 심해탈; 범주, 평정각지; 평정각지 우뻬카로 짝지을 수 있다. 그리고 초기경전에 나타난 선한 것에 의지한, 단일성과 단일성에 의지한(무색정의), 다양성과 다양성에 의지한 재가자와 출가자, 출세간보다 더 높은 출세간, 원리성의 우뻬카들은 『위쑫디막가』의 논의에서 제외되어 있고, 그 대신에 따뜨라맞잔따따(중립), 쌍카라, 위빳싸나, 정진의 우뻬카들이 새로이 등장한다. 기능과 특성 면에서도 초기경전이 관찰, 평정, 무지, 지혜, 만족, 초연함, 균형, 불완전한 균형, 멀리함 등의 다양한 측면이 제시되는 반면에 『위쑫디막가』는 감각적인 중간(괴롭지도 즐겁지도 않은) 느낌, 중립, 집착, 관찰 등과 같이 비교적 단순하면서도 때론 변용된 형태를 보인다.

4) 기능적 분류가 지닌 제한적인 성격

초기경전 도처에 산재해 있는 우뻬카의 용례는 『위쑫디막가』에 와서 비로소 분석적이고 체계적인 모습을 갖추게 된다. 『위쑫디막가』는 초기경전에서 전승된 우뻬카의 다양한 용례들을 종합하여 그 기능과 특성에 따라 이들을 구분하고 재배치하면서 분석적인 해석을 가미하기에 이른다. 하지만 그 과정에서 초기경전의 형태가 그대로 이어지기도 하고, 그중 일부는 누락된다거나 내용적인 면에 있어서도 다소간의 차이를 보이는 등 전통을 유지하면서 동시에 비선형적인 형태로 전개되는 양상을 띤다. 이러한 양상은 특히 느낌, 선정, 쌍카라(saṅkhāra), 정진의 우뻬카들에서 두드러진다. 우선 느낌의 우뻬카를 시작으로 선정, 쌍카라, 정진의 우뻬카 순으로 문제점을 짚어본 후, 마지막으로 '따뜨라맞잗따따'가 지닌 오류 순으로 논의를 진행시켜 나가기로 한다.

(1) 기능적 분류의 문제

①느낌의 우뻬카(vedanupekkhā)

『위쑫디막가』에서 웨다나 우뻬카, 즉 느낌의 우뻬카(vedanupekkhā)는 '괴롭지도 즐겁지도 않은 느낌'을 말한다. 이 느낌은 물질적(감각적)인 영역에 의한 경험을 대상으로 해서 생기는데 욕계의 선한 마음(kusalaṃ cittaṃ)이 괴롭지도 즐겁지도 않은 느낌과 함께 일어나는 것이다. 그리고 이것은 나머지 우뻬카들과 서로 뜻이 다르기 때문에 이들과는 별도로 구분한다.[189] 이러한 감각적인 중립의 느낌(neutral feeling)은 정신적인 중립을 말하는 '따뜨라맞잗따따'와는 서로 구분된다.[190] 그러므로 『위쑫디막가』에서 말하는 느낌의 우뻬카는 정신적인 영역이 배제된 감각적인 영역을 통한 중립적인 느낌이다. 괴롭지도 즐겁지도 않은 느낌의 우뻬카가 지닌 성격을 좀 더 파악해 보기 전에 우선 느낌, 즉 웨다나(vedanā)의 외연을 규정할 필요가 있다. 이러한 작업은 느낌의 우뻬카를 보다 선명하게 이해하기 위한 선결 조건이다.

현재 웨다나에는 다음과 같은 세 가지 측면의 개념적인 이해가 존재한다. 보통 감각 접촉이 반드시 수반되는 정서적인 경험에 국한시키거나, 이와는 반대로 감각적인 경험 없이 오로지 정신적인 경험만으로 보기도 한다. 아니면 그 양자를 모두 포괄하는 개념이라고 말하기도

---

189 Vism. 161, 162.

190 Bhikkhu Bodhi(2010), p.86; Ven. Nyanatiloka(2004), p.220.

한다. 단지 감각적인 접촉을 통해서 느껴지는 정서적인 경험이라고 보는 견해는 다음과 같은 이유에서이다.

웨다나는 다양한 정신적인 요소들을 수반하는 현상과 관련된, 복잡한 감정이 아닌 오직 괴롭지도 즐겁지도 않은 중립의 정서적인 경험으로 '느껴지는(vedayita)' 특성을 갖는다. 그래서 다른 정신적인 요소들이 대상을 2차적인 것으로 경험할 때 웨다나는 직접적이면서도 전체적인 것으로 경험한다. 예컨대 다른 정신적인 요소들은, 왕을 위해 음식을 준비하는 요리사가 음식을 단지 시식만 해볼 수 있지만 왕은 그가 원하는 만큼 충분히 식사할 수 있는 장면에 비유될 수 있다.[191] 이와 같은 비유는 가장 원초적이고 즉각적인 형태의 느낌이 수반되는 상황을 효과적으로 묘사한다. 같은 맥락에서, 웨다나는 '√vid(to experience)'에서 유래된 술어로 감각기능이 대상을 경험하는 것인데, 이 정신적인 상태는 행위의 결과를 경험하는 데 있어서 어떠한 마음이나 마음의 중재자(agent)가 없다는 식의 설명도 그와 마찬가지이다.[192] 즉 감각기능이 대상과 접촉할 때 일차적이면서 직접적으로 경험되는 정신적인 반응이라고 이해한 결과에 따른 것이다.

그런데 이와는 달리 느낌은 마음이나 정신기능의 영역에 속하므로 감각기능의 중재가 필요 없는, 오직 정신적인 경험만으로 한정하기도 한다. 즉, 감각기능의 활동을 오롯이 배제하는 것이다. 상술한 입장들은 웨다나를 감각 아니면 정신적인 영역 둘 중에서 어느 한 가지 경험만을 염두에 둔 설정이지만, 사실상 웨다나는 이 두 가지 영역

191 Bhikkhu Bodhi(2010), p.80.

192 Nārada Mahā Thera(1980), pp.83~84.

모두를 통해서 느껴지는 복합적인 성격을 띤다.

초기경전은 (신체적·정신적으로) 즐거운(sukha) 느낌, 괴로운(dukkha) 느낌, 그리고 괴롭지도 즐겁지도 않은(adukkhamasukha) 느낌 이렇게 세 가지를 상정한다.[193] 이 밖에 정신적인 즐거움(somanassa), 정신적인 괴로움(domanassa), 그리고 '정신적으로 괴롭지도 즐겁지도 않은 느낌(우뻬카)'의 세 가지를 상정하기도 한다. 여기서 '정신적인' 느낌만이 언급되는 이유는 그 주체가 인간이 아닌 천신 싹까(Sakka, 帝釋天)에 해당하기 때문이다. 「싹까빵하쑫따(*Sakkapañhasutta*)」는 붓다가 싹까에게 이와 같은 세 가지 정신적인 느낌에 대하여 설하는 내용을 담고 있다.[194] 이 경증에 의하면 천신과 같이 비록 물리적인 접촉이 없더라도 정신적인 느낌은 존재할 수 있다는 것을 알 수 있다. 그러므로 이제 웨다나는 감각적인 느낌, 그리고 정신적인 느낌 이 두 가지 경우 모두 상정해볼 수 있다.

한편 「쭐라웨달라쑫따(*Cūlavedallasutta*)」는 다음과 같이 신체적인 감각과 관련된 즐거운 느낌, 괴로운 느낌, 괴롭지도 즐겁지도 않은 느낌의 세 가지와 정신적인 경험과 관련된 즐거운 느낌, 괴로운 느낌, 괴롭지도 즐겁지도 않은 느낌의 세 가지를 말한다.

> 벗이여, 위싸카여, 정신과 관련되거나 신체와 관련된 즐거움으로 유쾌한 느낌이 있는데, 이것이 즐거운 느낌입니다. 벗이여, 비싸카여, 정신과 관련되거나 신체와 관련된 괴로움으로 불쾌한 느낌이

---

193 SN. Ⅳ. 204; SN. Ⅱ. 53, 82; DN. Ⅲ. 275; AN. Ⅲ. 400.

194 DN. Ⅱ. 277~279.

있는데, 이것이 괴로운 느낌입니다. 벗이여, 비싸카여, 정신과 관련되거나 신체와 관련된 불쾌하지도 유쾌하지도 않은 느낌이 있는데, 이것이 괴롭지도 즐겁지도 않은 느낌입니다.[195]

위 인용문에 따르면 웨다나는 감각기관에서 경험하는 느낌만으로 그 외연을 한정할 수 없게 된다. 육근에는 마음 혹은 의식이라는 정신적인 인식기관이 포함되어 있고 특별한 감각기관의 접촉 없이 정신적인 활동만으로도 충분히 즐거운, 괴로운, 혹은 괴롭지도 즐겁지도 않은 느낌을 경험할 수 있다. 따라서 웨다나는 단순히 감각을 통해서만이 아니라 정신적인 영역을 통해서도 경험될 수 있는 복합적인 성격이라는 사실에 유념해야 한다. 이와 같은 사실은 다시 다음의 경구를 통해서 재차 확인된다. 『쌍윳따니까야』의 「웨다나쌍윳따(*Vedanāsaṁyutta*)」는 신체적인 즐거움(sukha), 신체적인 괴로움(dukkha), 정신적인 즐거움(somanassa), 정신적인 괴로움(domanassa), 우뻬카(upekkhā), 이렇게 모두 다섯 가지의 신체적·정신적인 느낌들을 명시한다.

이렇듯 두 가지, 세 가지, 다섯 가지 법수法數로 각기 다르게 표현되기도 하는 느낌들은 서로 다른 성질의 것이 아니라 접고 펼치는 방식에 의한 방편方便에 지나지 않는다.[196] 이들의 관계를 등식으로 표기하면 $2 \geqq 3 \geqq 5$의 관계가 성립하는데 작은 수는 큰 수를 내포하면서 동시에 서로 대등한 입장이 된다. 이외에도 6가지, 18가지, 36가지, 108가지로 다양하게 표현되기도 하는데 이들은 모두 신체적·정신적인 두 가지

---

195 MN. 1. 302.

196 SN. Ⅳ. 231-32; MN. Ⅰ. 397~398.

느낌에 포섭된다.[197]

느낌, 즉 웨다나의 외연을 확장시킬 필요성에 주목하는 이유들 중에서 중요한 한 가지 이유는 실제 수행과의 밀접한 연관성 때문이다. 만일 웨다나를 단순히 감각적 아니면 정신적으로 무덤덤한 중립적인 느낌만으로 한정한다면 신체적·정신적으로 괴로운 느낌과 즐거운 느낌 사이에서 균형을 이루게 조절하고, 또 이들이 지닌 무지의 성향을 관찰해서 평정을 유지하는 기능을 지닌 느낌의 우뻬카는 아무런 실질적인 역할도 할 수 없게 되어버리기 때문이다. 『맛지마니까야』의 「쭐라웨달라쑫따(*Cūlavedallasutta*)」는 각 세 가지 느낌에는 탐욕과 분노, 그리고 무명의 잠재성향이 존재한다고 설한다.

> 즐거운 느낌은 자신이 유지되는 것을 즐거움으로 삼고 변화를 괴로움으로 삼으며, 괴로운 느낌은 자신이 유지되는 것을 괴로움으로 삼고 변화를 즐거움으로 삼고, 괴롭지도 즐겁지도 않은 느낌은 앎을 즐거움으로 알지 못함을 괴로움으로 삼는다. 그리고 각각의 느낌에는 특히 그에 따르는 성향이 있는데 즐거운 느낌에는 탐욕이, 괴로운 느낌에는 분노가, 그리고 괴롭지도 즐겁지도 않은 느낌에는 무명의 성향이 따른다.[198]

197 SN. Ⅳ. 232. ①6가지 느낌은 안·이·비·설·신·의에서 생기는 느낌을, ②18가지는 정신적 괴로움이 동반된 6가지 느낌, 정신적 즐거움이 동반된 6가지 느낌, 우뻬카가 동반된 6가지 느낌을, ③36가지는 6가지 세속의 정신적인 괴로움, 6가지 출세간의 정신적 괴로움, 6가지 세속의 정신적 즐거움, 6가지 출세간의 정신적 즐거움, 6가지 세속의 우뻬카, 6가지 출세간의 우뻬카를, ④108가지는 과거의 36가지, 미래의 36가지, 그리고 현재의 36가지 느낌이다.

만일 괴롭지도 즐겁지도 않은 느낌의 우뻬카가 감각적인 느낌만을 의미한다면 탐욕과 분노, 그리고 무명無明의 잠재성향(anusaya) 등은 어디에도 설 자리가 없게 된다. 정신적인 오염원으로서의 무명은 괴롭지도 즐겁지도 않은 느낌의 우뻬카에 잠재해 있다고 간주하기 때문이다.[199] 구나라타나(H. Gunaratana)는 이 점을 잘 인식하면서 괴롭지도 즐겁지도 않은 중립적인(equanimous) 느낌은 내면의 조화나 균형의 정신적인 자질이라는 점을 강조한다. 그러면서 이때의 중립적인 느낌인 웨다나는 쌍카라의 무리(saṅkhārakkhandha)에 속하는 것으로서 단순히 감각적으로 무덤덤한 느낌(neutral feeling)과는 혼동하지 말아야 한다고 하여 웨다나에 속한 정신적인 측면을 놓치지 않는다.[200]

한편, 앞서 살펴보았듯이 게틴(R. M. L. Gethin)은 『위쑫디막가』의 전통에 따라 열 가지 우뻬카에 대한 용례들을 압축해서 네 가지의 범주로 재배치한다. 그 네 가지는 따뜨라맞잔따따(tatramajjhattatā), 느낌(vedanā), 정진(viriya), 지혜(paññā)의 우뻬카이다. 그리고 '따뜨라맞잔따따'에 여섯 가지, 느낌의 우뻬카에 한 가지, 정진의 우뻬카에 한 가지, 지혜의 우뻬카에 각기 두 가지를 배속시킨다. 그러면서 각각의 괴로운 느낌, 즐거운 느낌, 괴롭지도 즐겁지도 않은 느낌에 잠재해 있는 탐욕, 분노, 무명 등의 부정적인 성향은 괴롭지도 즐겁지도 않은 느낌의 우뻬카에 의해서 억제될 수 있다고 말한다. 왜냐하면 괴롭지도 즐겁지도 않는 느낌은 긍정과 부정을 모두 포괄하기 때문에 괴로움과

---

198 MN. 1. 303.

199 Nett. 32. Adukkhamasukhāya hi vedanāya avijjā anuseti.

200 Henepola Gunaratana(1988), p.38.

즐거움의 양 사이에서 균형을 잡아주기 때문이라는 것이다.

그런데 여기서 문제는 일차적으로 웨다나(느낌)를 신체적·정신적인 상황을 모두 포괄하는 개념으로 본 후에, 그중에서 신체적으로 괴롭지도 즐겁지도 않은 느낌의 우뻬카는 신체적·정신적인 즐거움과 괴로움의 두 느낌 사이에서 균형을 잡아주는 역할을 한다고 말한다. 그와 동시에 신체적으로 괴롭지도 즐겁지도 않은 느낌의 우뻬카와 '따뜨라맞잔따따'를 서로 구분 짓는 모습을 보인다. 다시 말해 신체적인 중립의 느낌은 '느낌의 우뻬카'에, 그리고 정신적인 중립의 느낌은 '따뜨라맞잔따따'에 각기 배속시킨다. 그 이유는 느낌의 우뻬카는 단지 신체적으로 무덤덤한(indifference) 중립적인 느낌이고, '따뜨라맞잔따따'는 즐거움과 괴로움의 양극 사이에서 정신적으로 균형을 잡아주는 역할을 하기 때문이라는 것이다.[201] 그러나 그도 인정하고 있듯이 웨다나는 신체적·정신적인 경험 모두를 아우르는 외연이다. 그리고 (신체적인) 느낌의 우뻬카는 즐거움과 괴로움의 두 느낌 사이에서 균형을 잡아주는 역할을 한다고 이미 인정하였기 때문에 실질적인 기능면에 있어서는 정균형을 의미하는 '따뜨라맞잔따따'와의 차이점이 발견되지 않는다. 다시 말해 그가 말하는 신체적인 느낌의 우뻬카와 '따뜨라맞잔따따'의 기능은 사실상 동일하다. 따라서 이들은 각기 양분해서 구분할 수 없는 성질의 것이다. 일단 느낌의 우뻬카에 있는 정신적인 균형감이라는 주요 기능을 포착한 그의 식견은 돋보이지만, 느낌의 우뻬카와 '따뜨라맞잔따따'를 별도로 구분 지을 만한 합당한

201 R. M. L. Gethin(1992), p.158.

이유는 여기서 잘 드러나지 않는다.

『위숟디막가』는 느낌의 우뻬카를 나머지 아홉 가지 우뻬카들과는 다른 기능으로 규정하여 별도로 다루고 있으며, 특별히 '따뜨라맞잗따따'라는 정신적인 중립의 범주로부터 제외시킨 후 이를 신체나 감각적으로 감지되는 중립적인 느낌만으로 한정한다. 느낌, 즉 웨다나에 대한 외연의 문제는 실제 정신적인 중립인 '따뜨라맞잗따따'의 범주에 느낌의 우뻬카가 포함될 수 있는지의 여부와 관련되어 있다. 상술한 것처럼 웨다나를 신체뿐만이 아니라 정신적인 영역을 포함하는 외연으로 간주한다면 '따뜨라맞잗따따'의 범주에 느낌의 우뻬카가 포함되지 못할 뚜렷한 이유는 없어 보인다. 그뿐만이 아니라 느낌의 우뻬카는 관찰의 기능을 담당한다. 일어나는 대로 보고 공평하게 보고 편견을 가지지 않고 볼 수 있다.[202] 몸과 마음의 괴로운 느낌, 즐거운 느낌, 괴롭지도 즐겁지도 않은 느낌을 잘 관찰하면 몸과 함께 느낌에 대한 탐욕과 분노, 무명의 성향이 사라진다.[203] 이와 같이 느낌의 우뻬카는 통찰이 가능하기에 또한 위빳싸나 우뻬카에 포함시킬 수 있는 개연성도 존재하지만, 『위숟디막가』는 느낌의 우뻬카와 위빳싸나 우뻬카를 다른 기능으로 보고 별도로 규정짓는다.

②선정의 우뻬카(jhānupekkhā)

선정의 우뻬카는 세 번째 선정의 선지禪支로서 나타나는 우뻬카를 말한다. 세 번째 선정에 든 자는 희열(pīti)이 사라졌기 때문에 평정하게

202 Vism. 160.

203 SN. Ⅳ. 207, 211~212.

머문다(upekhako viharati). 싸띠-쌈빠잔냐(sati-sampajañña)를 지니고 몸으로 즐거움을 경험한다.[204] 그리고 최상의 즐거움에 대해서(aggasukhe) 마음을 기울이지 않지만 명신(nāma-kāya, 名身)과 연결된 즐거움을 느낀다. 선정에서 나온 후에도 그의 명신은 몸과 연결된 즐거움에 의해서 생긴 극도로 수승한 물질의 영향력에 의해서 즐거움을 느끼기 때문에 몸으로 즐거움을 경험한다.[205] 비록 희열이 사라져서 평정하고 분명히 알아차리면서 머물지만 아직은 몸으로(kāyena) 느끼는 미세한 즐거움(sukha)으로 인해서 동요한다.[206] 즐거움은 들뜸을 유발시켜서 동요하게 만든다. 동요한다는 것은 곧 우뻬카의 균형감이 불완전하다는 것을 의미한다. 그럼에도 세 번째 선정의 우뻬카를 완전한 중립성인 '따뜨라맛잔따따'에 포함시키는 것은 적절하지 않다고 볼 수 있다. 또한 『위쑫디막가』는 색계정의 우뻬카만을 언급하지만, 초기경전에 의하면 우뻬카는 무색정에도 동일하게 남아 발현된다.[207]

『위쑫디막가』는 다소 불완전한 균형감을 보여주는 세 번째 선정의 우뻬카를 완전한 중립성을 의미하는 '따뜨라맛잔따따'에 포함시키고 있으며 세 번째 선정, 네 번째 선정에 이어 무색정에서도 동일하게 발현되고 유지되는 우뻬카에 대하여 간과함으로써 선정에서의 우뻬카

---

204 Vism. 159. 『위쑫디막가』는 실제 선정의 우뻬카를 세 번째 선정의 우뻬카라고 명시하는 대신 '최상의 즐거움에(aggasukhe) 대해서 치우치지 않는 우뻬카'라고 말한다. 여기서 말하는 '최상의 즐거움'이란 바로 세 번째 선정의 선지로서의 'sukha'이다(Vism. p.161).

205 Vism. 163.

206 MN. I. 441.

207 MN. Ⅲ. 243.

는 단지 색계정에서만 발현되는 것으로 여겨질 수 있는 여지를 허용한다.

③쌍카라 우뻬카(saṅkhārupekkhā)

쌍카라 우뻬카는 사부四部 니까야에는 전하지 않고 『쿤다까니까야』에 편입된 『빠띠쌈비다막가(*Paṭisaṁbhidāmagga*)』에만 언급되어 있을 뿐이며[208] 그 용례는 『위쑫디막가』와 아비담마에서 주로 발견된다. 『위쑫디막가』는 실제로 많은 부분에서 『빠띠쌈비다막가』를 인용하고 있기 때문에 『위쑫디막가』에 보이는 쌍카라 우뻬카는 실제 이 문헌의 영향에 의한 것이라고 볼 수 있다.

쌍카라 우뻬카는 번뇌, 즉 장애(nivaraṇa)에 대하여 숙고하는 것을 두려워하는 것과 그와 반대로 장애에 대하여 무관심한 것 그 어느 쪽도 취하지 않고 중립을 지키는 것이다.[209] 장애에 대해서 중립을 지킨다는 말은 우뻬카에 의해서 쌍카라를 가라앉히거나 제거한다는 의미이다.

쌍카라(saṅkhāra, 行)는 주로 업을 쌓는(āyūhana, accumulate) 역할을 하며, 방해하는 것으로(vipphāra, intervening) 나타나며, 형성하는(abhisaṅkhāraṇa, forming) 특징을 갖는다.[210] '형성'은 일어남(uppādo, 生)이나 생성을 의미하는데, 일어남(生)은 감관의 접촉으로 생긴 대상에 마음이 다양한 반응을 보이는 것이다. 불교 수행에 있어서 쌍카라는

---

208 Paṭis. Ⅰ. 61.

209 Vism. 160.

210 Vism. 462; Bhikkhu Ñāṇamoli(1976), p.521.

주로 부정적인 의미로 사용되며, 수행의 최종 목적은 부정적인 쌍카라를 가라앉히거나 완전히 제거하는 것이라고 말할 수 있다. 열반을 가리키는 다양한 용어들 중에서 실제 'asaṅkhata', 즉 '상카라 없음'(SN. Ⅳ. 362f.)'이 포함되어 있는 것을 보아도 상카라는 열반과는 대척점에 있다는 사실을 알 수 있다.

쌍카라는 마음과 마음에 수반된 정신현상들(cetasika)을 통틀어 말하기도 하고 아비담마에서는 느낌(受)과 인식(想)을 제외한 50가지 법 모두를 쌍카라에 속한 것으로 본다. 담마(Dhamma, 法)처럼 쌍카라는 다양한 의미를 지니므로 정확한 의미는 그것이 쓰인 문맥에 따라서 결정된다. 오온에서는 느낌과 지각을 제외한 모든 정신적인 상태를, 연기에서는 윤리, 비윤리적인 행위나 선악의 생각들을 의미한다. 그리고 쌍카라가 변화를 의미하면 조건 지어진 대상에 일정하게 적용된다.[211] 그 밖에 신身·구口·의意의 삼행三行을 지시하기도 한다.[212]

이와 같이 쌍카라의 범위는 광범위하다고 볼 수 있지만, 여기서 특히 문제가 되는 것은 쌍카라에 대한 집착(upādāna, 取)이다. 범부는 감관의 대상이 주는 경험이나 몸과 마음이 조건성을 지닌 무상한 것이라는 실상을 깨닫지 못한 채 그러한 현상들이 '나'라거나 '내 것'이라는 사견을 일으키면서 그것에 몰두하고 매달린다. 쌍카라 우뻬카는 바로 그러한 집착을 제거한다. 쌍카라 우뻬카는 쌍카라에 대하여 '공평한 마음으로 관찰하는(ajjhupekkhati)' 것이자 쌍카라를 가라앉혀 평정을 얻은 내적 상태를 의미하기도 한다.[213] 감관의 대상을 통한

---

211 Nārada Mahā Thera(1980), p.18.

212 SN. Ⅳ. 298.

경험과 오온의 현상들을 공평하게 관찰하면 대상에 대한 본질을 깨달을 수 있기 때문에 집착은 사라진다. 집착이 사라지면 더는 동요하지 않기 때문에 내적인 고요함을 유지한다.

참고로 현대의 수행지도자 파욱 또야 사야도(Pa-Auk Tawya Sayadaw)는 오온에서 벗어나기를 원하는 마음을 가지고 벗어남에 대해서 점점 깊이 숙고하면 그것을 결점투성이로 보게 되는데, 이 단계에서 오온을 즐길만한 것이나 두려운 것이라고 보지 않고 평정심을 갖게 되므로 마침내 오온에 대한 애착에서 벗어날 수 있다고 전한다.[214]

쌍카라 우뻬카는 다양한 생각이나 마음의 활동, 그리고 의도적인 행위를 포함한 모든 조건 지어진 현상들을 공평하게 관찰하는 마음의 활동과 관련되어 있다. 따라서 오온의 경험들이 지닌 본질을 통찰하는 기능을 위주로 한 위빳싸나 우뻬카나 그 밖에 육근이나 느낌의 우뻬카들과도 나란히 범주화 할 수 있는 개연성이 있지만, 『위쑫디막가』는 이들을 각기 별도로 규정한다.

④정진의 우뻬카(viriyupekkhā)

정진의 우뻬카는 니까야에서 그 용례를 찾아보기 어렵다. 『위쑫디막가』는 정진의 우뻬카를 '너무 과하지도 않고 너무 느슨하지도 않은 정진'이라고 정의한다.[215] 그런데 초기경전에 의하면 너무 과하지도

213 임승택(2001), p.170.

214 파욱 또야 사야도, 정명스님 역(2009), p.607.

215 Vism. 160. Yā pana "kālena kālaṃ upekkhā nimittaṃ manasi karotī"ti evamāgatā anaccāraddha nātisithila viriyasaṅkhātā upekkā, ayaṃ viriyupekkā nāma.

너무 느슨하지도 않은 정진은 정정진正精進인 '쌈마위리야(sammā viriya)'에 해당한다. 『앙굳따라니까야』의 「쏘나쑫따(*Soṇasutta*)」는 지나치게 열심인 정진은 들뜸을 가져오고, 지나치게 느슨한 정진은 나태함을 가져오므로 고르게 정진을 유지해야 한다고 설하여 정진력이 조화를 잃지 않도록 경계한다. 고르게 정진을 유지하는 것이란 오근五根을 균등하게 하는 것으로서 믿음(信), 정진精進, 염念, 정定, 혜慧의 다섯 가지 덕목을 골고루 닦는 노력을 의미한다.[216] 또한 골고루 닦는 노력은 불선한 법들을 버리고 선한 법들을 구족하기 위해서 굳세고 확고하게 노력하면서 정진하는 것이다.[217] 그리고 다시 이러한 노력은 불선법들은 사라지게 하고 선법들은 증장시키려고 힘을 기울이는 사정근四正勤으로 이어진다.

정진은 힘써 하고자 하는 열의이며 선법을 증장 유지시키고자 하는 의도적인 마음의 행위이다. 그리고 그러한 마음의 행위는 오근을 편향되지 않게 닦는 것과 사정근으로 귀결된다. 따라서 균형 잡힌 지성적인 관찰이나 동요하지 않는 고요한 정서가 주 기능인 우뻬카는 오근과 사정근 등을 고르게 닦는 노력인 정진과는 서로 같은 선상에서 논의될 수 없는 성질의 것이다. 『위쑫디막가』는 중립의 의미로서 정진의 우뻬카를 상정하고 있지만, 이와 같이 바른 정진이 지닌 실천적인 성격을 간과함으로써 우뻬카의 고유 기능을 정진으로까지 확대 적용시킨다.

이상으로 열 가지 우뻬카들 중에서 느낌, 선정, 쌍카라, 정진의

---

216 AN. Ⅲ. 375.

217 DN. Ⅲ. 237.

우빼카 순으로 내용을 분석하고 그 문제점을 짚어 보았다. 정리하면, '느낌의 우뻬카'는 신체적·정신적인 영역 모두에서 경험되는 느낌을 포함하는 외연이기 때문에 신체적·정신적인 느낌을 관찰하는 기능을 지닌 것으로 간주한다. 따라서 완전한 중립성인 '따뜨라맛잘따따'의 범주에 포함시킬 수 있지만, 『위쑫디막가』는 느낌의 우뻬카를 신체나 감각적인 중립의 느낌만으로 한정하여 정신적인 중립을 의미하는 '따뜨라맛잘따따'의 범주로부터는 제외시키고, 그 밖의 나머지 우뻬카들과는 기능면에서 서로 다른 범주로 규정한다. 또한 느낌의 우뻬카는 공평한 관찰을 진행할 수 있기 때문에 통찰의 기능을 지닌 '위빳싸나 우뻬카'의 범주에 포함시킬 수도 있다. 결국 느낌의 우뻬카는 '따뜨라맛잘따따', 그리고 '위빳싸나 우뻬카' 양 쪽 모두에 해당될 수 있는 자격요건을 갖추었다고 볼 수 있다. 세 번째 선정을 말하는 '선정의 우뻬카'는 다소 불완전한 균형감을 보여주기 때문에 완전한 중립성인 '따뜨라맛잘따따'에 포함되는 것은 불합리하며, 네 번째 선정에 이어 무색정에도 동일하게 남아 발현되고 유지되는 우뻬카에 대한 논의는 간과되어 있다. 그리고 '쌍카라 우뻬카'는 감관이나 오온의 경험에 대한 관찰과 관련되어 있기 때문에 위빳싸나 우뻬카뿐만이 아니라 그 밖에 육근이나 느낌의 우뻬카들과 동일한 기능을 지닌 것으로 간주하여 이들과 함께 범주화할 가능성도 있지만 이들과는 별도로 구분한다. 마지막으로 '정진의 우뻬카'는 너무 과하지도 않고 너무 느슨하지도 않은 정진이라고 규정하지만 초기경전에 의하면 이와 같은 정진은 오근과 사정근을 고루 닦는 것을 의미한다. 정진은 열의를 지닌 의도적인 마음의 행위를 나타내기 때문에 우뻬카와는 동일선상에서 논의될 수 없는 성질의 것이다. 그렇다면 이어서 여섯 가지 종류의 우뻬카가 '따뜨라맞잔따따'에 편입됨으로써 발생할 수 있는 문제점들을 좀 더 살펴보자.

(2) 따뜨라맞잔따따(Tatramajjhattatā)의 오류

'따뜨라맞잔따따'에 속하는 것들은 ① 육근의 우뻬카, ② 범주의 우뻬카, ③ 평정각지 우뻬카, ④ 따뜨라맞잔따따(중립)의 우뻬카(tatramajjhattupekkhā),[218] ⑤ 선정의 우뻬카, ⑥ 사념청정의 우뻬카 등 모두 여섯 가지이다. 『위쑫디막가』는 이들 여섯 가지 우뻬카들 모두 그 뜻은 동일하지만 문맥에 따라서 차이가 있을 뿐이라고 말한다.[219] 하지만 이들은 문맥에 따라서 달라지는 것이라기보다 애초에 모두 동일한 것만은 아니라고 할 수 있다. 이들이 '따뜨라맞잔따따'라는 범주에 속하게 될 때 나타날 수 있는 문제는 다음과 같다.

먼저 ① 육근의 우뻬카, ② 범주(심해탈)의 우뻬카, ③ 평정각지 우뻬카, ⑥ 사념청정(네 번째 선정의 우뻬카)들은 모두 초기경전의 예에서 보았듯이, 다양한 경험들이 주는 무상성을 관찰한 후 고요히 머물게 하기 때문에 공평한 관찰과 평정의 기능을 함께 갖추고 있다. 그럼에도 이들을 '따뜨라맞잔따따'라는 지성적인 차원의 중립에[220] 함께 묶음으로써 정서적인 차원에 대한 강조는 상대적으로 결여된다. ④ '따뜨라맞

218 현대에 '따뜨라맞잔따따'는 종종 윤리적인 것으로 설명되기도 한다. 윤리적이라는 설명은 사범주의 우뻬카와 쌍카라 우뻬카는 모두 윤리적(ethical)이고 지성적인(intellectual) 차원의 우뻬카에 포함된다는 아비담마(Abhidh-s. 1-2)의 설명에서 비롯된 것으로 보인다.

219 Vism. 161.

220 Vism. 466~467.

잔따따 우뻬카'는 법들을 공평하게 운반하므로 마음을 고르게 유지하는 능력을 갖추고 있다.[221] 그런데 『위쑫디막가』는 이 '따뜨라맞잔따따 우뻬카'를 열 가지 우뻬카 중에서 하나의 구성요소로서 일단 상정해 놓고 이를 다시 '따뜨라맞잔따따', 즉 중립의 기능에 다시 배속시킨다. 그렇다면 '따뜨라맞잔따따 우뻬카는 따뜨라맞잔따따의 기능을 갖는다.' 이 말은 '중립의 우뻬카는 곧 중립의 기능을 갖는다'로 풀이된다. 이것은 동어반복이므로 무의미하다. 다음에 ⑤선정의 우뻬카는 세 번째 선정에서 발현되는 우뻬카인데[222] 이 선정의 상태는 아직 몸으로 느끼는 미세한 즐거움으로 인해서 동요한다.[223] 우뻬카의 수준이 불완전하면 균형을 잃고 동요한다. '따뜨라맞잔따따'는 결점이 없는 완전한 중립성이라고 이미 명시했기 때문에 세 번째 선정의 우뻬카를 여기에 포함시키는 것은 적절하지 않다.

요컨대 '육근', '범주(심해탈)', '평정각지', '사념청정(네 번째 선정)의 우뻬카'들은 지성적인 관찰과 정서적인 평정의 기능을 함께 갖추었지만 '따뜨라맞잔따따'에 배속시킴으로써 정서적인 측면은 상대적으로 배제된다. '따뜨라맞잔따따 우뻬카'의 경우엔 다시 '따뜨라맞잔따따'에 포함됨으로써 무의미한 동어가 반복된다. 또 세 번째 선정인 '선정의 우뻬카'는 균형을 잃고 다소 불완전한 상태이므로 완전한 중립성인 '따뜨라맞잔따따'에 포함시키는 것은 불합리하다.

'따뜨라맞잔따따'에 배속된 여섯 가지 종류의 우뻬카는 『위쑫디막

---

221 Vism. 161; R. M. L. Gethin(1992), p.158.

222 Vism. 161.

223 MN. Ⅰ. 454.

가』의 설명대로 모두 동일하지만 맥락에 따라서 그 표현방식이 달라지기도 한다. 하지만 상술한 것처럼 각기 다른 성격을 갖는 경우도 있으며 또 그에 따라 질적인 수준에 있어서 차등을 보이기까지 한다. 그럼에도 만일 '따뜨라맛잔따따'라는 단일한 카테고리로써 이들을 규정한다면 본래의 고유성을 담보하는 일로부터는 일정 부분 멀어지게 될 것이다. 여러 전적들이 보여주는 실질적인 사례들에 의하면 『위쑫디막가』의 양식에 따라서 우뻬카를 범주화하거나 '따뜨라맛잔따따'라는 기술적인 술어로서 그 대표성을 확보하기 어렵다는 사실이 확인된다. 『위쑫디막가』는 초기경전에 보이는 다양한 우뻬카의 용례들을 검토하여 주요 기능 중심으로 체계적인 범주화를 시도하지만 이상과 같이 몇 가지 재론의 여지가 발견된다. 현재 우뻬카에 대한 대부분의 논의는 주로 이 문헌을 중심으로 이루어지고 있는 실정이기 때문에 우뻬카에 대한 접근이 편향된다면 개념적인 이해의 폭이 좁아진다거나 일정 부분 오해의 소지마저 생길 수 있다. 그럼 여기서 범주화하여 재론한다면 이제 어떠한 방법론이 대안으로 제시될 수 있겠는가.

5) 대안적인 분류법 제시

범주화나 분류화라는 인위적인 작업은 사실상 긍정과 부정의 측면을 모두 포함하는 양면성을 지닌다. 특정 대상을 일정한 틀에 고정시켜서 자유롭지 못하게 구속한다는 점에 있어서 부정적이라면 체계적인 틀 안에서 명료화시킨다는 입장에 서면 그와 반대로 긍정적인 평가를 내릴 수도 있다. 부정적인 결과를 염두에 둔다면 자칫 본래의 고유성을 잃어버릴 우려가 높기 때문에 이를 전적으로 환영할 수만은 없게 된다. 그렇지만 『위쑫디막가』에 나타난 문제점들을 지적한 이상, 그에 대한 대안으로서 차선책의 제시는 자연스러운 요청일 것이다. 그렇다면 여기에는 두 가지 경우의 수가 있을 수 있다.

첫째, 초기경전에 나타난 우뻬카의 종류를 모두 공통적인 기능을 지닌 것들끼리 함께 묶어서 분류할 수 있다. 그러면 다음과 같이 전체 여섯 가지 상위군으로 나뉜다. 각각의 개별적인 우뻬카는 해당 상위군에 종속되는 구조를 가진다. 여섯 가지 상위군은 1) 감관의 경험을 통한 관찰에 대한 우뻬카, 2) 선정에 대한 우뻬카, 3) 해탈에 대한 우뻬카, 4) 범부凡夫에 대한 우뻬카, 5) 성인聖人에 대한 우뻬카, 6) 초연함에 대한 우뻬카 등이다. 그러면 각 상위군에 종속되는 하위군은 다음과 같다. 1) 감관의 경험을 통한 관찰에 대한 우뻬카에는 느낌, 육근, 선한 것에 의지한, 평정각지 우뻬카, 2) 선정에 대한 우뻬카에는 세 번째 선정, 네 번째 선정(출세간의), 단일성에 의지한(무색정의) 우뻬카, 3) 해탈에 대한 우뻬카에는 심해탈의 우뻬카(사범주의 우뻬카), 4) 범부에 대한 우뻬카에는 다양성에 의지한 재가자, 세간의 우뻬카, 5) 출세간에 대한 우뻬카에는 다양성에 의지한 출가자, 출세간보다 더 높은 출세간의 우뻬카, 그리고 마지막 6) 초연함에 대한 우뻬카에는 원리성遠離性의 우뻬카가 단독으로 편입된다. 이상을 표로 정리하면 다음과 같다.

〈표6〉 우뻬카의 기능에 따른 분류

공통적인 기능	종류
감관의 경험을 통한 관찰	느낌, 육근, 선한 것에 의지한, 평정각지
선 정	세 번째 선정, 네 번째 선정·출세간, 단일성에 의지한·무색정
해 탈	심해탈·사범주의 우뻬카
범부(무지에 의한 만족감)	다양성에 의지한 재가자, 세간
출세간(지혜에 의한 만족감)	다양성에 의지한 출가자, 출세간보다 더 높은 출세간
초연함	원리성

1) 감관의 경험을 통한 관찰에 대한 우뻬카들은 근根·경境·식識이 화합할 때 생기는 느낌 등 다양한 경험들이 생기는 원인이 조건성에 의한 현상임을 통찰의 지혜로써 알게 한다. 2) 선정에 대한 우뻬카는 선정에서 고요하게 머물고 위빳싸나를 진행할 때 공평한 관찰이 가능하게 한다. 3) 해탈에 대한 우뻬카는 성냄이나 적개심, 번뇌 등 다양한 오염원들을 제거하기 때문에 마음이 해탈하게 한다. 4) 범부에 대한 우뻬카는 무지에서 비롯된 만족감을 생기게 한다. 5) 출세간에 대한 우뻬카는 지혜에서 비롯된 만족감을 생기게 하거나 궁극적인 최상의 경지를 가져온다. 그리고 마지막의 6) 초연함에 대한 우뻬카는 세상사로부터 거리를 유지하는 신체적·정신적인 태도를 유지하게 한다.

그런데 여기서 한 가지 유의해야 할 점은 범주적인 경계선이 서로간에 범접하지 못할 정도로 경직된 설정은 아니라는 점이다. 주요한 기능들 중에서 어디에 방점을 찍느냐에 따라서 충분히 가변적일 수 있다. 가령 선정에 대한 우뻬카들이 지닌 일차적인 주요 기능은 동요를 막고 선정이 해당 궤도에 안착할 수 있도록 해주는 임무를 맡는다. 더불어 선정에서 위빳싸나를 이행할 때는 감관의 경험을 통한 관찰에 대한 우뻬카들처럼 선정에서 일어나는 갖가지 현상(법)들을 공평하게 관찰할 수 있게 한다. 만일 관찰이라는 기능적인 측면에 방점을 찍고 강조고자 한다면 이들 역시 1) 감관의 경험을 통한 관찰에 대한 우뻬카군에 포함될 수 있다. 마찬가지로 심해탈에 대한(사범주의) 우뻬카에 의해서 고요하고 평정한 해탈을 경험하지만, 평정을 성취한 후 위빳싸나의 통찰을 진행할 경우엔 이 역시 관찰의 기능을 담당할 수 있기 때문에 1) 감관의 경험을 통한 관찰에 대한 우뻬카군에 편입시킬 수 있다. 그리고 평정각지 우뻬카는 마음의 오염원을 면밀하게 관찰하여 무상성을 아는 지혜를 계발시키면서 열반으로 인도하고, 또 평정각지 우뻬카의 원만한 성취는 열반의 성취를 의미하기 때문에 1) 감관의 경험을 통한 관찰에 대한 우뻬카군뿐만이 아니라, 6) 출세간에 대한 우뻬카군에 속할 수도 있다. 이와 같이 각 우뻬카들은 보통 둘 이상의 기능적인 측면을 지니고 있기 때문에 관찰자의 시점이 어디에 머무느냐에 따라서 해당 범주는 달라질 수 있다.

둘째, 균형과 불균형의 특성을 중심으로 구분할 수 있다. 종래에 우뻬카는 어느 쪽에도 편향되지 않는 중립이란 술어로서 주로 알려져 왔지만, 지금까지 논의한 것처럼 모든 우뻬카들이 정正균형을 갖춘 상태라고 보긴 어렵다. 그러므로 균형감에 있어서 질적인 차등을 인정한다면 다시 다음의 〈표7〉과 같은 형태가 가능하다. 표에 보이는 '균형'이란 항목은 동요하지 않는 상태, 즉 우뻬카가 확고하게 확립된 상태를 의미하고, '불균형'은 그와 반대로 동요를 의미하기 때문에 이지적인 차원의 공평한 관찰이나 정서적인 차원의 고요함이 결여 혹은 일정 부분 부족한 상태를 나타낸다. 그리고 '멀리함'은 동요하게 만드는 대상으로부터 일정한 거리를 유지하는 신체적·정신적인 태도이다. 그렇다면 '균형'의 특성에는 느낌, 육근, 선한 것에 의지한, 네 번째 선정(출세간의), 단일성에 의지한(무색정의), 심해탈에 대한(사범주의), 평정각지, 출세간보다 더 높은 출세간의 우뻬카들이, '불균형'의 특성에는 세 번째 선정, 다양성에 의지한 재가자와 출가자, 세간의 우뻬카들이, 그리고 '멀리함'에는 원리성의 우뻬카가 각각 포함된다.

〈표7〉 **우뻬카의 특성에 따른 분류**

특성	종류
균형	느낌, 육근, 선한 것에 의지한, 네 번째 선정·출세간, 단일성에 의지한·무색정, 심해탈·사범주의 우뻬카, 평정각지, 출세간보다 더 높은 출세간
불균형	세 번째 선정, 다양성에 의지한 재가자와 출가자, 세간
멀리함	원리성

각 우뻬카들은 보통 둘 이상의 기능과 특성을 갖추고 있기 때문에 마찬가지로 관찰자의 시점에 따라서 해당 범주가 달라질 수 있는 가능성은 열려 있다. 그러므로 여기서 제시하는 분류방식들은 다만 하나의 가능성에 지나지 않는 대안적인 예시일 뿐 절대적일 수 없으며, 충분히 가변적일 수 있다는 사실에 유념해야 한다. 우뻬카에 대한

범주적인 분류는 다양한 각도에서 시도될 수 있다는 탄력적인 유연성 때문에 특정한 어느 한 가지 방법만을 두고서 그것이 가장 적합한 것이라고 쉽게 단정 지을 수 없어 보인다.

이상의 내용을 정리해보면 다음과 같다.

빠알리 아비담마 논서와 주석서에는 우뻬카에 대한 내용들이 편재해 있으나 주로 단편적이거나 부분적인 내용들만 언급되어 있다. 대표적으로 『앗타쌀리니(*Atthasālinī*)』처럼 비록 열 가지 종류의 우뻬카가 제시되는 경우도 있긴 하지만 『위쑫디막가』의 분류방식과 동일한 모습을 보인다. 이들 문헌군에 나타난 우뻬카는 주로 공평한 관찰 태도로서 이해되고 있는데, 한가운데인 정중(majjhattatā, 正中)이나 어느 한쪽의 편도 들어주지 않고 한가운데를 지키는 중립中立으로 묘사된다. 그리고 그러한 중립의 자리를 고수하는 사람이 지닌 인격적인 자질로서 설명되는 경우도 있다. 또한 감각적인 중립의 느낌과 정신적인 중립으로서의 우뻬카는 별도로 구분하며, 정신적인 중립을 의미하는 경우엔 마음 작용들의 구조에서 선한 법이나 아름다운 마음의 부류에 속한다.

그런가 하면 초기경전에는 유례가 없는 '따뜨라맞잔따따'라는 조어造語가 우뻬카를 수식하기도 하는데 이것은 온전히 정신적인 중립의 느낌만을 지시한다. 대부분의 아비담마 논서와 주석서들은 주로 단편적인 내용들만 전하고 있기 때문에 이 문헌들만으로는 초기경전에서 전승된 우뻬카의 전체적인 윤곽을 온전히 파악하기 어렵다. 그리고 개념적인 이해와 표현방식은 초기경전에 의한 것이라기보다 대부분

『위쑫디막가』의 전통에 의한 것이라는 점이 가장 두드러진 특색으로 꼽힌다.

5세기경 편찬된 『위쑫디막가』는 상좌부불교를 대표할 정도로 영향력 있는 논서라고 알려져 있지만 실제 그 내용은 아비담마 논서라기보다 일종의 수행 강요서의 성격이 더 짙다. 전체는 총 23장으로 이루어져 있는데, 깨달음에 이르는 길인 칠청정七清淨을 일곱 단계로 구성한 후 이를 다시 계·정·혜의 세 가지 측면으로 분류한다. 전체적인 구도 속에서 우뻬카에 대한 본격적인 논의는 심청정心清淨의 장場에 귀속된 싸마타를 설명하는 부분에 보이는데, 그 이유는 세 번째 선정에서 비로소 두드러지는 우뻬카의 활동성에 주목했기 때문일 것이다. 『위쑫디막가』 전체에 걸쳐서 나타나는 우뻬카의 종류는 모두 열 가지 종류로 이들은 세 번째 선정을 주석하는 부분에 보이는 열 가지 종류의 우뻬카에 대한 구분과 일치한다. 따라서 세 번째 선정을 주석하는 부분에 소개되어 있는 우뻬카에 대한 분류는 『위쑫디막가』 전체에 나타난 우뻬카의 용례를 반영한 것이라고 볼 수 있다. 상좌부불교 수행에 있어서 높은 가치와 비중을 지닌 『위쑫디막가』와 그 저본인 초기경전을 서로 비교 분석하는 작업을 통해서 우뻬카의 전승적 추이를 알 수 있으며, 그 결과 명료한 이론적 차원의 토대를 확보할 수 있을 것이다.

『위쑫디막가』에 나타난 열 가지 종류의 우뻬카는 육근六根, 범주梵住, 평정각지, 중립(tatramajjhatā), 선정, 사념청정捨念清淨, 쌍카라(saṅkhāra), 위빳싸나(vipassanā), 느낌(vedanā), 정진(viriya)의 우뻬카이다. 『위쑫디막가』는 이들 중에서 육근, 범주, 평정각지, 중립,

선정, 사념청정의 우뻬카들은 정표중립을 의미하는 '따뜨라맛잔따따'에 배속시킨 후 이들은 모두 동일한 뜻이지만 문맥에 따라서 차이가 있을 뿐이라고 설명한다. 그리고 쌍카라 우뻬카와 위빳싸나 우뻬카도 같은 뜻이지만 기능에 따라서 두 가지로 분류할 뿐이며, 느낌의 우뻬카와 정진의 우뻬카는 서로 다른 뜻이고 또 이들은 나머지들과는 그 뜻이 다르다고 주석한다.

초기경전과 『위쑫디막가』에 나타난 우뻬카의 종류를 유사한 명칭과 개념에 따라 서로 배대해서 짝지우면 느낌; 느낌, 육근; 육근, 세 번째 선정; 선정, 네 번째 선정; 사념청정, 심해탈; 범주, 평정각지; 평정각지 우뻬카가 된다. 초기경전에 나타난 선한 것에 의지한, 다양성과 다양성에 의지한 재가자와 출가자, 단일성과 단일성에 의지한(무색정의), 세간, 출세간, 출세간보다 더 높은 출세간, 원리성의 우뻬카들은 『위쑫디막가』의 논의에서 제외되어 있고 그 대신 중립, 쌍카라, 위빳싸나, 정진의 우뻬카들이 새로이 등장한다. 기능과 특성 면에서도 초기경전이 관찰, 평정, 균형, 불완전한 균형, 무지, 지혜, 만족, 원리, 초연함 등 다양한 측면이 제시되는 반면에 『위쑫디막가』는 감각적인 중간의 느낌, 정신적인 중립, 집착, 관찰 등 비교적 단순하면서도 일부 변용된 형태를 보인다.

『위쑫디막가』의 열 가지 우뻬카를 초기경전과 비교해서 고찰하면 다음과 같은 문제점들이 발견된다. 느낌의 우뻬카는 신체적·정신적인 영역 모두에서 경험되는 느낌을 포함하는 외연으로 간주할 수 있기 때문에 정신적인 중립을 의미하는 '따뜨라맛잔따따'의 범주에 포함시킬 수 있지만, 『위쑫디막가』는 느낌의 우뻬카를 신체나 감각적인 중립의 느낌만으로 한정하고 완전한 중립성인 '따뜨라맞잔따따'의 범주에서 제외시킨다. 뿐만 아니라 느낌의 우뻬카도 위빳싸나를 수행할 수 있는 기능이 있기 때문에 '위빳싸나 우뻬카'에 포함될 자격요건을 갖추고 있지만 이와는 별도로 구분하다. 세 번째 선정을 말하는 선정의 우뻬카의 경우엔 다소 불완전한 균형감을 보여주기 때문에 이를 완전한 중립성인 '따뜨라맞잔따따'에 포함시키는 것은 불합리하다. 그리고 네 번째 선정에 이어 무색정에도 동일하게 발현 유지되는 우뻬카에 대한 논의는 간과되어 있다. 또한 쌍카라 우뻬카는 감관의 대상에 대한 관찰과 관련되어 있기 때문에 기타 육근이나 느낌, 위빳싸나 우뻬카들과 동일한 기능을 지닌 것으로 간주하여 이들과 함께 묶을 수도 있다. 그 밖에 정진의 우뻬카에서 정진은, 초기경전에 의하면 힘써 노력하는 의도적인 마음의 행위를 권장하기 위해서 고안된 장치이기 때문에 정진과 우뻬카는 같은 선상에서 논할 수 없는 성질의 것임에도 『위쑫디막가』는 우뻬카의 고유 기능을 정진으로까지 확대 적용시킨다.

『위쑫디막가』는 '따뜨라맞잔따따'에 속하는 것들로 육근, 범주, 평정각지, 따뜨라맞잔따따 우뻬카(tatramajjhattupekkhā), 선정, 사념청정의 우뻬카 등 모두 여섯 가지를 포함시킨다. 그러면서 이들은 모두 동일한 뜻이지만 문맥에 따라 차이가 있을 뿐이라고 말한다. 하지만 이들이 문맥에 따라 달라지는 경우도 있지만 본래 모두 동일한 것만은 아니라고 볼 수 있다. 만일 '따뜨라맞잔따따'에 이 여섯 가지 종류의 우뻬카들을 포함시키면 다음과 같은 문제들이 생길 수 있다. 초기경전에 의하면 육근, 범주(심해탈), 평정각지, 사념청정(네 번째 선정)의 우뻬카들은 모두 관찰의 기능 이외에 정서적인 평정을 동반한다. 하지만 정신적인 중립만을 의미하는 '따뜨라맞잘따따'에 포함시킴으로써 상대적으로 정서적인 평정의 측면이 결여된다. 세 번째 선정에 해당하는 선정의 우뻬카와 같은 경우는 미세한 즐거움으로 인해서 동요하기 때문에 아직은 우뻬카가 확립된 상태는 아니다. 따라서 완전한 중립성인 '따뜨라맞잘따따'에 포함시키긴 어렵다. 그리고 '따뜨라맞잘따따 우뻬카'를 다시 '따뜨라맞잘따따'에 배속시키는데 이것은 동어반복이므로 사실상 무의미하다. 실제로 '따뜨라맞잘따따'에 속하는 여섯 가지 종류의 우뻬카들은 각기 다른 기능을 소유하는 경우도 있으며 질적 수준에 있어서도 차등을 보인다. 따라서 『위쑫디막가』의 양식에 의존해서 우뻬카를 범주화하거나 '따뜨라맞잘따따'로서 우뻬카를 대신하긴 어렵다고 볼 수 있다. 『위쑫디막가』는 초기경전에 보이는 다양한 종류의 우뻬카들의 용례들을 검토해서 고유 기능 중심으로 체계적으로 분류하지만 이상과 같이 몇 가지 재론의 여지가 발견된다. 현재 우뻬카에 대한 논의는 대부분 이 문헌을 중심으로 전개되고 있는 실정이기 때문에 그에 대한 접근 방식이 편향된다면 개념적인 이해의 폭이 좁아진다거나, 경우에 따라서 오해의 소지마저 생길 수도 있기 때문에 좀 더 세심한 접근이 요구된다.

『위쑫디막가』에 나타난 우뻬카의 분류법과 차별되는 두 가지 정도의 대안적인 분류법이 제시될 수 있다.

첫째, 초기경전에 나타난 우뻬카의 종류를 모두 공통적인 기능을 지닌 것들끼리 함께 묶는다면 전체 여섯 가지 상위군으로 나뉠 수 있다. 각 하위군의 개별적인 우뻬카는 해당되는 상위군에 종속되는 구조를 가진다. 여섯 가지 상위군은 1)감관의 경험을 통한 관찰에 대한, 2)선정에 대한, 3)해탈에 대한, 4)범부에 대한, 5)출세간에 대한, 6)초연함에 대한 우뻬카 등이다. 각 상위군에 종속되는 하위군은 다음과 같다. 1)감관의 경험을 통한 관찰에 대한 우뻬카에는 느낌, 육근, 선한 것에 의지한, 평정각지 우뻬카, 2)선정에 대한 우뻬카에는 세 번째 선정, 네 번째 선정(출세간의), 단일성에 의지한(무색정의) 우뻬카, 3)해탈에 대한 우뻬카에는 심해탈에 대한 우뻬카(사범주의 우뻬카), 4)범부에 대한 우뻬카에는 다양성에 의지한 재가자, 세간의 우뻬카, 5)출세간에 대한 우뻬카에는 다양성에 의지한 출가자, 출세간보다 더 높은 출세간의 우뻬카, 그리고 마지막 6)초연함에 대한 우뻬카에는 원리성의 우뻬카가 단독으로 종속된다. 1)감관의 경험을 통한 관찰에 대한 우뻬카는 경험이 지닌 조건성을 통찰하게 한다. 2)선정에 대한 우뻬카는 선정의 고요함에 머물고 위빳싸나의 통찰이 가능하게 한다. 3)해탈에 대한 우뻬카는 번뇌를 통찰하고 해탈한 마음의 평정을 유지하게 한다. 4)범부에 대한 우뻬카는 감각적인 욕망의 위험성을 알지 못하는 무지나 감각적인 욕망의 충족에서 오는 만족감을 생기게 한다. 그리고 5) 출세간에 대한 우뻬카는 무상성을 알고 보는 지혜나 궁극적인 해탈의 평정을 가져온다. 마지막의 6) 초연함에 대한 우뻬카는 세상사와 일정한 거리를 유지하면서 지내게 한다.

둘째, 균형과 불균형의 특성이 기준이 될 수 있다. 균형감에 있어서 질적 차등을 보인다는 사실에 비중을 둔다면 균형, 불균형, 멀리함의 세 가지 구분이 가능하다. '균형'이란 항목은 동요하지 않는 상태로 우뻬카의 확립을 의미하며, 반면에 '불균형'은 이지적인 공평한 관찰이나 정서적인 고요함이 등이 다소 부족하거나 결여된 우뻬카를 말한다. 그리고 '멀리함'에는 동요하게 만드는 대상으로부터 일정한 거리를 유지하는 신체적·정신적인 태도가 포함된다. '균형'에는 느낌, 육근, 선한 것에 의지한, 네 번째 선정(출세간의), 단일성에 의지한(무색정의), 심해탈에 대한(사범주의 우뻬카), 평정각지, 출세간보다 더 높은 출세간의 우뻬카들이, '불균형'에는 세 번째 선정, 다양성에 의지한 재가자와 출가자, 세간의 우뻬카들이 해당된다. 그리고 '멀리함'에는 원리성의 우뻬카들이 각각 포함된다.

이와 같이 각 우뻬카들은 보통 둘 이상의 기능과 특성을 갖고 있기 때문에 관찰자의 시점에 따라서 해당 범주가 달라질 수 있는 가능성은 열려 있다. 그러므로 여기서 제안하는 방법론은 하나의 가능성에 대한 예시일 뿐 그것이 절대적인 기준일 수 없으며 충분히 가변적일 수 있다는 사실에 유념해야 한다. 우뻬카에 대한 범주적인 분류는 다양한 각도에서 시도될 수 있다는 가변성 때문에 특정한 방법이 가장 적합하다고 쉽게 단정 지을 수 없어 보인다.

제5장 고요한 평정; 싸마타 수행의 우뻬카

싸마타(Samatha) 수행은 집중력과 고요함을 계발시키고 점차 단계적으로 상승시키는 선정(Jhāna, 禪定) 수행으로 이끈다. 선정에 들기 전에 우선 선정에 방해가 되는 감각적인 욕망 등의 불선법不善法들을 제어하면서 점차적인 집중의 단계로 나아간다. 고요함의 정도는 집중의 정도가 깊어지는 것과 정비례해서 증가한다. 레이저 광선과도 같이 집약적이고 예리한 고도의 집중력은 이후 위빳싸나 수행을 위한 강력한 통찰의 수단이 되어준다. 선정은 싸마타 수행의 결과 얻어지는 것인데, 상위 선정의 단계로 진입할수록 선정의 요소인 선지(jhānaṅga, 禪支)가 점차 사라지면서 탐貪·진嗔·치痴 등의 다양한 번뇌가 일시적으로 중지 또는 소멸의 과정을 겪는다.

싸마타 수행은 다른 모든 것을 배제하고 단 하나의 대상에 집중함으로써 마음을 지향하게 하고 또 그것에 몰두하게 한다.[224] 이러한 상태는

---

224 SN. Ⅰ. 136; Anālayo(2012), p.64.

대상에 마음을 온전히 고정시킨 순수한 주의집중을 유지하는 상태로 마음은 하나의 대상에 고정된 채 흔들리지도, 다른 곳으로 이동하지도 않는다. 이와는 달리 위빳싸나는 하나의 대상에서 다른 대상으로 마음이 자유로이 움직이되 대상의 특질을 파악하는 데 초점을 맞춘다. 싸마타의 선정이 지향하는 목표가 고요함과 집중력의 계발이라면, 위빳싸나는 통찰적인 지혜이다.[225] 대부분의 우뻬카들은 싸마타와 위빳싸나 수행과 직간접적인 연관성이 있다. 그중에서 특히 색계정色界定의 세 번째 선정과 네 번째 선정(출세간의), 무색정無色定, 심해탈에 대한 우뻬카(사범주의 우뻬카)들은 싸마타 수행과 밀접하게 연관된다. 그럼 색계정, 무색정, 그리고 심해탈에 대한 우뻬카의 순으로 싸마타 수행에 있어서 이들 우뻬카의 기능과 역할을 중심으로 살펴보겠다.

1. 색계 선정(rūpajhāna, 色界禪定)

1) 선정의 요소와 우뻬카의 관계

선정은 고요함과 집중력을 단계적으로 상승시키는 수행이기 때문에 선정에 들기에 앞서 고요함과 집중력에 방해가 되는 감각적인 욕망 등의 불선법들을 제어한 후 점차적인 집중의 단계로 나아간다. 선정의 목표는 지금 여기에서(diṭṭhadhamma) 행복하게(sukha) 머물고 분명하게 알아차리고(sati sampajaññaṇa) 지견(ñāṇadassana, 知見)을 갖추어 번뇌를 소멸하기 위한 것이다.[226] 우뻬카는 번뇌의 소멸이라는

---

225 U Pandita(1991), p.179.

226 MN. Ⅰ. 38; AN. Ⅳ. 30, 31

선정이 지향하는 최종의 목표가 이루어지도록 중요한 역할을 담당한다. 『쑫따니빠따(*Suttanipāta*)』는 선정을 통해서 우뻬카를 닦아 사유의 경향(takkāsaya)과 회한(kukkucca)을 끊어야 한다고 명시하여[227] 번뇌의 소멸과 우뻬카는 무관하지 않다는 사실을 알 수 있다. 선정의 계발은 곧 우뻬카의 계발과 관련된 집중을 의미한다.[228] 선정은 우뻬카를 계발시키고 또 선정에 의해서 계발된 우뻬카는 마음의 오염원과 번뇌들을 제거한다.

선정의 단계가 점차로 상승하면 마음의 안정과 고요함도 그와 정비례하여 차츰 증가하기 마련인데, 그 이유는 깊고 고요한 선정을 방해하는 선지禪支들은 점차로 줄어드는 대신, 우뻬카는 다른 선지들을 제압하면서 자신의 영향력을 강화시켜 나가기 때문이다. 첫 번째 선정에서 네 번째 선정으로 차례대로 진입할수록 불필요한 선지들은 점차 사라지고 선정에 도움이 되는 선지들은 그대로 유지된다거나 더욱 두드러지게 발현되는 모습을 보인다. 이러한 변화의 흐름 속에서 우뻬카도 동일한 변화의 과정을 밟는다. 각 선정의 단계별로[229] 선지가 생성되었

227 Sn. p.188. Jhānānuyutto bahujāgar'assa, Upekhamārabbha samāhitatto takkā sayaṃ kukkuccañcupachinde. 사유의 경향성은 감각적 쾌락의 욕망에 대한 지각이나 생각 등에서 비롯된다(Pj. Ⅱ. 574).

228 Anālayo(2003), p.180.

229 여기서는 색계 선정만을 논하기로 한다. 보통은 색계정보다 무색정이 더 수승한 것으로 간주하지만, 무색정은 색계정만큼 선지에 대한 상세한 묘사가 없고 단지 이전 단계를 초월해야 다음 단계로 진입할 수 있다는 설명 정도, 그리고 무색정에 수반되는 여러 정신적인 요소들도 색계정과 동일하게 나타나는 등 각 무색정의 단계를 효과적으로 비교하기가 용이하지 않기 때문이다.

다가 소멸하는 순서는 다음과 같다.

첫 번째 선정에는 심(vitakka, 尋), 사(vicāra, 伺), 희열(pīti, 喜), 즐거움(sukha, 樂),[230] 심일경성(cittekaggatā, 心一境性)의 다섯 가지 선지가 존재한다.[231] 그러다가 두 번째 선정에서 심, 사(이후 위딱까, 위짜라로 표기)가 사라지고,[232] 세 번째 선정에서는 희열이 사라진다.[233] 마지막의 네 번째 선정에서는 즐거움마저 사라지고 멈춘다. 상위 단계로 진입할수록 거친 선정의 요소들이 점차 사라지고 멈춘다는 것은 고요함과 삼매(samādhi)를 방해하는 불필요한 선지들 대신 선정에 도움이 되는 선지들이 두각을 나타내기 시작한다는 것을 의미한다.

첫 번째 선정은 우선 감각적 욕망과 불선법 등 다섯 가지 장애를 제거한 이후라야 비로소 진입이 가능하다.[234] 일단 첫 번째 선정에 진입하면 위딱까, 위짜라, 희열, 즐거움, 심일경성의 다섯 가지 선지가 생성되고 유지된다. 우뻬카는 비록 첫 번째 선정부터 선지로서 나타나지는 않지만 본래부터 존재하지 않았던 것은 아니다. 실제로 첫 번째 선정에는 이들 다섯 가지 이외에 선정의 인식과정에 수반되는 여러 가지 다양한 정신적인 요소들이 존재한다. 이를테면 우뻬카, 싸띠,

230 앞서 선정 자체에서 누리는 'sukha'는 '행복'으로 옮기는 편이 비교적 적절하지만, 여기서의 'sukha'는 선지의 요소로서 나타나기 때문에 이 둘을 구분해서 '즐거움'으로 표기한다.

231 MN. Ⅲ. 25.

232 아비담마에서는 오종선五種禪을 말하는데 이 경우에 첫 번째 선정에서 위딱까가, 그리고 두 번째 선정에서 위짜라가 사라진다[Nārada Mahā There(1980), p.50].

233 MN. Ⅲ. 93~94; Ⅰ. 347; DN. Ⅰ. 71.

234 MN. Ⅰ. 174, 347, 412, 435; AN. Ⅲ. 93.

접촉(phassa), 느낌(vedanā), 지각(saññā, 想), 의도(cetanā), 마음(citta, 心), 의욕(chanda), 결심(adhimokkha), 정진(viriya), 주의(manasikāra) 등이다.[235] 이러한 정신적인 요소들은 서로에게 인因이 되면서 해당 선정이 안착되도록 상호간에 돕는 작용을 한다.

우뻬카도 싸띠와 함께 첫 번째 선정에 수반되지만 다른 선지들에 가려지고 덮여져 있기 때문에 아직 그 역할이 분명하게 드러나지 않을 뿐이다.[236] 그리고 감각적 욕망 등의 불선법들을 제어하고 첫 번째 선정에 들었으나 감각적 욕망에 대한 인식에 다시 젖어들 수 있고, 또 희열과 즐거움 등 선정을 동요하게 만드는 요인들, 그리고 특히 위딱까와 위짜라로 인해서 우뻬카의 영향력이 아직은 미약하다.[237] 영향력이 미약하다는 말은 고요한 평정과 공평한 관찰의 힘이 상대적으로 아직 강하지 않다는 의미이다.

두 번째 선정은 고요함(sampasādana), 희열, 즐거움, 심일경성(cittekaggatā)[238]이 선지로서 나타나고 우뻬카, 싸띠, 접촉, 느낌, 지각,

---

235 MN. Ⅲ. 25~26.

236 Vism. 162.

237 SN. Ⅳ. 263; MN. I. 454; Mp. Ⅲ. 157. 『위쑫디막가』에 따르면 첫 번째 선정에서 감각적 쾌락의 욕망과 연결된 지각(saññā)에 대하여 정신활동을 기울이는 것이 퇴보하는 인식이고, 위딱까가 없는 인식에 대한 주의가 일어날 때가 곧 수승한 인식이라고 한다(Vism. 88). 그러므로 첫 번째 선정은 퇴보하기 용이한 단계이며 위딱까가 없는 인식이 이보다 수승하다는 사실을 알 수 있다.

238 'cittekaggatā'는 마음을 '한 점에 고정시킴, fixing one's mind on one point'이고 'ekodibhāva'는 마음의 '한 정점, one pointedness of mind'이다〔T. W. Rhys Davis & William Stede(1986), p.160, p.268〕. 'ekaggatā'는 (다섯 가지) 선정에 모두 나타나는 기본 구성성분이며 삼매의 본질이며 선정의 필수조건으로 대상을

의도, 마음, 의욕, 결심, 정진, 주의 등이 선정에 수반된다.[239] 두 번째 선정에 진입하면 '위딱까와 위짜라가 가라앉았기 때문에' 평온함과 심일경성을, 그리고 위딱까와 위짜라가 없는 삼매에서 오는 희열과 즐거움을 얻는다.[240] 두 번째 선정도 첫 번째 선정과 마찬가지로 위딱까와 위짜라가 가라앉기는 하였으나 위딱까와 함께한 인식이 다시 생길 수 있고, 희열이나 즐거움의 선지로 인해서 선정이 불안정하면서

깊이 주시하는 기능을 수행한다〔대림·각묵스님(2009), p.155〕. 'cittekaggatā'와 'ekodibhāva'는 문헌에 따라 혼용되어 나타나기도 하고 때로는 어느 한쪽을 생략하는 모습을 보이기도 한다. 'ekodibhāva'는 주로 두 번째 선정에 나타나지만 지금과 같이 'cittekaggatā'가 쓰이는 경우도 있다. 'ekodibhāva'는 반드시 두 번째 선정에만 국한된 것이 아니라 모든 삼매를 통칭하여 마음의 단일한 상태나 통일된 상태를 나타내기도 한다(AN. Ⅰ. 254; Ⅲ. 24). 'cittekaggatā'와 'ekodibhāva'의 삼매의 상태는 비단 선정뿐만 아니라 강화된 '위빳싸나의 마음'을 말할 때도 있다(Mp. Ⅱ. 363). 『맛지마니까야』의 「아누빠다쑫따(*Anupada-sutta*)」는 선지와 선정에 수반되는 정신적인 요소들을 비교적 가장 구체적으로 소개하고 있는데, 여기에는 두 번째 선정만이 'ekodibhāva'이고, 나머지 첫 번째 선정과 세 번째 선정부터 무소유처정까지는 'cittekaggatā'이며, 비상비비상처정정과 상수멸은 별도의 언급이 보이지 않는다. 이와 같이'cittekaggatā'와 'ekodibhāva'는 그 쓰임이나 의미에 있어서 특정한 구분 없이 혼용된다.

239 MN. Ⅲ. 26.

240 SN. Ⅳ. 226, 263~264, 299, 301. 여기서 'vitakkavicārānaṃ vūpasamā'는 'ajhattaṃ sampasādanaṃ cetaso ekodibhāvaṃ(내면의 평온과 마음의 한 정점)'을, 그리고 'avitakkam avicāraṃ'는 'samādhijaṃ(삼매)'를 각각 수식하는 구조로 이루어져 있다. '위딱까와 위짜라가 가라앉았기 때문에' 내적인 평온과 마음의 한 정점을 이루고 '위딱까와 위짜라가 없는' 삼매에서 오는 희열과 즐거움이 있는 두 번째 선정에 머문다고 하여, 위딱까와 위짜라는 선정의 고요함이나 마음이 통일된 상태와는 거리가 멀다는 사실을 알 수 있다.

동요할 수도 있다.[241] 희열이나 즐거움과 같은 선지들은 흥미를 유발시키고 즐기려는 특성이 있기 때문이다.[242] 이러한 상태에서 우뻬카는 그 영향력이 불분명하여 강한 활동성을 보여주지 못한다.[243]

다음으로 세 번째 선정은 "희열이 사라지고 평정하게 머문다. 싸띠를 지니고 분명하게 알아차리면서(sati-sampajaññaṇa, 싸띠-쌈빠잔나) 몸으로 즐거움을 느낀다. 이것이 우뻬카가 있고, 싸띠-쌈빠잔나가 있고, 즐거움에 머무는 세 번째 선정에 드는 것이다"라고 하여[244] 비로소 우뻬카가 전면에 등장하기 시작한다. 전면에 등장하여 영향력을 행사하는 경우는 이 세 번째 선정부터이다. 마치 머리를 치켜든 것처럼 우뻬카는 분명한 역할을 지니고 나타난다.[245] 그러나 우뻬카와 싸띠-쌈빠잔나, 즐거움, 심일경성 등의 선지가 있기는 하지만 아직은 몸으로 느끼는 미세한 즐거움(sukhaṃ kāyena)의 선지 때문에 동요한다.[246]

---

241 MN. I. 454; SN. Ⅳ. 263.

242 희열은 행온行蘊에, 즐거움은 수온受蘊에 포함되는데 희열은 원하는 대상을 취했을 때의 만족감이고, 즐거움은 취한 대상을 직접 경험함으로써 느끼는 행복감이다(Vism. 147). 특히 대상에 대해 흥미(interest)를 유발시키는 것이 희열이라면, 원하는 대상을 즐기는 것(enjoyment)은 즐거움이다〔Nārada Mahā Thera(1980), p.52〕.

243 Vism. 162.

244 SN. Ⅳ. 264; V. 9; MN. I. 21~22, 90. idha bhikkhu pītiyā ca virāgā upekhako viharati, sato ca sampajāno sukhañca kāyena paṭisaṃvedeti, yantaṃ ariyā ācikkhanti upekhako satimā sukhavihārīti taṃ tatiyaṃ jhānaṃ upasampajja viharati.

245 Vism. 162.

246 MN. I. 454. 몸에서 느끼는 즐거움으로 인해서 극도로 수승한 물질이 생기는데,

즐거움에 의해서 동요하는 이유는 우뻬카가 아직 완전히 확립되지 않았기 때문이다. 세 번째 선정에 나타난 우뻬카는 앞서 초기경전에 나타난 우뻬카의 기능적 분류에서 네 번째 선정(출세간의), 단일성에 의지한(무색정의) 우뻬카들과 함께 선정에 대한 우뻬카 군群에 속하는 것으로 간주하였다.[247] 선정에 대한 우뻬카는 해당 선정의 고요한 평정을 유지시키고, 또 선정에서 위빳싸나를 이행할 때는 공평한 관찰이나 통찰력을 제공하지만, 이 세 번째 선정의 우뻬카는 동요하는 특성을 지닌 즐거움의 선지로 인해서[248] 아직은 완전한 고요함이나 최상의 관찰력은 확보하지 못한, 다소간의 불완전한 균형감을 보인다. 그렇다고 하더라도 우뻬카와 함께 싸띠-쌈빠잔나라는 선지로 인해서 다른 하위의 선정에서보다는 상대적으로 더욱 고요하게 머물고 공평한 관찰도 진행할 수도 있다.

마지막의 네 번째 선정은 "〔신체적·정신적으로〕 괴롭지도 즐겁지도 않은 우뻬카와 싸띠가 청정한 네 번째 선정에 들어 머문다."[249] 이 선정에서 즐거움은 제거되었기 때문에 우뻬카, 싸띠, 청정함(pārisu-

---

선정에서 나왔을 때도 그 영향력 때문에 여전히 즐거움을 느낀다(Vism. 163).

247 이 범주에 첫 번째와 두 번째 선정이 배제되어 있는 이유는 선정의 목적을 방해하는 다른 선지들로 인해서 우뻬카의 활동성이 강하게 나타나지 않기 때문이다.

248 MN. Ⅰ. 455.

249 MN. Ⅰ. 22; SN. Ⅳ. 237, 265; Ⅴ. 10; Vin. Ⅴ. 4. idha bhikkhu sukhassa ca pahānā dukkhassa ca pahānā pubbeva somanassa domanassānaṃ atthagamā adukkhaṃ asukhaṃ upekkhāsatipārisuddhiṃ catutthaṃ jhānaṃ upasampajja viharati.

ddhi), 심일경성의 선지들만이 존재한다.[250] 선정의 고요함은 더욱 깊어지면서 우뻬카와 싸띠는 가장 청정해진다.[251] '우뻬카와 싸띠가 청정한 상태'는 'upekkhā sati pārisuddhi'라고 하여 보통은 '사념청정捨念淸淨'으로 표기하는데 현재 이 복합어에 대한 번역과 관련하여 몇 가지 이견이 분분하다. 이들의 수식 관계를 해석하는 방법에 따라 네 번째 선정에서 선지의 역할에 따른 선정의 성격이 다소 달리 이해될 수 있기 때문에 이에 대한 좀 더 분명한 이해를 도모해야 할 필요가 있다.

현재 이 복합어는 보통 ①우뻬카가 있고 싸띠가 있고 청정함, ②우뻬카로 인해서 싸띠가 청정함, ③우뻬카와 싸띠의 청정함 이렇게 세 가지 뜻으로 풀이된다. 빠알리 문헌은 이들 중에서 ②우뻬카로 인해서 싸띠가 청정함이 보다 일반적이다. 예를 들어 『앗타쌀리니(*Atthasālinī*)』는 '우뻬카로 인해서 싸띠가 청정함'이라고 해석하여 싸띠가 청정해지는 이유를 우뻬카로 보고 있다.[252] 『위방가(*Vibhanga*)』도 우뻬카로 인해서 싸띠가 맑고 청정한 것이며,[253] 『위쑫디막가』의 경우도 위딱까 등의 다른 선지들에 의해서 가려져 있지 않아서 '우뻬카가 청정하기 때문에' 청정한 달빛처럼 '함께한 싸띠도 청정하고 맑다'라고 하여 마찬가지로 우뻬카로 인해서 싸띠가 청정해지는 것으로 보고 있다.[254] 그럴 경우엔 'upekkhā sati pārisuddhi'에서[255] 'upekkhā'가

---

250 MN. Ⅲ. 26.

251 MN. Ⅰ. 22; SN. Ⅳ. 237; Ⅴ. 9; Vin. Ⅴ. 4.

252 Dhs-a. 178.

253 Vibh. 261.

'sati pārisuddhi'의 성격을 결정하기 때문에 이들은 땁뿌리싸(tappurisa, 한정복합어)의 관계에 놓이게 된다. 그런데 여기서 '우뻬카로 인해서' 싸띠가 청정하다면 우뻬카의 성격은 무엇인지 확연하게 파악되지 않는 문제가 생긴다. 그리고 중요한 또 한 가지, 싸띠는 온전히 우뻬카의 영향력 아래에만 놓이게 되고 만다. 하지만 이들은 실제로 상호간에 영향을 주고받으면서 성장하기 때문에 우뻬카 역시 싸띠에 의해서 청정해질 개연성은 충분하다. 그럼에도 우뻬카로 인해서 싸띠가 청정하다면 비록 잘못된 표현은 아니지만 우뻬카의 성격과 이들의 상호 영향력을 충분히 고려하지 않은 절반만의 해석이 될 수 있다. 그와는 달리 만일 ①우뻬카가 있고 싸띠가 있고 청정함이라고 해석한다면 이들의 관계는 드완다(dvand, 병렬복합어)가 되어, 이때는 우뻬카와 싸띠의 성격이 어떠한지 잘 드러나지 않는 모호함을 떠안게 된다.

한편 일각에선 이 복합어를 'upekkhā-pārisuddhi'와 'sati-pārisu-

---

254 Vism. 167.

255 그런데 이 관용구는 문헌에서 몇 가지 다른 형태로 나타나면서 그에 따라 해석상에도 이견들이 존재한다. 『쑫따니빠따』는 'upekkhā samatha visuddhi'로 되어 있으며(Sn. p.11), 같은 경전의 또 다른 곳에서는 'upekkhā sati saṃsuddhi'라 하여(Sn. p.214) 비록 같은 경전이지만 각기 별도로 기술한다. 이에 대해 『빠라맏타조띠까(*Paramatthajotikā*)』는 'upekkhā samatha visuddhi'에서 우뻬카는 네 번째 선정의 우뻬카이고, 싸마타도 네 번째 선정의 고요함을 말하며, 청정함이란 다섯 가지 장애와 위딱까, 위짜라, 희열, 즐거움 등 모두 아홉 가지 방해되는 법으로부터 벗어났기 때문에 청정한 것이라고 주석한다(Pj. II. 119). 따라서 그 해석은 '우뻬카가 있고 고요하고 청정함'이 된다. 같은 주석서이지만 이와는 달리 'upekkhā sati saṃsuddhi'는 네 번째 선정에서 말하는 '우뻬카와 싸띠에 의해서 청정함'이라고 되어 있다(Pj. II. 600).

ddhi'로 분석하면서 ③우뻬카와 싸띠가 청정함이라고 말하기도 한다. 왜냐하면 우뻬카와 싸띠가 세 번째 선정을 묘사하는 곳에서 점차 등장하고, 네 번째 선정에 와서야 비로소 이들이 청정하고 완전해지기 때문이라는 것이다.[256] 이러한 귀결은 선정의 층위가 증가할수록 선정에 유리한 선지인 우뻬카와 싸띠가 모두 강한 영향력을 행사한다는 사실에 주목한 때문일 것이다. 그러면 ③도 'pārisuddhi'가 'upekkhā'와 'sati'의 특성을 한정하므로 이들도 땁뿌리싸의 일종 으로 간주할 수 있다.

현재로서는 위의 세 가지 해석 중에서 어느 것이 사실과 가장 부합하는지 이견들을 좁힐 수 있는 명확한 근거를 제시하기 쉽지 않아 보인다. 복합어는 관찰자의 시각과 맥락적 이해방식에 따라 충분히 달리 해석할 수 있는 여지가 있기 때문이다. 그렇지만 선정의 주요 목적이 지금 여기에서 행복하게 머물고 번뇌를 소멸하는 것임을 고려해 보았을 때, 가장 그 목적에 부합하는 적절한 해석은 ③'우뻬카와 싸띠의 청정함', 또는 '청정한 우뻬카와 싸띠'가 될 것이다. 우뻬카와 싸띠가 모두 청정해야만 선정 자체에서 오는 행복감을 향유할 수 있고 또 대상을 공평하게 관찰해서 번뇌를 소멸하는 일이 가능하다. 이들이 청정한 이유는 다섯 가지 장애와 선정을 불안정하게 만드는 네 가지 선지들을 모두 제거했기 때문이다.[257] 청정한 우뻬카와 싸띠는 마치 숙련공에 의해서 잘 제련된 연장과도 같다. 연장이 잘 제련되면 극도로 예리하고 민감해져서 원하는 대로 사물을 만들어낼 수 있는 도구적인

---

256 T. Vetter(1988), p.xxvi.

257 Pj. II. 119.

능력을 갖추게 된다.

세 번째 선정에 이어 네 번째 선정도 우뻬카의 범주적 분류에서 선정에 대한 우뻬카군에 해당하기 때문에 고요한 평정과 공평한 관찰의 기능을 함께 제공하지만 질적인 수준은 세 번째 선정보다 더욱 수승하다. 네 번째 선정은 흔들림이 없고 움직임이 없고 동요가 없고 매우 안정적이 되면서[258] 다른 하위의 선정들 보다 상대적으로 가장 완전한 우뻬카의 균형감을 보여준다. 따라서 세 번째 선정보다 고요한 평정이 더욱 깊게 유지되고 위빳싸나를 행할 때는 공평한 관찰이 한층 효과적으로 진행될 수 있다. 그럼 이제 각 선정의 계위에서 진행되는 선지들의 생성과 소멸, 그리고 그 과정에서 발생하는 선지들과 우뻬카의 상호관계를 바탕으로 다음의 표를 얻을 수 있다.

〈표8〉 선정의 요소와 우뻬카의 상호관계 및 우뻬카의 기능과 특성

계위	선지와 우뻬카의 관계	기능	특성
네 번째 선정	우뻬카와 싸띠(쌈빠잔나)의 확립	평정, 관찰	균형
세 번째 선정	즐거움 〈 우뻬카, 싸띠-쌈빠잔나	평정, 관찰	불균형
두 번째 선정	희열, 즐거움 〉 우뻬카	평정, 관찰	불균형
첫 번째 선정	위딱까, 위짜라, 희열, 즐거움 〉 우뻬카	평정, 관찰	불균형

258 Ps. Ⅲ. 171.

선정의 계위가 높아지는 과정에서 우뻬카는 선정에 방해가 되는 다른 선지들을 제압하면서 점차 강하게 부각되어 나간다. 첫 번째와 두 번째 선정은 위딱까와 위짜라, 희열, 즐거움 등 다른 선지들의 힘이 상대적으로 큰 만큼 우뻬카의 활동성은 미약하기 때문에 동요하기 쉽다. 그러다가 세 번째 선정에서 희열을 버리고 전면에 나서기 시작하면서 비로소 강한 영향력을 행사하기 때문에 선정은 더욱 안정적이 되어간다. 그렇지만 아직은 선정을 방해하는 다소 거친 즐거움으로 인해서 우뻬카는 완전한 균형을 이루지 못한다. 그러다가 마침내 네 번째 선정에 오면 즐거움의 선지마저 버리면서 완전한 우뻬카의 균형감을 확보하기 때문에 이제 다른 하위의 선정보다 가장 고요하고 안정적이 된다.

전체 선정은 이와 같이 우뻬카와 다른 선지들 상호간에 일종의 힘겨루기를 하면서 매우 유기적인 구도로 흘러간다. 그러한 관계 속에서 우뻬카는 해당 선정의 질적 수준과 성격을 결정짓는 주요인으로 작용하면서 가장 청정하고 맑게 정제된다. 그리고 각 선정의 진행과정에 수반되는 정신적인 요소들은 선정에서 속행되는 위빳싸나를 위한 관찰대상이 되어서 궁극적으로는 법이 지닌 무상성을 통찰하는 해탈적인 지혜로 나아가는 수순을 밟는다.[259] 그럼 이제 네 번째 선정에서 위빳싸나의 통찰이 가장 효과적인 이유를 우뻬카와 싸띠의 활동성을 준거로 삼아 좀 더 상세히 논의해 보자.

---

259 MN. Ⅲ. 25f.

2) 네 번째 선정에서 우뻬카와 싸띠(sati)의 상보성

선지는 해당 선정의 성격이나 질적 수준을 평가하는 중요한 잣대가 되어주는 역할을 한다. 사선정 중에서 네 번째 선정은 청정한 우뻬카와 싸띠라는 선지를 확보하면서 가장 수승한 선정이라고 여겨진다. 그런데 선정의 계위와 위빳싸나 수행 능력에 대한 역학 관계와 관련하여 첫 번째 선정에서 가장 온전한 형태의 위빳싸나가 이루어진다는 주장이 제기되기도 하였다. 이러한 주장의 배경에는 첫 번째 선정의 선지로서 나타나는 위딱까(vitakka, 尋)와 위짜라(vicāra, 伺)에 대한 개념적인 이해가 그 중심에 놓여 있다. 위딱까와 위짜라는 언어적인 현상으로 선정 관련 술어에 자주 등장하는데, 특히 빠알리니까야에 언급되는 삼매의 상태는 언어적인 분별이나 논리적인 추론을 배제하지 않는다는 것이 그것의 주된 이해방식이다. 그리고 그와 같은 이해방식은 첫 번째 선정의 선지인 위딱까와 위짜라가 최상의 위빳싸나를 위한 언어나 생각, 사유 또는 추론을 가능하게 한다는 관점에서 출발한다.

지금까지 사선정에서 선지가 생성되고 유지되다가 소멸할 수밖에 없는 일련의 연쇄적인 과정, 그리고 다른 선지들과 우뻬카의 힘겨루기를 지켜보면서 선정을 유지시켜주는 선지는 해당 선정의 질적 수준과 성격을 결정짓는 중요한 잣대가 된다는 사실을 확인할 수 있었다. 이와 같은 결과를 토대로 우선 위딱까와 위짜라가 선정에서 차지하는 위치에 대해서 좀 더 살펴보자.

위딱까와 위짜라는 신·구·의 삼행三行 중에서 구행, 즉 언어적인 작용(vacīsaṅkhāra, 口行)이다. 언어가 형성되기 위해서는 먼저 위딱까가, 그리고 이어서 위짜라를 일으킨 뒤에 이윽고 말(vāca, 言)을 하게 된다.[260] 말을 하기 위해서는 위딱까에서 위짜라로 이어지는 언어의 사유과정이 요구된다. 『맛지마니까야』의 「마두삔디까쑫따(*Madhu-piṇḍikasutta*)」는 감관과 감관의 대상을 조건으로 지각(saññā, 想)과 희론(papañca, 戱論), 그리고 희론에 오염된 인식(saññā, 想)에서 쌍카라가 순서대로 일어나는 과정을 묘사한다.[261] 이와 같은 인식의 사유과정에서 위딱까(위짜라)는 지각과 희론을 이어주는 매개적인 역할을 담당한다. 위딱까란 언어적인 사유나 추론이고, 위짜라는 위딱까에 의지해서 대상에 마음이 계속해서 맴돌고 배회하는 것이다.[262] 그리고 위딱까(위짜라)는 사념(saṅkappa, 思念), 사유(takka), 전념(appaṇā), 몰두(vyappaṇā), 마음의 지향(cetaso abhiniropanā), 언어적인 행위(vacīsaṅkhāra)와 같은 술어들과 함께 등장하는데,[263] 이들 중에서 전념, 몰두, 마음의 지향 등은 사유화가 진행되기 위해 필요한 일종의 언어적인 도구들이다.[264] 즉 대상으로 마음을 향하여 전념하고 몰두한

---

260 SN. Ⅳ. 293.

261 M.N Ⅰ. 111~112.

262 Paṭis-a. Ⅰ. 79~80.

263 MN. Ⅲ. 73. 이 경증의 예는 성인의 올바른 사유(sammāsaṅkappo)에 해당하는 다양한 정신작용들에 대한 기술로서, 물론 그 성격은 무루無漏이겠지만 사유에 수반되는 기본적인 정신작용들의 요소가 어떠한 것인지 알 수 있는 단초를 제공한다.

264 『위쑫디막가』에 의하면 위딱까는 위딱까나(vitakkana)인데 대상을 '향하여 마음을 기울이는' 특징을 가지며, 위짜라는 지속적으로 따라 움직이는 아누쌍카라나(anusañcaraṇa)인데 대상을 '계속해서 비벼대는' 특징을 가진다. 비유하자면 종을 치는 것처럼 마음이 처음 대상을 향하여 돌진하는 것이 위딱까이고, 미세하고 고찰하는 성질 때문에 종의 울림처럼 계속해서 일어나는 것이 위짜라이다

이후 언어적인 사유화가 진행되고, 이윽고 말을 할 수 있기 때문이다.[265]

인식의 사유과정에서 위딱까(위짜라)는 지각과 희론을 이어주는 기능을 담당하기 때문에 부정적인 의미로 비춰진다. 그러나 위딱까는 욕망에 대한 사유와 출리出離에 대한 사유로 구분하여 욕망의 위딱까는 고통과 번뇌에 해당하고, 출리의 위딱까는 고통과 번뇌에서 벗어나 열반으로 향하는 사유이기에[266] 긍정과 부정의 양쪽 모두를 포괄한다. 고통에 대한 사유는 부정적인 것이며, 열반에 대한 사유는 긍정적인 것이다. 이와 같이 위딱까는 긍정과 부정의 양날을 포함하면서 일반적인 사유작용에 수반되는 요소임은 분명지만, 여기서 위딱까와 위짜라가 지닌 양가적인 의미의 진위 여부를 판별하는 일보다 우선시해야 할 사항은 선정에서 이들의 역할과 그 성격에 대한 것이다.

첫 번째 선정에 들 때 빛에 대한 인식(光明想)을 일으키고 분명한 싸띠를 확립하는데[267] 이때 빛에 대한 인식은 곧 언어적인 상념이나 관념이다. 첫 번째 선정에 들기 위해서 개념적인 사유가 도움이 되며 위딱까와 위짜라는 삼매를 위한 개념적인 사유를 돕는다. 그렇지만 일단 선정이 본궤도에 진입해서 첫 번째 선정을 지나 두 번째 선정에

(Vism. 142).

265 아비담마에 의하면 위딱까는 보통 생각이나 사고를 의미하는데 마음을 대상에 올려놓고 '향하게 하는(abhinirope, towards) 상태'이고, 위짜라는 그 대상에 '지속적인 전념이나 몰두(sustained application)'라고 정의한다. 그래서 위딱까는 마치 새가 날개를 펴는 동작과 같고, 위짜라는 편 날개로 허공을 나는 것과 같다〔Nārada Mahā Thera(1980), pp.50~51〕.

266 MN. Ⅰ. 114~16.

267 MN. Ⅰ. 181; AN. Ⅱ. 45.

들면 개념적인 도구는 더 이상 필요치 않게 된다. 두 번째 선정에서 개념적인 도구는 자연스럽게 떨어져나가고 첫 번째 선정보다 더욱 강한 삼매가 유지된다.

위딱까와 위짜라가 있으면 쉽게 동요하기 때문에 이때는 우뻬카와 싸띠(쌈빠잔나)의 영향력은 비교적 약한 편이며[268] 선정의 고요함도 첫 번째보다 두 번째 선정에서 강화된다. 앞서 두 번째 선정은 '위딱까와 위짜라가 사라졌기 때문에' 고요함, 삼매, 그리고 삼매로부터 오는 희열과 즐거움을 얻는다고 하였다. 이것은 바꿔 말하면 위딱까와 위짜라가 있는 곳에서는 고요함과 삼매를 얻기 어렵다는 말이 된다. 위딱까와 위짜라의 역할은 일차적으로 마음이 선정에 안착되도록 돕는 것이고, 그리고 그 이후에는 위빳싸나의 관찰대상이 되어주는 것이다. 우뻬카와 싸띠가 존재하기 때문에 첫 번째 선정과 두 번째 선정, 그리고 특히 세 번째 선정에서 위빳싸나의 통찰은 상대적으로 원활하게 진행된다. 그러나 이러한 계위들에서는 위딱까, 위짜라, 희열 등 선정을 동요하게 만드는 선지들로 인해서 아직은 불완전하다. 그보다는 선정을 동요하게 만드는 선지들이 모두 사라져서 우뻬카와 싸띠가 청정한 네 번째 선정에서 상대적으로 가장 효과적인 위빳싸나가 진행될 수 있다. 우뻬카는 일어나는 대로 보고 공평하게 보고 편견을 가지지 않고 보는 역할을 하기 때문이다.[269]

네 번째 선정에서 싸띠가 완성되기 위해서 가장 중요한 관건은 두 번째 선정에서 끊어지는 위딱까와 위짜라의 일상적인 사유작용이

---

268 Vism. 162.

269 Vism. 160.

며, 일상적인 사유작용을 끊은 상태와 싸띠가 완성되기 위해서 준비되는 단계는 직접적인 상관관계에 놓여 있다고 볼 수 있다.[270] 위딱까와 위짜라가 있는 선정보다 이들이 없는 선정이 상대적으로 더 뛰어나고[271] 다른 어떤 선정보다 네 번째 선정이 가장 수승하다는 사실은 네 번째 선정의 내적인 상태와 위빳싸나의 통찰을 기술하는 다음의 경구들을 통해서도 확인된다.

네 번째 선정을 성취한 이후에 마음이 통일되어 청정하고 오염되지 않고 유연하고 확고하고 동요하지 않자 그 마음을 차례대로 천안통, 숙명통, 누진통에 대한 앎으로 향하게 하여 번뇌를 소멸시킨다.[272] 번뇌의 소멸을 포함한 삼명통三明通에 대한 앎이 네 번째 선정 이후라야 비로소 얻어진다는 사실은 이 선정에 와서 상대적으로 가장 뛰어난 위빳싸나의 성취능력이 갖추어진다는 하나의 방증이 된다. 같은 맥락에서 네 번째 선정을 성취한 후 마음이 삼매에 들고 청정하고 깨끗하고 결점이 없고 오염원이 사라지고 부드럽고 적합하고(kammaniya) 안정되고 동요하지 않을 때, 그 마음을 지견智見으로 향하고 기울게 해서(abhinīharati abhiminnāmetī) 몸의 무상성을 통찰해야 한다고 설한다.[273]

최상의 삼매에 들어 동요되지 않고 청정한 네 번째 선정의 마음은 이후 위빳싸나 수행을 위한 최적의 상태를 갖추게 된다. 구나라타나(H.

---

270 조준호(2000), p.328.

271 DN. Ⅱ. 279.

272 MN. Ⅰ. 21~23, 117, 276~279, 356~358.

273 DN. Ⅰ. 76.

Gunaratana)는 첫 번째 선정에서 위빳싸나를 진행할 경우 아견我見을 제거하는 데 네 번째 선정보다 시간이 더 걸리지만, 우뻬카와 싸띠가 청정하고 맑고 유연하고 확고한 네 번째 선정이 보다 더 빨리 진리를 깨우칠 수 있다고 하여[274] 선정의 계위가 높아질수록 더 높은 수행능력을 갖추고 있다는 사실을 강조한다. 물론 첫 번째와 두 번째, 그리고 세 번째 선정에 의해서 번뇌를 소멸할 수 없다는 말은 아니다. 첫 번째 선정부터 무색정의 비상비비상처를 거쳐 상수멸에 이르기까지 각 선정의 단계에서 번뇌를 소멸할 수 있다.[275] 그러나 그럴 경우에도 빠르고 더딘 속도 차이와 수월하고 힘겨운 난이도가 존재한다. 가장 실천도 수월하고 지혜도 빠른 길은 '네 번째 선정을 성취하고' 오근(pañca-indriya)을 구족하는 것이다.[276] 그러므로 네 번째 선정의 성취는 오근의 구족이라는 조건과 함께 가장 빠르고 수월하게 번뇌를 소멸하는 방법이며, 사선정 중에서도 특히 네 번째 선정은 상대적으로 가장 높은 위빳싸나 성취능력을 보여준다.

선지는 해당 선정의 성격을 결정짓는 중요한 평가 기준이 된다고 하였다. 네 번째 선정의 성격으로 대변되는 선지는 우뻬카와 싸띠이며 이들은 이 선정에서 최상의 것이 된다.[277] 이 선정에서 우뻬카는 특히

---

274 Henepola Gunaratana(2005), p.28. 참고로 『위쑫디막가』의 가르침을 근거로 사선정의 단계를 실제로 체험한 스나이더와 라무쎈(Stephen Snyder & Tina Rasmussen)은 선정 안에서 싸띠는 믿을 수 없을 정도로 순수하고 맑게 정제되어서 일상적인 인식을 넘어서는 통찰의 수단을 제공한다고 전한다〔Stephen Snyder & Tina Rasmussen(2009), p.29〕.

275 AN. Ⅳ. 422.

276 AN. Ⅱ. 150~151.

깨끗하고 유순하고 밝게 빛나고 청정해지는데,[278] 이처럼 밝고 청정한 우뻬카로 인해서 네 번째 선정은 최적의 위빳싸나를 위한 토대가 된다. 최상으로 정제된 우뻬카는 최상으로 맑고 또렷해진 싸띠와 세 번째 선정에 이어 긴밀한 관계를 지속적으로 형성해 나간다. 우뻬카는 싸띠(쌈빠잔나)가 동요하지 않고 균형을 유지하면서 대상을 분명하게 파악할 수 있도록 지원해주고, 싸띠(쌈빠잔나)는 우뻬카가 자신의 역할을 온전히 다할 수 있도록 대상에 마음을 확고히 붙여두는 역할을 한다. 아날라요(Anālayo)는 이와 같은 우뻬카와 싸띠의 관계성에 주목하면서 싸띠에 의한 통찰의 힘은 정신적 균형감인 우뻬카가 뒷받침해 주어야 비로소 그 역할을 다할 수 있다고 말한다.[279] 수행에 있어서 우뻬카와 싸띠 또는 우뻬카와 싸띠-쌈빠잔나는 함께하는 특성이 있지만[280] 본래 이들의 개념은 명확히 구분된다. 따라서 우뻬카에는 싸띠의

---

277 MN. Ⅰ. 357.

278 MN. Ⅲ. 243. 이 경증에 의하면, 느낌(vedanā)과 형성(saṅkhāra)과 소멸(nirodhā)을 있는 그대로 분명히 알고 보면 의식은 흔들리지 않는 맑고 청정하고 빛나는 상태로 전환되는데 바로 이러한 상태가 우뻬카이다. 그리고 그것은 마치 금세공사가 금을 제련한 후에 불순물이 섞이지 않은 순수하고 맑게 빛나는 황금을 얻는 것과 같다. 『빠빵짜쑤다니(*Papañcasūdanī*)』는 이러한 상태는 바로 네 번째 선정에서 발현되는 우뻬카라고 명시한다(Ps. Ⅴ. 53). 한편 『아함경』은 깨끗하고(令淨) 지극히 부드럽고(極使柔軟) 광명이 나는(有光明) 청정사淸淨捨라고 하여 그와 유사한 표현을 사용한다(T.1691.b07~c16).

279 Anālayo(2012), p.238.

280 MN. Ⅲ. 300~301. 그 밖에 MN. Ⅲ. 221; AN. Ⅱ. 198; Sn. p.95, p.167, p.214; It. p.81; Th and Thī. 90 등에는 우뻬카와 싸띠-쌈빠잔나가 동반된다. 『잡아함경雜阿含經』도 '수행자가 색·수·상·행을 즐기지 않아 해탈을 얻는다면

기능이, 그리고 싸띠에는 우뻬카의 기능이 없기 때문에 이들은 실질적으로 서로를 지원해야 한다.

선정을 진행하는 과정에서 우뻬카는 불균형을 잡아주기 때문에 더욱 고요해지면서 덜 동요하게 만들어 마음은 완전히 예리하고 기민하게 된다. 우뻬카와 싸띠가 함께한 네 번째 선정은 바로 선정의 완성이다.[281] 네 번째 선정 이전에 이미 위딱까와 위짜라는 제거되었지만, 네 번째 선정에서 나올 때나 위빳싸나의 통찰을 진행할 때 이번에는 싸띠(쌈빠잔나)에 있는 자각적인 기능과 분명한 앎은[282] 위딱까와 위짜라의 일반적인 언어 작용을 대신한다. 깊은 삼매의 경험에서 나올 때나 그 경험의 구성요소를 검토할 때도 필요하므로 싸띠는 깊은 삼매를 얻는 것, 그 안에 머물러 있는 것, 그리고 그로부터 나오는 것 모두와 관련된다.[283] 그리고 기억의 의미로서 싸띠의 기능은 오래전에 한 일이나 말을 마음에 다시 불러오는 능력으로 기억을 촉진시키는 것이지만, 위빳싸나에서는 지금 순간에 대한 자각적인 기능과 관련이 있다. 싸띠(쌈빠잔나)의 자각적인 기능과 분명한 앎은 선정에서 위빳싸나를 진행할 때 반드시 필요하다. 비록 위딱까와 위짜라가 부정뿐만 아니라 긍정적인 의미에 쓰일지라도 일반적인 언어 기능 이외에 통찰적인 지혜를 일으키는 요소는 갖추고 있지 않다. 적어도 선정에서의

불생불멸不生不滅하고 평등사平等捨에 머물러 분명하게 알아차린다(正念正智)' 라고 설하여(T.2.c.3~5) 이들은 주로 함께한다는 사실을 알 수 있다.

281 R. M. L. Gethin(1992), p.159; Tilmann Vetter(1992), p.159.

282 MN. Ⅲ. 28.

283 AN. Ⅲ. 24. Anālayo(2012), p.76.

통찰적인 지혜는 우뻬카와 함께 싸띠가 담당한다.[284]

첫 번째부터 네 번째 선정을 순차적으로 이행할 때 싸띠(쌈빠잔나)는 다음 단계로 이끌어주고, 또 선정에서 위빳싸나를 진행하거나 선정에서 나올 때도 활동한다. 그리고 만일 싸띠가 이러한 자신의 주요 임무를 진행해 나갈 때 우뻬카가 지원해주지 않는다면 균형을 잃고 쉽게 동요하기 때문에 상향 단계로의 원만한 진입은 기대하기 어려울 수 있다. 붓다는 싸띠 그 자체가 지닌 많은 장점에도 불구하고 싸띠만으로는 불선한 의도를 완전히 뿌리 뽑기에 충분하지 않을 거라고 말한다.[285] 이 말은 수행에 있어서 부가적인 요소들이 싸띠와 결합해야 할 필요가 있다는 사실을 시사한다.[286]

네 번째 선정에서 싸띠는 대상에 마음을 확고하게 붙여두는 역할 이외에 선정에 수반되는 몸과 마음의 다양한 현상들이 전개되는 전 과정을 놓치지 않고 파악한다. 이렇게 싸띠가 자신의 임무를 충실히 수행할 때 동시에 우뻬카는 싸띠를 지원하면서 동요하지 않도록 균형을 유지한다. 요컨대 네 번째 선정(첫 번째부터 세 번째 선정 포함)에서 위빳싸나의 통찰을 진행할 때 우뻬카는 싸띠와 상호 긴밀한 관계를

---

284 지혜를 요하는, 또는 수반하는 관찰이나 통찰 수행은 우뻬카와 싸띠의 고유한 기능이라고 볼 수 있다. 특히 싸띠-쌈빠잔나의 조합은 인식과 지혜를 설명하는 것으로서 관찰에 대한 깨달음의 양상이라고 이해할 수 있다. 분명한 앎은 주의 깊은 관찰에 의해서 수집된 입력 정보를 처리하여 결과적으로 지혜의 발생에 이르게 한다. 그러므로 싸띠-쌈빠잔나의 특성은 실재에 대한 있는 그대로를 아는 지혜(yathābhūtañāṇadassana)를 계발시킨다〔Anālayo(2012), pp.41~43〕.

285 SN. I. 208.

286 Anālayo(2012), p.67.

형성하면서 네 번째 선정이 최적의 위빳싸나를 위한 토대가 될 수 있도록 실질적인 선지로서의 역할을 담당한다.

2. 무색계 선정(arūpajhāna, 無色界色定)

색계정에 이어 무색정에서도[287] 우뻬카는 지속적으로 발현되고 유지된다. 네 번째 선정에서 위딱까, 위짜라, 희열, 즐거움 등의 선지들이 사라져서 동요하지 않는 것처럼, 이보다 높은 경지인 무색정도 동요하지 않기에 부동(āneñja)이라고 부른다.[288] 사무색정의 부동은 네 번째 선정에 연이은 우뻬카에 의해서 확보된다. 공무변처부터 비상비비상처의 순차적인 단계로 이행할 때 각 단계는 우뻬카에 의해서 계발되고

---

287 빠알리니까야에 나타나는 선정의 형태는 ①색계 사선정, ②색계 사선정+무색계 사선정+상수멸의 구차제정, ③색계 사선정+무색계 사선정의 팔선정의 세 가지 형태이다. 니까야에는 사선정 이후에 곧 바로 삼명통(천안통, 숙명통, 누진통)을 얻어 해탈이나 열반에 이른다고 할 수 있을 정도로 사선정이 뛰어난 수행법이라는 사실을 뒷받침할 수 있는 경증들이 도처에 보인다. 그러나 사선정과 사무색정을 함께 설하는 경우에만 사선정은 사무색정보다 상대적으로 열등해서 극복하고 넘어서야 할 대상으로 묘사된다. 브롱코스트(J. Bronkhorst)는 불교의 고유한 전통인 사선정은 정신적인 활동의 중지까지 설정하지 않았지만, 여기에 외래의 사무색정을 도입한 이후에 이들을 모순되지 않게 동화시키고 융화시키는 과정에서 불가피하게 모든 정신적인 활동의 중지까지 체험해야 하는 단계가 설정된 것이라고 주장한다〔J. Bronkhorst(1986), pp.78f.〕. 현재 브롱코스트를 중심으로 한 여러 학자들에 의해서 제기되는 문헌 비판적인 접근을 통해서 사무색정이 후대 불교의 외적인 요소, 특히 자이나교로부터 도입된 것이라는 견해가 설득력을 얻고 있다.

288 AN. Ⅱ. 184.

지지된다. 『맛지마니까야』의 「아넹짜삽빠야숫따(*Āneñjasappāyasutta*)」는 무색정에서 우뻬카를 계발하는 방법을 소개한다. 네 번째 선정에서 공무변처, 식무변처, 무소유처, 비상비비상처로 나아갈 때 감각적 욕망에 대한, 공무변처에 대한, 식무변처에 대한, 무소유처에 대한, 부동(āneñja)에[289] 대한 지각(saññā, 想) 등 그것이 어떠한 지각일지라도 그것은 단지 지각에 불과한 것일 뿐이라고 사유하면서 수행하면 우뻬카를 얻는다.[290] 다시 말해 그 어떤 지각의 형태일지라도 그것은 오온의 요소일 뿐이므로 집착할 만한 것이 없다고 보면 동요하지 않는다. 동요하지 않으면 고요하고 평정하다. 그런데 그와 같은 방식에 의해서 얻은 우뻬카도 다음의 경구와 같이 하나의 집착의 대상이 될 수 있기 때문에 그것을 반기거나 애착하지 말아야 비로소 진정한 열반에 이를 수 있다.

> 만일 '이것이〔비상비비상처〕 없었다면 이것은 내 것이 아니었을 것이고, 있지 않다면 내 것이 되지 않을 것이다. 있는 것, 존재하는 것 그것을 나는 버린다'라고 하면서 수행한다. 이와 같이 하여 그는 우뻬카를 성취한다. 그는 우뻬카를 기뻐하지 않고 반기지

---

289 여기서는 네 번째 선정, 공무변처, 식무변처가 부동으로 나타나지만 「쑤낙칻따숫따(*Sunakkhattasutta*)」는 무소유처와 비상비비상처가 부동이라고 명시한다(Ⅱ. pp.254~255). 따라서 네 번째 선정부터 비상비비상처는 부동의 영역에 속한다고 볼 수 있다. 부동은 흔들리지 않는 고요함을 말한다. 네 번째 선정도 무색정과 함께 부동에 속한다면 그 이유는 우뻬카가 확고하게 확립되었기 때문일 것이다.

290 MN. Ⅱ. 261f.

않고 탐하지 않는다. 기뻐하지 않고 반기지 않고 탐하지 않기 때문에 그의 식은 그것에 의존하지 않고 집착하지 않는다. 아난다여, 집착이 남아 있지 않은 비구는 완전한 열반을 얻는다.[291]

네 번째 선정에서 우뻬카와 싸띠는 맑고 청정하게 정제되었다. 이렇게 확립된 우뻬카를 공무변처를 향하여 기울이고 그에 따라 마음을 닦는다면 우뻬카는 공무변처에 의해서 지지되어서 아주 오랜 시간 동안 유지된다. 순차적으로 식무변처, 무소유처, 비상비비상처까지 공무변처와 동일한 방법으로 우뻬카에 의해서 마음을 닦고 계발하면 오랫동안 우뻬카가 유지된다.[292] 여기서 요점은 네 번째 선정에 이어 무색정에도 우뻬카가 지속적으로 유지된다는 사실이다. 각각의 공무변처에 대한, 식무변처에 대한, 무소유처에 대한, 그리고 비상비비상처에 대한 우뻬카가 존재하며, 이러한 사무색정에 대한 우뻬카에 의지해서 색계(물질)에 대한 우뻬카를 극복하고 넘어선다.[293] 무색정은 색계정의 우뻬카를 넘어서야 증득할 수 있기도 하지만 색계에 대한 인식을 뛰어넘는 방법을 통해서도 증득된다. 그것은 물질에 대한, 감각 접촉에 대한, 다양성에 대한 인식을 뛰어넘는 인식, 즉 그와 같은 '인식을 하는(sañjānati)' 방법에 의해서 성취된다.[294] 여기서 전자

291 MN. Ⅱ. 265.

292 MN. Ⅲ. 243~244. '오랜 시간 동안'은 약 2만겁(kappa)인데 중생이 자신들의 수행 성취도에 따라 해당되는 세상에 머무는 기간을 말한다. 해당되는 세상이란 재생하는 장소를 의미한다(Ps. Ⅴ. 55).

293 MN. Ⅲ. 220; Ps. Ⅴ. 27.

294 MN. Ⅲ. 27.

의 '인식'은 물질과 접촉하여 일어날 수 있는 갖가지 상념들에 주의를 기울이면서 생각하는 것을 말하고, 후자의 '인식을 한다'라는 것은 그러한 물질에 대한 상념과 생각들을 극복하는 것에 대한 사유를 의미한다. 이와 같은 인식의 사유 활동이 가능한 이유는 무색정에 수반되는 여러 가지 정신적인 요소들 때문인 것으로 보인다. 무색정은 색계정과 마찬가지로 우뻬카, 싸띠, 접촉, 느낌, 지각, 의도, 마음, 의욕, 결심, 정진, 주의들이 공무변처에서 무소유처까지 나타나고 비상비비상처 이후에는 별도의 언급이 보이지 않는다. 그리고 공무변처는 '무한한 공간'이, 식무변처는 '무한한 의식'이, 무소유처는 '아무것도 없음'이 각각의 인식의 대상이 된다.[295] 공무변처에서 무소유처까지 수반되는 정신적인 요소들의 존재가 시사하는 바는 무소유처 이후를 제외하고 무색정에도 인식적인 활동이 가능하다는 점이다.[296]

무색정의 우뻬카도 색계정의 우뻬카와 같이 우뻬카의 기능적인 분류에서 선정에 대한 우뻬카 군에 해당한다. 선정에 대한 우뻬카는 고요한 평정과 공평한 관찰의 기능을 함께 제공한다. 색계 사선정에 남아 있는 물질에 대한 인식을 극복하는 그와 같은 인식을 갖추고 공무변처로 나갈 때, 물질에 접촉해도 우뻬카에 의해서 균형감을 유지하기 때문에 선정이 동요하지 않는다. 같은 원리로 식무변처에서 비상비비상처에 이르기까지 우뻬카로 각 단계를 계발시켜 나갈 때, 우뻬카가 제대로 기능하지 않으면 각 무색정마다 인식이 대상을 취할

---

295 MN. Ⅲ. 27~28.

296 첫 번째 선정부터 무소유처정까지는 '인식(saññā)이 함께한' 선정이라 말하고, 이들의 증득이 있는 한 지혜에 의한 통찰이 있다(AN. Ⅳ. 426).

때 균형을 잃고 동요하기 때문에 원만한 선정의 성취는 기대할 수 없다.

공무변처에서 무소유처에 이르기까지 수반되는 정신적인 요소들은 해당 선정을 얻은 이후에 관찰로써 관조해야 하는 대상들인데[297] 이때 우뻬카는 이들을 공평하게 관찰한다. 하지만 비상비비상처는 수반되는 정신적인 요소들이 상정되어 있지 않아서 관조할 대상도 별도로 남아 있지 않다. '아무것도 없음에 대한 생각을 초월'하는 인식이라든가, '인식하는 것도 아니고 인식하지 않는 것도 아닌' 선정이라는 식의 모호한 표현들이 따라다니는 이상, 여기에 정신적인 요소들을 상정한다는 것 자체가 이론상으로나 체험상으로 잘 들어맞지 않는다. 그래서 주석서는 이 선정의 경우 매우 미묘하기 때문에 인식(saññā)이 함께한 선정이라고 부르지 않는다.[298]

---

297 MN. Ⅲ. 27~28.

298 Mp. Ⅳ. 197. nevasaññā-nāsaññāyatanaṃ pana sukhumattā saññāsamāpatti na vuccati.

MN. Ⅲ. 28의 경우에도 비상비비상처정과 상수멸정에서 싸띠를 지니고 나와(sato vuṭṭhahati) 소멸하고 변한 법들을 관찰한다고 한 것으로 보아 비상비비상처정은 인식이 활동하지 않는다는 사실을 미루어 알 수 있다. 그러나 이와는 또 달리 SN. Ⅳ. 268과 MN. Ⅲ. 28은 비상비비상처정에 들어 머물고 있었으나 무소유처에 대한 인식과 주의가 몰려들었다거나, 상수멸에서 나와 위빳싸나로 선정의 마음을 관찰할 때 상수멸의 증득에는 정신적인 법들이 없기 때문에 비상비비상처정에서 생긴 정신적인 법들을 관찰한다고 설하기도 한다. 이러한 경증들에 의하면 비상비비상처정에도 분명히 인식이 존재한다고 말할 수 있다. 이처럼 비상비비상처에서 인식의 존재 여부는 경증에 따라 상반되게 나타나므로 현재로서는 이들을 종합해서, 비상비비상처정은 비록 인식은 있으되 그 활동성

앞서 각 무색정마다 우뻬카가 있으며 우뻬카로 무색정의 마음을 계발시키고 난 후에도 우뻬카가 지속적으로 유지된다고 명시하였지만, 『맛지마니까야』의 「아누빠다쑫따(*Anupadasutta*)」와 같은 경우는 무색정의 우뻬카를 별도로 언급하지 않는 대신 공무변처에서 무소유처에 걸쳐서 심일경성만이 단독으로 등장한다. 그 밖에 『쌍윤따니까야』의 「목갈라나쌍윧따(*Moggalānasaṃyutta*)」는 각 무색정의 인식 대상에 대해서 언급은 하지만[299] 우뻬카를 포함하여 이에 수반되는 다른 정신적인 요소들은 별도로 기술하지 않는다.

『맛지마니까야』를 통틀어서 사무색정의 인식대상과 우뻬카를 포함하여 그에 수반되는 정신적인 요소들을 구체적으로 나열한 경우는 「아누빠다쑫따」가 유일하다.[300] 그렇지만 직접적인 언급이 없거나 설명이 누락되었다고 해서 그것을 두고 내적 정합성(internal coherence)이 훼손되었다는 판단은 좀 이른 속단일 수 있다. 내적 정합성은 전체 맥락적인 차원에서 확보되어야 한다.[301] 이미 살펴보았듯이, 무색

은 지극히 미세하다는 식의 잠정적인 결론을 내릴 수밖에 없는 정도이다. 비상비비상처에서 인식의 존재 여부는 향후 다른 지면을 요한다.

299 SN. Ⅳ. 266f.

300 MN. Ⅲ. 27~28.

301 빠알리니까야에 보이는 이질적인 요소들의 불일치와 모순에 관하여 텍스트를 해석하고 분석하는 작업과 관련하여 현대 유럽학자들의 의견을 세 가지 부류로 정리하면 다음과 같다. 첫째, 근본주의로서 핵심이 되는 모든 사상을 붓다에게 귀속시키고 불일치와 모순은 사상이 명백하게 드러난 곳을 통해 해결할 수 있다고 보는 입장, 둘째, 회의론으로서 현재의 문헌에 대한 객관적인 신뢰도가 높지 않기 때문에 문헌이 아니라 비명碑銘을 비롯한 다른 자료들을 통해 신뢰도를 높일 수 있다고 하면서 초기의 정보를 수집하려는 입장, 셋째, 비판적인

정을 성취하고 나서도 우뻬카는 계속 유지되고(MN. Ⅲ. 243f.) 네 번째 선정에서 심일경성은 우뻬카와 함께 선지로서 등장한다는(MN. Ⅲ. 26) 사실을 상기하면, 비록 「아누빠다쑫따」가 사무색정에서 우뻬카 없이 심일경성 단독으로 표기하였더라도 우뻬카는 여전히 그 안에서 활발하게 활동한다고 보아야 한다. 그렇지 않고 만일 여기서 우뻬카를 상정하지 않는다면 고요한 삼매의 통일된 상태는 실질적으로 가능할 리 없기 때문이다. 우뻬카는 색계정에 이어 무색정에서도 지속적으로 유지되고 물질(色)에 접촉하더라도 동요하지 않기 때문에 색계정을 넘어설 수 있으며, 무색정의 각 단계로 나아갈 때는 반드시 우뻬카에 의지해서 계발시킨다.

3. 심해탈心解脫에 대한 우뻬카

마음이 번뇌로부터 벗어나는 것을 말하는 심해탈은 사범주(cattāro brahma-vihārā, 四梵住)를 통해서 성취되기도 한다. 마음이 번뇌로부터 벗어나려면 사범주를 닦아야 하는데 사범주는 해탈도解脫道로서의 길과 범천(brahma, 梵天)의 세상에 재생하는 길, 이렇게 두 가지 성격으로 묘사된다.[302] 해탈도로서의 사범주는 감각적인 욕망, 존재(bhava),

---

방법론으로서 불일치나 모순을 역사적 발전 단계로 설명하고자 시도하려는 노력이다[이영진(2005), pp.91~92]. 경전에 보이는 누락, 첨가, 불일치, 모순 등은 실제 교리적 차원의 근본적인 문제라고 결론내리기에 앞서 일차적으로는 전체 텍스트의 맥락적 차원에서 이해되어야 한다고 보기 때문에 이 글은 위의 세 가지 방법론 중에서 정확하게 일치하지는 않지만 첫 번째 방법론과 가장 근사하다고 볼 수 있다.

그리고 무명으로부터 마음이 해탈하게 한다. 사범주의 자애(mettā, 慈), 연민(karuṇā, 悲), 기쁨(muditā, 喜), 우뻬카(upekkhā, 捨) 중에서 특히 우뻬카를 많이 닦고 정진하면 탐욕(rāga)이 마음을 압도하는 일은 없게 된다.[303] 우뻬카는 탐욕을 제거할 수 있고 탐욕을 제거하면 마음은 해탈한다.

해탈에 이르려면 사범주와 함께 칠각지 수행을 닦아야 한다. 그러면 그 결과 지금 여기에서 완벽한 앎(aññā)이 성취되거나, 만일 아직 집착이 남아 있으면 불환과의 경지에 이른다.[304] 반면에 범천의 세상에 재생하려면 자·비·희·우뻬카(사)의 네 가지 요소를 즐기고 원하고 만족을 느끼고 확신을 가지며 거기에 굳게 서서 물러서지 않아야 한다.[305] 네 가지 구성요소 중에서 마지막에 오는 우뻬카는 사범주 수행의 정점에 위치해 있으면서 다른 세 가지 구성요소의 부족함을

---

302 MN. Ⅰ. 38. 심해탈은 해탈도적인 성격과 범천에 재생하는 요인이라는 두 가지의 가능성이 전제되어 있다. 『맛지마니까야』의 「마하웨달라숟따(*Mahāvedallasutta*)」는 사범주 대신 사무량심(cattasso appamañña)으로 나타나기도 하지만(MN. I. 297), 이것은 이례적인 것으로 심해탈은 곧 사범주라고 명시하는 경증이 다수이기 때문에 여기서는 심해탈을 그대로 사범주로 기술한다. 한편 북방의 문헌들은 주로 사무량四無量으로 나타나며 자·비·희·사의 네 가지 구성요소에 있어서는 남방과 북방이 일치한다.

303 AN. Ⅲ. 291~292.

304 SN. Ⅴ. 131.

305 AN. Ⅱ. 128~130. 그러나 사범주의 성취는 반드시 사후의 재생만을 의미하는 것은 아니다. 만일 한정된 업을 짓는 욕계의 마음에서 벗어난다면, 비록 그의 몸이 현재 욕계에 있더라도 그의 마음은 천상계인 범천의 영역에 속하기 때문에 사범주의 성취는 바로 현재 진행형이자 가까운 미래 가능태일 수 있다.

보충하고 또 완전하게 해준다.[306] 이 우뻬카는 기쁨과 슬픔에 대하여 균형을 잡아주기 때문에 정서적인 동요를 막는 역할을 한다.[307] 또한 생명 있는 존재를 향한 숭고한 자질로서 차별이나 선호, 편견 없이 존재를 대하고 동등하게 바라보도록 한다.[308] 이를테면 자신이 좋아하는 사람, 아주 좋아하는 친구, 자신과 무관한 사람과 원한 맺힌 사람이라는 네 부류의 사람들에 대하여 모두 공평한 마음을 내면서 자신의 한계를 극복한다.[309]

간혹 이 사범주의 우뻬카는 '윤리적(ethical)'이라는 수식어가 따라붙기도 하는데 이는 사범주의 우뻬카와 쌍카라 우뻬카는 윤리적이고 지성적인(intellectual) 우뻬카에 포함된다는 아비담마의 설명에서[310] 비롯된 것으로 보인다. 일반적으로 윤리적인 평가는 계율의 수지와 관련된 것이거나 생명 있는 존재에게 사범주를 방사하는 경우에 적용된다. 계율의 수지나 사범주의 방사는 타인과 관계된 것으로서 관계 지향적인 측면이 강하기 때문에 다분히 윤리적이고 도덕적인 행동양식들을 요구한다. 이러한 윤리, 도덕적인 행동양식들은 또한 수승한 정신적인 성취를 위한 토대가 된다.[311]

사범주의 우뻬카는 선정의 고요함을 계발하기 위한 명상적인 기능과

306 W. G. Weeraratne(2003), vol. Ⅲ, p.443.

307 Bhikkhu Bodhi(2005), p.154; Bhikkhu Ñāṇamoli(1976), p.167.

308 Bhikkhu Bodhi(2010), p.87.

309 Bhikkhu Ñāṇamoli(1976), p.332.

310 Abhidh-s. 1-2; Nārada Mahā Thera(1980), p.54.

311 Paul Tice(2000), p.4; Walpola Rahula(1959), p.46.

도 관련되어 있기 때문에[312] 삼매의 고요함을 통해서 현상의 본질을 통찰할 수 있다. 자·비·희를 포함한 우뻬카를 통해서 선정에 들기 위한 구체적인 방법은 다음과 같다. 먼저 믿음을 지니고 계를 지키면서 감각적 욕망(kāmacchanda), 악의(byāpāda), 해태와 혼침(thīna-middha), 들뜸과 후회(uddacca-kukkucca), 의심(vicikicchā)의 다섯 가지 장애(nivaraṇa, 障碍)를 제거한다. 그러면 마음에 희열이 생기고, 희열이 생기면 몸이 경안輕安해지고, 몸이 경안해지면 즐거움을 느낀다. 즐거움을 느끼면 이내 '삼매에 든다(samādhiyati).'[313] 각 사범주의 구성요소들은 삼매를 닦기 위한 것으로 이들과 연계해서 다음과 같이 색계 사선정을 닦는다.

> 자애가 있는 마음의 해탈은 닦여지고 수행되고 수레가 되고 기초가 되고 확립되고 잘 실현될 것이다. 비구여, 그대가 이 삼매를 잘 닦고 많이 수행하면 그 다음에 거친 사유와 미세한 사유가 함께한 삼매를 닦아야 한다. 거친 사유는 없고 미세한 사유가 있는 삼매도 닦아야 한다. 거친 사유와 미세한 사유도 없는 삼매를 닦아야 한다. 희열이 있는 삼매를 닦아야 한다. 희열이 없는 삼매도 닦아야 한다. 그리고 싸띠를 갖춘 삼매를 닦아야 한다. 우뻬카를 갖춘 삼매도 닦아야 한다.[314]

---

312 Amadeo Sole-Leris(1992), p.120.

313 DN. Ⅰ. 250~251; Ⅱ. 196; MN. Ⅱ. 76, 82, 207; AN. Ⅱ. 128; Ⅲ. 224~225.

314 AN. Ⅳ. 300~301.

자애에 이어 연민(悲)·기쁨(喜)·우뻬카에 대해서도 동일한 절차를 밟아 네 번째 선정까지 닦은 후 더 나아가 무색정의 무소유처까지 전개한다. 단, 자·비·희·사의 각 요소들과 함께 칠각지 수행이 전제되어야 한다. 자애에 의한 칠각지를 수행하고 마음의 해탈을 성취한 자심해탈慈心解脫 성취자는 청정함(subha)이 최상이자 정점이 된다.[315] 그리고 연민에 의한 칠각지를 수행하고 비심해탈悲心解脫을 성취한 자는 공무변처가 최상으로 이보다 더 이상 높은 경지는 얻지 못한다. 기쁨에 의한 칠각지를 닦고 희심해탈喜心解脫을 얻으면 식무변처 이상으로 더는 나아가지 못한다. 그리고 우뻬카에 의해서 칠각지를 닦으면 무소유처가 정점으로 그 이상의 높은 경지엔 이르지 못한다.[316] 요컨대 각각의 사범주가 지닌 삼매의 집중력을 이용하면 자애는 마음의 청정함을, 연민은 공무변처를, 기쁨은 식무변처를, 그리고 우뻬카는 무소유처를 얻게 해준다.[317]

---

315 여기서 말하는 '청정함(subha)'은 이미 범천의 세계를 넘어서 있는 상태이다〔Richard F Gombrich(1994), p.86〕. 범천의 세계는 육욕천상천 중에서 제2선천(삼십삼천)을 말하므로 청정한 정신적인 상태에 해당하는 세계는 적어도 그 이상이라고 할 수 있다.

316 SN. Ⅴ. 119~121.

317 참고로 『넫띠빠까라나(*Nettipakaraṇa*)』는 첫 번째 선정은 자애, 두 번째 선정은 연민, 세 번째 선정은 기쁨, 그리고 네 번째 선정은 우뻬카(捨)와 일대일 대응하는 방식으로 연관 짓는다(Nett. 122). 『위쑫디막가』도 사범주 각각은 모두 본삼매를 얻도록 해주는데 자애·연민·기쁨은 첫 번째 선정에서 세 번째 선정까지, 우뻬카는 네 번째 선정까지, 그리고 오종선五種禪인 경우엔 자애·연민·기쁨은 첫 번째 선정에서 네 번째 선정까지, 우뻬카는 다섯 번째 선정까지 성취할 수 있다고 기술한다(Vism. 308, 317).

사범주 각각의 요소를 통해서 성취할 수 있는 선정의 계위는 초기경전과 후대 문헌이 서로 차이를 보이지만, 사범주가 선정의 성취수단으로 사용된다는 점에 있어선 다르지 않다. 그리고 우뻬카를 비교 최상위에 올려놓았다는 점에 있어서도 차등을 보이지 않는다. 베터(Tilmann Vetter)는 사범주가 비록 선정을 두드러지게 강조하지는 않지만, 앞선 경증처럼(AN. Ⅳ. 300) 선정이나 삼매와 밀접하게 연관 지어 설명할 때는 해탈로 인도하는 것이라고 하여[318] 사범주의 요소와 선정의 연관성에 주목한다. 사범주는 번뇌에서 벗어나 현생에 해탈을 가져온다고 한 예도 있고, 또 사후 범천에 재생하는 조건이라고도 하는 등 전적典籍에 따라 두 가지 해석을 보이지만, 상술한 것처럼 선정 수행과 이들이 직접적인 관련이 있다는 사실은 분명해 보인다.

한편, 자·비·희·우뻬카의 각 삼매를 통해서 네 번째 선정을 성취한 후에 그로부터(tato) 사념처인 신身·수受·심心·법法을 관찰할 수 있다. 예를 들어 자애에 의한 삼매 → 네 번째 선정 → 연민에 의한 삼매 → 네 번째 선정 → 기쁨에 의한 삼매 → 네 번째 선정 → 우뻬카에 의한 삼매 → 네 번째 선정 → 신념처·수념처·심념처·법념처의 관찰 순으로 진행된다.[319] 각 사범주를 통해서 네 번째 선정을 닦은 후 네 번째 선정에서 사념처를 관찰하는 방식이다. 이처럼 사범주에 의한 선정의 집중력은 통찰의 지혜를 계발하기 위한 토대로써 활용된다.[320] 특히 우뻬카는 무소유처의 매우 높은 선정의 단계로 이끌어줄 수

318 Tilmann Vetter(1988), p.27.

319 AN. Ⅳ. 299~301.

320 Bhikkhu Bodhi(2005), p.154.

있을 정도로 다른 사범주의 요소들보다 상대적으로 강한 집중의 힘을 발휘한다. 그리고 이 강한 집중력은 사념처를 닦을 때 번뇌를 소멸하기 위한 효과적인 통찰의 수단이 되기도 한다.

그런데 사범주의 구성요소는 하나로 범주화하여 항상 함께하는 것이고 자애로부터 순차적인 수순을 밟아서 마지막에 우뻬카를 닦는 것이라고 전하지만,[321] 다음의 경구처럼 실수實修에서는 각각 독립된 형태로의 이행도 가능하다.

> 세상에는 네 부류의 사람이 있는데, 어떤 사람은 자애와 함께한 마음으로 모든 방향을 가득 채우면서 머문다 …… 어떤 사람은 연민이 함께한 마음으로 …… 어떤 사람은 기쁨이 함께한 마음으로 …… 어떤 사람은 우뻬카가 함께한 마음으로 모든 방향을 가득 채우면서 머문다. 모든 곳에서 모두를 자신처럼 여기고 모든 세상을 풍성하고 광대하고 무량하고 원한 없고 고통 없는 우뻬카가 함께한 마음으로 가득 채우면서 머문다.[322]

사범주는 함께 계발하는 것이 가장 이상적이지만 경우에 따라선 각자가 원하는 바대로 자애·연민·기쁨·우뻬카 중에서 하나를 닦아 나갈 수 있다. 요컨대 사범주의 요소 중에서 우뻬카는 자·비·희의 최정점에 위치하면서 이들 세 가지 요소가 부족하거나 넘치지 않도록 조화롭게 균형을 잡아주고 또 이들을 완전하게 해줄 뿐만 아니라,

---

321 Vism. 321.

322 AN. Ⅱ. 130.

존재를 편견이나 차별 없이 동등하게 대하는 고귀한 자질이기도 하다. 그리고 사범주 각각의 구성요소는 선정 수행으로 이끌어주는 중요한 역할을 담당하는데 다른 요소들에 비해서 우뻬카는 상대적으로 가장 높은 선정의 성취 단계를 보여준다. 우뻬카에 의해서 잘 계발된 선정의 마음은 오염원들을 사라지게 하거나 이후 사념처의 통찰을 위한 중요한 토대로서 작용하여 번뇌의 완전한 제거를 통한 마음의 해탈을 가져온다.

4. 상수멸(saññāvedayitanirodha, 想受滅)의 재평가

1) 우뻬카의 연속과 불연속성

상수멸은 인식(saññā, 想)과 느낌(vedanā, 受)이 소멸한다는 의미에서 '소멸의 증득(nirodha-samāpatti)'이라거나[323] '상수멸'과 '소멸의 증득'을 합쳐서 '상수멸의 증득(saññāvedayitanirodha-samāpatti)'이라고 부르기도 한다.[324] 한역으로는 멸진정滅盡定, 멸수상정滅受想定, 멸진삼매滅盡三昧 등으로 옮기는데 이들 중에서 멸진정이 주로 많이 통용된다.[325] 초기경전은 최종적인 선정의 단계로 사무색정 다음에 상수멸을 상정한다. 그리고 첫 번째 선정부터 상수멸까지 차례대로 성취하는 과정을 일러서 구차제주(nava-anupubbavihāra, 九次第住)나 구차제정九次第定, 구차제등지(nava-anupubbavihārasamāpatti, 九次第等持)라고 명명

323 SN. Ⅱ. 151.

324 SN. Ⅳ. 295; MN. Ⅰ. 301.

325 전관응 감수(2006), p.374.

한다.

붓다는 구차제주를 순서대로 그리고 역순으로 자유자재로 증득하고 출정하지 않았더라면 바른 깨달음을 실현하지 못했을 것이라고 말할 정도로[326] 상수멸을 포함한 선정의 중요성은 짐작하고도 남음이 있다. 아라한이 되기 위한 여러 방법들 중에서 하나는 사무색정 가운데 어느 하나로부터 출정하여 아라한과를 얻거나 불환자가 된 뒤에 상수멸에서 출정하여 아라한과를 얻는 방법이 있다.[327] 상수멸은 아라한이 되려면 거쳐야만 하는 과정들 중에 하나의 요건에 편입되어 있을 정도로 높은 비중을 차지하면서 공히 구차제주에서 그 최정점에 위치한다. 다른 무엇보다 사무색정과는 또 다른 차원의 독특한 성취과정과 결과 때문에 그간 적지 않은 관심을 받아왔다. 특히 이 증득에 들어 머물러 있을 때 인식과 느낌이 중지하거나 소멸한다는 정설 때문이다.

인식과 느낌은 마음(citta, 心)에 속하는 것이고 마음에 묶여 있기 때문에 마음의 작용이다.[328] 상수멸의 증득 안에서 인식과 느낌은 사라지기 때문에 마음의 작용은 중지(nirodha)한다.[329] 인식과 느낌은

---

326 AN. Ⅳ. 410, 448.

327 Sv. Ⅱ. 514.

328 SN. Ⅳ. 293.

329 인식과 느낌의 외연과 관련하여, 초기경전의 상수멸정은 아비달마 부파불교에 이르러 주로 '멸진정'이란 이름으로 나타나면서 상수멸이 '마음과 정신활동의 소멸'로 좀 더 그 범위가 확장되었다고 보는 견해가 있다. 그러나 『쌍윳따니까야』(SN. Ⅳ. 293)는 인식과 느낌을 '마음의 활동(cittasaṅkhāra)'이라 명하고, 상수멸은 수·상·행·식의 소멸을 의미하기 때문에(Spk. Ⅱ. 135) 부파불교에서 말하는 '멸진滅盡'의 범위는 초기불교에 비해서 더 확장된 개념이라고 보긴

상수멸에 드는 과정에서 제일 마지막에 사라지는데 먼저 말(vāca)의 작용이, 그 다음에 몸(kāya)의 작용이, 그리고 마음(citta)의 작용(인식과 느낌)이 차례대로 사라진다.[330] 두 번째 선정에 들 때 말의 작용이, 네 번째 선정에 들 때 들숨날숨, 즉 몸의 작용이, 그리고 상수멸에 들 때 마음의 작용이 사라지고 소멸한다.[331] 상수멸의 증득에서 나올 때는 먼저 마음의 작용이, 이어서 몸의 작용이, 그러고 나서 말의 작용이 일어난다.[332] 선정에 들 때 사라지는 순서와 역순으로 가장 미세한 마음의 작용부터 서서히 진행되어 가장 거친 언어의 작용은 맨 나중에 회복된다.

한편 다섯 가지 느낌(기능)이 소멸하는 순서는 다음과 같이 진행되는데, 먼저 첫 번째 선정에서 신체적인 괴로움의 기능(indriya)이, 두 번째 선정에서 정신적인 괴로움의 기능이, 세 번째 선정에서 신체적인 즐거움의 기능이, 네 번째 선정에서 정신적인 즐거움의 기능이, 그리고 상수멸에서 괴롭지도 즐겁지도 않은 기능(우뻬카)마저 모두 소멸한다.[333] 네 번째 선정에서 확립된 괴롭지도 즐겁지도 않은 〔신체적·정신적인 느낌의〕 우뻬카는 이어 공무변처에서 비상비비상처까지 그대로 유지되다가 상수멸에 와서 사라지는 것이다.[334] 상수멸과 동의어인

어렵다.

330 SN. Ⅳ. 220, 227, 294; MN. Ⅰ. 296.

331 Spk. Ⅲ. 94~95.

332 SN. Ⅳ. 295.

333 SN. Ⅴ. 213~215.

334 W. G. Weeraratne(2003), vol. Ⅶ, p.743.

소멸의 증득은 네 가지 온(khandhā, 蘊)의 요소인 수受·상想·행行·식識의 소멸을 의미한다.[335] 수·상·행·식은 곧 마음의 작용이다. 마음의 작용이 사라진 자리에 어떠한 인식도 함께할 수 없다는 사실에는 재론의 여지가 없다. 인식과 느낌은 '마음에 묶여 있는 마음의 작용(cittapaṭibaddhattā cittasaṅkhāra)'이기 때문이다.[336] 마음의 작용에 포함된 우뻬카도 그에 따라 자연히 함께 사라질 수밖에 없다.

느낌과 함께 인식이 사라진 이 상태는 매우 미묘해서 '인식이 함께한' 상태라고 부르지 않는다.[337] 그럼에도 불구하고 만일 상수멸의 증득 안에서 지혜가 활동한다고 말하면 그것은 오류일 것이다. 상수멸의 증득 안에 있는 동안만큼은 어떠한 마음의 활동도 있을 수 없기 때문이다.[338] 상수멸에서 출정한 이후 위빳싸나로 선정의 마음을 관찰할 때 상수멸의 증득에는 어떠한 정신적인 법들도 없기 때문에 이전에(비상비비상처에서) 소멸한 법들을 관찰한다고 명시한 것만 보아도[339] 비상비비상처까지 인식은 존재하지만 상수멸에 오면 인식의 단절을 경험한다는 사실을 확인할 수 있다.

상수멸에서 두드러지게 나타나는 이론적인 불일치와 모순에 대한

---

335 Spk. Ⅱ. 135. Nirodhaṁ paticā ti, catunaṁ khandhānaṁ paṭisankhasamuppattiṁ paṭicca khandha nirodhaṁ hi paṭicca nirodhasamāpatti nāma paññāyati, na khandhappavatti.

336 MN. Ⅰ. 301.

337 Mp. Ⅳ. 197. nevasaññā-nasaññāyatanaṃ pana sukhumattā sasaññāsamāpatti ti na vuccati.

338 Vism. 702, 703.

339 MN. Ⅲ. 28.

논의가 있어 눈길을 끈다. 어떻게 상수멸을 증득한 상태에서 '지혜로써 보는(paññāya disvā)' 활동이 가능한가에 대한 이의제기이다. 그래서 상수멸의 증득 안에서의 'paññā'는 상수멸 개념과는 모순이기 때문에 'paññāya'라는 정형구가 보이지 않는 『쌍윳따니까야』와 『디가니까야』의 정형구가 그 원형이라는 것이다.[340] 여기서 문제의 발단은 『앙굿따라니까야』에 나타난 "상수멸을 성취하여 머문다. 지혜로써 보고 번뇌를 완전히 소멸한다"라는 문장[341]에 대한 해석 방식에서 출발한다. 그는 이 두 개의 문장을 현재진행형의 동시적 사건으로 파악한 후에 이를 '상수멸에서 지혜로써 보고'라는 식으로 이해하는 것이다. 따라서 문제의 해결은 위의 모순된 경구를 어떻게 이해하고 해석하는가의 여부에 달려 있다.

사실 이 부분에 대한 입장 해명은 상수멸의 증득에서 우뻬카의 존폐 여부와도 밀접한 관련이 있기 때문에 여기서 보다 분명한 이해를 도모해야 할 필요가 있다. 주지하듯이 상수멸에서 인식과 느낌은 사라지기에 지혜의 활동 역시 불가능할 수밖에 없다. 그렇다면 해결의

340 이영진(2005), pp.94~102. 그런데 텍스트의 원형이 존재한다는 그의 전제가 뒷받침되려면 경전의 통시적 선후 관계에 대한 역사적인 고증뿐만 아니라 교리적 선후 관계를 구분하는 합당한 기준점이 마련되어야 하는 등의 문제들이 선결되어야 한다. 그러나 현재까지의 업적으로는 니까야들의 성립 연대기에 대한 산출은 추정일 뿐 아직 정확한 것으로 판명하기 어렵다고 보는 견해가 지배적이며, 이들의 교리적인 선후 관계를 밝히는 작업 역시 그리 간단해 보이지는 않는다. 이런 상황에서 현재 가장 최선의 방법은 전체 텍스트에 있어서 맥락적 차원의 내적 정합성을 추적하는 방법이 고려될 수 있다.

341 MN. Ⅲ. 28; AN. Ⅳ. 418, 431.

실마리는 차체적인 방법론, 즉 선정에서 위빳싸나로의 순차적인 이행에서 찾아볼 수 있다. 이들의 순차적인 과정을 염두에 둔다면 텍스트의 오류라고 속단하는 일 없이 이론상으로나 실천상으로 별다른 무리 없이 양립할 수 있는 길이 열린다. 즉 '상수멸을 성취하여 머문다. 지혜로써 보고 번뇌를 완전히 소멸한다'는 상수멸에서 나와 위빳싸나로 이행한 후 통찰적 지혜와 함께한 인식에 의해서 번뇌를 소멸한다는 의미로 이해할 수 있다. 「자나쑫따(*Jhānasutta*)」는 인식(saññā)이 함께한 선정이 있는 한, 지혜에 의한 통찰(꿰뚫음)이 있다고 명시하여,[342] 상수멸에 머물러 있을 때 번뇌의 소멸은 가능하지 않다는 추론을 뒷받침한다. 그럼 이제 상수멸의 성취 과정을 두고 순차적인 이행이 어떠한 방식에 의해서 진행될 수 있는지 살펴보자.

상수멸에 들 때 '나는 상수멸에 들려고 한다'거나 '나는 상수멸에 들고 있다'라든가 '나는 상수멸에 들었다'라고 생각하는 것이 아니라, 앞서(상수멸에 들기 전에) 그렇게 마음을 닦은 것이 수행자를 그대로 이끈다.[343] 증득에 들기에 앞서 미리 그것에 대하여 마음을 기울이고 계발시켜서 마음 스스로가 그 수순을 밟도록 한다는 것이다. 이러한 수순은 알람시계를 연상시킨다. 알람시계는 사전에 미리 원하는 시간을 설정해 놓으면 해당 시간에 자동적으로 시간을 알려주도록 고안되어 있다. 입정入定과 출정出定의 과정은 이와 매우 흡사하다. 상수멸에 들기에 앞서 미리 증득 안에 머무는 기간을 한정하여 그 한정된 기간 동안만 머물기를 바라며 마음을 닦으면[344] 원하는 기간 동안 머물

342 AN. Ⅳ. 426.

343 SN. Ⅳ. 293~294.

수 있다. 마찬가지로 상수멸에서 나올 때도 '나는 상수멸에서 출정할 것이다'라든가 '나는 상수멸에서 출정하고 있다'거나 '나는 상수멸에서 출정했다'라고 하는 일련의 인식은 일어나지 않는다.[345] 왜냐하면 상수멸에서 인식(느낌 포함)은 모두 소멸했기 때문이다. 다만 상수멸에 들기에 앞서 미리 마음을 닦은 것이 그대로 이행하도록 이끈다.[346]

이와 같이 상수멸의 증득 안에 머물러 있을 때는 느낌과 인식으로 대변되는 모든 마음의 활동이 중지된다는 사실이 재차 확인되었고, 또 마음의 활동이 중지되었음에도 불구하고 어떻게 증득에서 나올 수 있는지 그 가능성도 가늠할 수 있다. 아울러 이로부터 상수멸의 증득에 머물러 있을 때는 관찰이나 통찰 등의 지적 활동 자체가 불가능하다는 결과도 자연스럽게 도출된다. 관찰이 가능하지 않기 때문에 선정에서 나온 후 이전에(비상비비상처에서) 생긴 법들을 대신 관찰한다고 하였다.[347] 따라서 '상수멸을 성취하여 머문다. 지혜로써 보고 번뇌를 완전히 소멸한다'라는 경구는 '상수멸을 성취하여 머문다. 싸띠를 지니고 그 선정에서 나온 후, 지혜에 의해서 번뇌를 소멸한다'라는 방식으로 이해하면 경전의 오류라고 속단하는 일 없이 내적 정합성은 확보될 뿐만 아니라 실수實修와의 충돌 없이 불일치와 모순은 해소될

---

344 Spk. Ⅲ. 94.

345 SN. Ⅳ. 294.

346 Spk. Ⅲ. 95. 싸띠를 지니고 삼매에 들거나 나오고(AN. Ⅲ. 24), 잠자리에 들때는 싸띠-쌈빠잔나를 지니고 일어날 시간을 작의하는 것처럼(DN. Ⅱ. 134) 여기서도 상수멸에 들고 머물고 나오는 일은 싸띠(쌈빠잔나)의 자각적인 기능에 의한 것임을 유추할 수 있다.

347 MN. Ⅲ. 28.

수 있다.

일단 출정하면 인식과 함께 우뻬카도 활동을 재개한다고 보아야 한다. 출정하면 다시 세 가지의 〔정신적〕 접촉이 생기는데, 세 가지 접촉은 열반으로 향하는 마음과 함께하는 접촉이다. 이를테면 공空한 접촉(suññata-phassa), 표상 없는 접촉(animitta-phassa), 무원無願의 접촉(appaṇihita-phassa)이다.[348] 마음이 열반으로 향하기 때문에 탐욕이 없고(공), 탐욕에 대한 표상이 없으며(무상), 탐욕·성냄·어리석음을 바라지 않는다(무원).[349] 그 마음은 멀리함(viveka)으로 기울고 멀리함에 의지하고 멀리함을 지향한다.[350] 멀리함은 열반의 다양한 이름들 중에 하나이다.[351] 상수멸을 성취한 마음은 우뻬카와 함께 공·무상·무원에 마음을 기울이고 멀리함, 즉 열반으로 향한다.

상수멸의 증득과 출정, 그리고 출정에서 관찰로 이어지는 일련의 과정에서 인식이 개입하는 경우란 선정에 들기에 앞서 미리 선정의 마음을 계발할 때와 선정에서 싸띠를 지니고 나올 때, 그리고 나온 후 열반으로 마음을 지향할 때이다. 그러한 때 우뻬카는 인식이 개입하는 전 과정에 함께한다. 만일 그렇지 않다면 인식이 개입할 때마다 쉽게 동요하기 때문에 원하는 대로 능숙하게 그 마음을 계발한다거나 입정이나 출정, 나아가 관찰 등도 원만하게 진행하긴 어려울 것이라는 합리적인 추론을 할 수 있다.

---

348 SN. Ⅳ. 295.

349 Spk. Ⅲ. 97.

350 SN. Ⅳ. 295; MN. Ⅰ. 302.

351 AN. Ⅰ. 53; Spk. Ⅲ. 97.

상수멸의 증득에 머물러 있을 동안에는 인식이 활동할 수 없기 때문에 상과 수가 사라지면 우뻬카도 함께 사라진다.[352] 일단 상수멸의 증득에서 인식과 함께 사라졌던 우뻬카는 출정한 후 다시 재개하여 마음이 열반으로 향하도록 돕는다. 이를테면 비상비비상처까지 이어져서 상수멸에 들기 바로 직전까지 유지되었다가 상수멸의 증득 안에서 한시적으로 사라지고, 출정한 이후에 다시 활동을 시작하는 등 상속 유지 → 중지 → 출현이라는 일련의 연속과 불연속적인 역동성을 보인다.

2) 불연속성이 지닌 문제

상수멸의 증득에서 인식과 느낌(마음)은 연속과 불연속의 변화를 겪는다. 그리고 이 변화의 과정에서 우뻬카도 같은 입장에 놓인다. 인식과 느낌, 그리고 우뻬카가 한시적으로 사라지는 상수멸은 어떠한 수행론적 의의를 지니는가. 상수멸이 지닌 수행론적 의의를 논하기에 앞서 먼저 상수멸과 열반은 동일한 체험인가 그렇지 않은가의 여부에 대한 검토가 선행되어야 한다. 만일 상수멸이 열반과 동일한 성격을 지닌다면 인식과 느낌(마음)을 포함한 우뻬카의 부재는 열반의 입장에서

---

352 SN. V. 213f.; SN. V. 215. 그런데 우뻬카와 심지어 싸띠마저 활동을 정지한 상태에서 어떻게 그러한 증득의 상태를 여전히 유지하고 있을 수 있는가가 의문으로 남는다. 만일 우뻬카와 싸띠의 활동이 정지한다면 불안정하게 되고, 불안정함은 곧 인식적 활동의 재개로 직결되며, 인식적 활동의 재개는 다시 상수멸의 이탈로 이어지는 등 이를테면 탈脫 선정화 또는 탈 증득화가 진행될 것이기 때문이다. 이와 같은 추정은 상수멸의 증득에 대한 일반 문헌자료와는 부합하지 않는, 우뻬카의 기능과 선정과의 관련성에 의한 조망일 뿐이다.

논의해야 할 성질의 것이고, 반대로 이들이 동일하지 않다면 상수멸이 지닌 수행적 가치에 대한 재검토가 요청된다.

상수멸의 증득에서 경험하는 소멸 또는 중지(nirodha)의 체험을 현생에서 경험하는 열반의 중지 체험과 동일하게 간주하는 시각들이 있다. 그 대표적인 것으로 5세기 붓다고사(Buddhaghosa)는 상수멸의 체험을 살아서 경험하는 열반의 중지 체험과 동일시하였다. 반면에 담마빨라(Dhammapāla)는 죽음과 함께하는 열반의 형태와 무여열반 無餘涅槃을 동일시한 후, 무여열반을 다시 상수멸의 중지 체험과 유사하다고 간주한다.[353] 다시 말해 붓다고사는 현세의 열반의 체험과, 그리고 담마빨라는 죽음의 무여열반과 같다고 보는 것이다. 그리고 현재 남방불교의 많은 수행자들 역시 상수멸에서 삼행三行의 중지를 체험하며 이러한 중지의 상태를 〔현생의〕 열반의 체험 혹은 열반 자체라고 말하기도 한다.[354] 이러한 입장들은 모두 상수멸의 중지 체험을 현생의 열반, 아니면 죽음을 의미하는 열반에 기대어 이해하려는 시도들이다.

상수멸의 중지 체험과 〔죽음의〕 열반을 동일하게 간주하는 시각은 무여(anupādisesa, 無餘)열반에 대한 개념적인 이해에서 출발한다.

---

353 Paul J. Griffiths(1987), pp.29~30. 특히 담마빨라(Dhammapāla)는 열반의 중지 체험과 상수멸을 유사하게 보는 붓다고사의 평가가 자칫 열반과 실재론적 구제론(the soteriological ultimate)을 동일시할 수 있다는 점을 지적한다. 그리고 이러한 점은 실제 빠알리니까야의 전통과는 어긋나는 결과를 초래할 수 있기 때문에 자칫 전통에서 벗어나 이단에 가까워질 수 있다는 우려의 목소리도 함께 낸다(p.31).

354 정준영(2004), p.240.

지금 여기에서 의식과 신체적인 활동, 그리고 탐·진·치가 소멸된 상수멸의 상태를 소위 죽음과 비견되는 무여열반의 체험으로 간주하고, 상수멸이 무여열반과 유사한 열반의 체험을 공유한다고 하여 양자를 동일한 비교 선상에 놓고 가늠한다. 양자의 동일시 또는 비동일시의 문제는 우선 무여열반이 현세적인가, 아니면 죽음에 의해서 경험되는 것인가의 진위여부에 달려 있다.[355] 그럼 문제의 단초를 찾기 위해 먼저 『이띠웃따까(*Itivuttaka*)』의 경구를 살펴보자. 이 경전은 유여(upādisesa, 有餘)와 무여(anupādisesa, 無餘)의 두 가지 열반을 말한다. 유여열반은 해탈을 성취한 자가 '여기에' 여전히 느낌은 남아 있지만 탐·진·치는 제거된 것이고, 무여열반은 번뇌를 제거하고 완전함을 이룬 자의 느껴진 모든 느낌들은 '바로 여기에서' 사라질 것이라고 묘사한다.

> 무엇이 유여열반의 요소인가. 여기에(idha) 아라한은 번뇌를 제거하였고, 청정한 삶은 이루었고, 해야 할 일을 다해 마쳤고, 짐을 내려놓았고, 최상의 목표를 실현하였고, 존재의 속박을 끊었으며, 궁극적인 앎에 의해서 해탈하였다. 그에게 다섯 가지 감각은 남아

---

355 유여열반의 요소는 오근이 남아 있어 즐거움과 괴로움들을 경험하고 느끼지만, 무여열반의 요소는 오근까지도 완전히 소멸한 죽음을 의미하는 열반으로 간주한다. 이러한 시각은 『담마빠다앗타까타(*Dhammapadaṭṭhakathā*)』에 의한 것으로 보인다. 이 주석서는 'kilesa(번뇌)'의 유전이 종결되면 유여열반이고, 'khandha(蘊)'의 유전이 종결되면 무여열반이며 이 두 가지가 반열반(parinibbāna)이라고 시설한다(Dhp-a. II. 163). 아비담마, 대승불교, 그리고 현대에 이르기까지 대부분 무여열반을 죽음으로 간주한다.

있어서 즐거움과 괴로움을 느낀다. 그에게 탐욕·성냄·어리석음이 제거되었다. 이것을 일러 유여열반의 요소라고 한다. 무엇이 무여열반의 요소인가. 여기에 아라한은 번뇌를 제거하였고, 청정한 삶은 이루었고, 해야 할 일을 다 마쳤고, 짐을 내려놓았고, 최상의 목표를 실현하였고, 존재의 속박을 끊었으며, 궁극적인 앎에 의해서 해탈하였다. 비구들이여, 바로 여기에서(idheva) 그에게 느껴진 모든 즐겁지 않은 것들은 식게 될 것이다. 이것을 일러 무여열반의 요소라고 한다.[356]

두 가지로 표현된 '여기에(idha)'와 '바로 여기에서(idheva)'는 모두 현재시점을 가리킨다. 그런데 무여열반의 '바로 여기에서(idheva)'라는 현재시점과 '식게 될 것이다(sītibhavissanti)'라는 미래시점은 시제상 서로 일치하지 않는다. 하지만 의미상으로는 그다지 문제될 것이 없다. 현재시점과 미래시점의 공존은 일반적인 사실이나 진리를 말할 때 주로 통용되는 문법적인 특성이기 때문이다.[357] 그리고 느낌은

356 It. 38.

357 비근한 예로 '지금 여기에 해는 동쪽에 있지만 여기에서 곧 서쪽으로 질 것이다.'라는 문구를 들 수 있다. 이 경우에 현재와 단순 미래의 혼용된 시제를 사용하는데, 이는 먼 미래를 예측하는 확률적인 가능성으로의 예견이 아닌 일반적인 사실이나 진리를 말할 때 주로 볼 수 있는 형태이다. 따라서 본문의 경구는 다음과 같이 이해할 수 있다. '아라한은 지금 여기에 느낌을 느끼지만(유여) 느껴진 그 느낌들은 바로 여기에서 식게 될 것이다(무여).' 이와 같이 현재시점의 '유여'가 미래시점의 '무여'를 동반할 때는 일반적인 사실이나 진리로서의 열반의 성격을 묘사한다고 볼 수 있다. 『이띠웃따까(*Itivuttaka*)』의 유여와 무여열반을 묘사하는 본 경구로 인해서 무여열반이 현세적이냐 아니면 사후적이냐에 대한 문제를

수동형으로, 즉 '느껴지는(vedayita)' 특성이 있다.[358] 느껴진 것들의 소멸이 곧 열반임을 시사하는 다음의 경증을 통해서 무여열반의 성격이 현재성이라는 사실이 뒷받침된다.

『앙굳따라니까야』의 「닙빠나쑫따(*Nibbānasutta*)」는 '느껴진 것이 없는 것(natthi vedayita)'이 행복(sukha)이고 그러한 행복이 곧 열반이며, 열반의 경험은 상수멸을 성취한 후에 통찰적인 지혜로 번뇌를 소멸했기 때문에 가능한 경험이라고 설한다.[359] 여기서 '느껴진 것이

두고 논란이 분분하다. 현재 유여와 무여열반의 현재성과 사후성, 이들의 상호관계, 그리고 상수멸과 무여열반의 동일시의 여부 등과 관련하여 제기되는 논점들은 크게 두 가지로 귀결된다. 첫째, 유여와 무여의 기준을 'upādī(집착)'로 보고 'upādī'에 대한 다양한 해석의 차이에 따라서 양자 모두 지금 현재에서 겪는 경험으로 구분하거나, 아니면 현재적 시점은 유여이며 사후적 시점은 무여라는 두 가지 상반된 사건으로 양분하기도 한다. 그런데 만일 'upādī'를 기준으로 집착이 아직 남아 있으면 유여열반이고, 집착이 남아 있지 않으면 무여열반이라고 하면서 두 가지 열반 이론을 상정한다면 열반에 질적인 차등을 인정하는 오류를 초래하게 된다. 설령 집착이 남아 있는 유여열반을 불환과에 귀속시킨다고 하더라도 불환과에 든 자를 다시 열반으로 수식함으로써 모순된 결과를 가져오기는 매 한가지이기 때문에 이 역시도 불합리하다. 둘째, 『위쑫디막가』와 그 주석서의 견해를 바탕으로 상수멸은 현생에서 겪는 열반의 경험, 특히 죽음의 무여열반과 유사하다는 것이다. 현재 상술한 논점들이 분분하게 발생하는 주요 원인은 대체로 다음의 세 가지 입장 차이에서 비롯된다. 즉 ①논의의 준거가 되는 문헌들이 서로 다르다는 데서, ②논의의 토대가 되는 문헌자료들이 지니고 있는 이론적인 불일치를 효과적으로 해소하지 못하는 데서, ③상수멸 자체가 지니고 있는 원론적인 모순을 그대로 떠안고 출발하는 데서 비롯된다. 그러한 보다 근원적인 문제들이 조율되지 않은 채로 남아 있는 한, 현재로서는 여러 이견들을 좁힐 수 있는 접점은 쉽게 보이지 않는다.

358 MN. Ⅰ. 293; Bhikkhu Bodhi(2010), p.80.

없는 것'이 열반이라는 표현은 위의 『이띠웉따까』 경구에서 무여열반을 묘사하는 '느껴진 모든 것은 사라질 것이다'와 내용상 서로 다르지 않다. 또한 『쑫따니빠따(*Suttanipāta*)』도 '느껴진 것'이 괴롭고 무너지고 파괴된다는 사실을 경험할 때마다 그 소멸을 보아 집착을 버리고 모든 느낌을 버리고 바라는 것 없는(無願) 완전한 열반(반열반)을 이룬다고 하여,[360] 느껴진 것이 없거나 사라진 상태와 번뇌를 소멸한 열반은 동일한 의미의 서로 다른 표현임을 알 수 있다. 모든 번뇌가 다한 무여열반은 심혜탈과 혜해탈을 지금 여기에서 실현한다.[361] 이렇게 볼 때 『이띠웉따까』의 경구에서 유여는 '삶'이고 무여는 '죽음', 즉 현재와 미래에 속하는 별개로서의 단절이 아닌, 적어도 '유여'가 '무여'를 동반할 때 이 둘은 현재의 순차적인 사건으로 볼 수도 있다. 다시 말해 '여기에' 오온의 감각들은 여전히 남아 있어서 느낌들을 느끼지만(유여), 이미 번뇌를 소멸하였기에 더 이상 그 느낌들에 의해서 동요하지 않는다. 따라서 '바로 지금 여기에서' 느껴진 모든 것은 사라질 것이다(무여).

『쌍윹따니까야』의 「쌀랕떼나쑫따(*Sallattenasutta*)」는 이러한 입장을 뒷받침할 수 있는 의미 있는 단초를 제공한다. 잘 배운 고귀한 제자는 괴로운 느낌과 접촉하더라도 슬퍼하거나 상심하는 따위의 정신적인 괴로움은 겪지 않는다. 다만 신체적인 고통만 느낄 뿐이다. 그러한 자는 모든 괴로움의 속박에서 벗어난 자이다.[362] 현생의 속박을

---

359 AN. Ⅳ. 415~418.

360 Sn. p.144.

361 AN. Ⅳ. 74.

벗어난 자, 즉 열반을 성취한 자는 일차적으로 감관에 의한 즐거움이나 괴로움은 느끼지만 그로부터 파생될 수 있는 정신적인 느낌들로부터는 자유롭기 때문에 느낌들은 더 이상 마음의 오염원을 만들지 않고 생기는 그 즉시 사라질 뿐이다.

초기경전에서 말하는 열반은 현재적인 시점에 관한 것이 대부분으로 신체적인 소멸, 즉 죽음과 열반을 연관 지어 언급하는 경증은 드물다. 그렇다고 해서 전혀 없는 것은 아니다. 반열반(parinibbāna, 盤涅槃), 즉 완전한 열반의 경우에는 현재적인 시점과 사적死的인 시점의 두 가지를 말하기도 한다. 현재적인 시점을 말하는 경우는 다음과 같이 갈애를 소멸한 상태나 모든 느낌을 제거한 상태, 칠각지를 닦고 집착과 번뇌를 제거한 상태들이 그 대표적인 예일 것이다.[363] 반열반을 성취하면 지금 여기에서(diṭṭhe) 법(현상)에 대하여 갈애가 일어나지 않기 때문에 고요하고(nibbuto) 시원하며(sītibhūto) 더 이상의 집착이 남지 않는다.[364]

반면에 사적인 시점은 고귀한 존재의 오온의 무너짐을 가리키는 경우이다.[365] 박꿀라(Bakkula) 존자는 80세에 출가하여 출가 후 8일째 되는 날 열반을 성취하여 아라한이 되었다. 그러던 중 160세가 된 어느 날 자신이 오늘 반열반에 들 것이라고 선언한 후에 이윽고 수행자들의 모임 가운데 앉아서 최후를 맞는다.[366] 또한 붓다에게 있어서

---

362 SN. Ⅳ. 209~210.

363 Sn. p.143, p.144; Dhp. 25.

364 AN. Ⅴ. 65; T.2.101a10~14.

365 DN. Ⅱ. 109, 136, 156; Ⅲ. 135; AN. Ⅱ. 120; SN. Ⅰ. 158.

오온의 무너짐, 즉 죽음을 일러 반열반에 든다고 말한다.[367] 일반인과는 구분지어 수행자가 아라한이 된 후 수명이 다하여 목숨을 마치는 사건을 한정해서 반열반이라고 부르는 것이다. 이와 같이 반열반 또는 완전한 열반이라고 하면 현생에서 성취한 아라한의 열반이거나, 아니면 아라한과 같이 고귀한 존재가 죽음을 맞이하는 사건의 두 가지 경우에 해당한다. 그런데 『이띠웉따까』가 말하는 무여열반은 '바로 여기에서'라는 현재성이 전제되어 있다. 따라서 그것은 오온의 멸滅과 무관하게 열반이 현재적인 사건임을 시사한다.[368] 상술한 열반의 시점을 기준으로 간단하게 도식화하여 정리하면 다음과 같다.

---

366 MN. Ⅲ. 125~128.

367 DN. Ⅱ. 109, 136, 156; Ⅲ. 135; AN. Ⅱ. 120; SN. Ⅰ. 158.
단, 'anupādisesa nibbānadhātuyā parinibbāyati'와 같이 무여(anupādisesa)가 유여(upādisesa) 없이 단독으로 쓰이면서 반열반을 수식할 때는 붓다에게 한정된 오온의 무너짐을 가리킨다.

368 한편, It. 38~39에는 우여와 무여의 의미를 설명하는 운문이 있다. 유여는 '여기 현생에서(idha diṭṭhadhammikā)' 존재의 이어짐이 파괴된 것이고, 무여는 '내세에(samparāyikā, belonging to the next world)' 존재의 이어짐이 파괴된 것이다. 이때 두 가지 열반 모두 존재의 이어짐이 파괴된 상태로 묘사되므로 열반의 내용은 서로 동일하다. 다만, '현재'와 '내세'라는 시점만이 다를 뿐이다. 앞서 인용문의 시점은 두 가지 열반 모두 현재를 가리키지만, 여기서의 무여열반은 '내세'라는 먼 미래시점이 사용된다. 이와 같이 두 경증의 사례가 불일치함에도 불구하고 여기서 확인할 수 있는 한 가지 사실은 무여는 죽음의 열반을 의미하지 않는다는 것이다. 왜냐하면 죽음의 무열열반에 들어 이미 재생이 멈춘 자를 두고 '내세'에 '존재의 이어짐이 파괴될 것이다'라는 말은 모순으로 들리기 때문이다.

유여열반+무여열반=현재적인 사건

반열반; 완전한 열반=현재적인 사건+사적死的인 사건

여기서 상수멸이 여러 열반의 사례들 중에서 어디에 속할 수 있는지 그 가능성을 개진해 보기 위해서 논의를 좀 더 진행시켜 보자. 경전에는 '식(viññāṇa, 識)의 소멸'과 열반의 상태를 동일시하는 내용이 담겨 있다. 계율, 선정, 지혜의 세 가지를 닦은 자는 '식의 소멸에 의해서(viññāṇassa nirodhena)' 갈애로부터 벗어나 마음이 해탈한다. 괴로움은 식을 조건으로 하기 때문에 '식을 고요하게 하여(viññāṇūpasamā)' 원하는 바 없이(nicchāto) 완전한 열반에 든다.[369]

그런데 여기서 '식의 소멸'이나 '식의 고요함'을 두고 인식적인 활동 자체가 완전히 중지하거나 지멸止滅하는 사건이라고 문자 그대로 해석해서 간혹 죽음이라 여겨지는 무여열반 혹은 현생에서 상수멸의 중지와 유사한 체험으로 간주하는 경우를 볼 수 있다. 하지만 '식의 소멸에 의해서 갈애로부터 벗어남'은 연기의 환멸문還滅門의 입장에서 조망해야 한다. 연기하는 식은 유위有爲의 식이므로 유위의 식은 쌍카라를 생성한다.[370] 따라서 유위의 식이 사라지면 업을 생성하는 연쇄적인 조건이 사라지기 때문에 수受가 사라지고, 수가 사라지면 갈애(愛)가 소멸하고, 결국엔 연기하는 '최후의(carimaka) 식'은 소멸한다. 갈애의 소멸은 번뇌의 소멸을 의미하므로 마음의 해탈이 있고, 마음이 해탈하면 재생할 곳은 더 이상 없기 때문에 그 식은 마지막으로 존재하는

---

369 AN. Ⅰ. 235~236; Sn. p.143.

370 Pj. Ⅱ. 600.

식이다.[371] 어떠한 괴로움도 이 식을 조건으로 하기 때문에 그에 대한 위험성을 알고 식을 고요하게 가라앉히거나(upasama) 식의 소멸에 의해서(nirodhena) 완전한 열반에 이른다. 여러 가지 감각적인 욕망에 대하여 무심한 것이 고요함인데[372] 고요함은 감각기관을 통해서 들어오는 자료를 애써 막아 고요한 상태를 추구하는 것이 아니라, 인식의 주체와 대상이 만나는 과정에서 개입되는 감각에 대한 해석이 고요해짐을 의미한다. 곧 식의 작용이 개입되어 자신에게 이익을 주고 쾌감을 불러일으키는 것을 좋아해서 즐기며, 나아가 그것을 추구하고 집착하게 되는 일련의 연쇄적인 활동성이 잠잠해지는 것이다.[373] 요컨대 식의 소멸은 대상에 따라서 다양하게 반응을 보이던 상념들이 고요하게 멈추고 더 이상 쌍카라를 생성하지 않는 경지로서의 현생의 열반을 의미한다.

식의 소멸을 시설하는 또 다른 사례를 볼 수 있다. 어느 날 우다야(Udaya) 존자는 어떻게 싸띠를 확립하고 유행하면 식이 소멸할 수 있느냐고 붓다에게 묻는다. 이에 대해 붓다는 느낌을 즐거워하거나 기뻐하지 않으면서 싸띠를 확립하면 곧 식이 소멸한다(viññāṇaṃ uparujjhati)고 답한다.[374] 느낌에서 갈애로 진행하기 전에 느낌이 지닌 무상성을 알고 보면 갖가지 상념에 의한 식의 활동이 멈추고 고요하게 머물 수 있다.

---

371 Mp. Ⅱ. 352.

372 Sn. p.143, p.167.

373 김준호(2000), p.288.

374 Sn. p.215.

그 밖에 식의 형성력이 멈추는 것에 대하여 다음과 같이 시설하기도 한다. 오온五蘊의 각각에 대한 탐욕을 끊으면 대상이 끊어지고, 대상이 끊어지면 식은 더 이상 지원받지(patiṭṭhā) 못한다. 식이 지원을 받지 못하면 증장할 수 없고, 증장할 수 없으면 형성하지 못하므로 해탈한다.[375] 식의 형성이 멈추는 상황은 타오르던 불길을 연상시킨다. 거세게 타오르던 불길은 연료의 공급이 멈추면 이내 잦아들기 마련이다. 그와 마찬가지로 쌍카라(行)라는 연료가 사라지면 유위의 식은 잠잠해져서 더 이상 조건화된 활동성을 보이지 않는다. 조건화된 활동성의 정지는 현생에서 열반의 성취이며, 현생에서 열반의 성취는 곧 식의 소멸과 다름 아니다. 현생에서 성취한 열반의 식은 마음이나 인지적 활동의 완전한 중지 또는 지멸에서 비롯되는 단절斷絶이나 공무空無로서가 아닌 유위의 쌍카라가 제거된 식, 즉 '무위無爲의 정화된 식'이다. 그러므로 현생의 열반을 의미하는 식의 소멸을 두고서 죽음의 상태라고 여기거나 인식과 느낌이 소멸한 상수멸과 동일한 사건으로 간주하기는 어렵다.

그럼 여기서 상수멸의 내적인 상태를 점검해 보자. 상수멸에서 접촉과 느낌, 지각으로 이어지는 일련의 인식적인 활동 자체는 완전히 중지한다. 그러면서도 목숨은 다하지 않고 온기도 남아 있으며 감각기능들은 여전히 맑고 깨끗함을 유지한다.[376] 그리피스(Paul J. Griffiths)는 상수멸과 무여열반을 현생에서 겪는 열반의 중지(cessation) 체험이라고 단순하게 동일시하는 입장에 대해서 회의적인 반응을 보인다.

375 SN. Ⅲ. 58.

376 SN. Ⅳ. 294; MN. Ⅰ. 296.

그 이유는 열반을 이룬 이후에도 붓다는 설법을 하면서 그의 삶을 유지했기 때문이다.[377]

또한 깔루빠하나(David J. Kalupahana)는 다음과 같이 명쾌한 설명을 통하여 상수멸과 현생의 열반이 지닌 개념적인 차이를 분명히 이해하도록 돕는다. 열반과 마찬가지로 상수멸은 갈애가 없는데, 그 까닭은 지각과 느낌이 사라진 상태에서 갈애란 있을 수 없기 때문이다. 열반이 갈애의 절대적인 종결을 의미하는 까닭은 이 상태에 있는 사람이 즐거움과 즐겁지 않은, 행복함과 행복하지 않은 느낌을 경험하지 못하는 것이 아니라, 이것이 그를 더 이상 동요하지 못하게 만들기 때문이다. 반면에 상수멸에 도달한 사람은 동요하지 않으려고 애쓸 필요조차 없다. 그 상태에 있는 동안엔 외부와 접촉하지 않기 때문에 외부를 전혀 알지 못한다. 열반의 상태에서는 접촉의 본성에 대한 지식을 갖고 있기 때문에 마음이 동요하지 않지만, 상수멸에서는 그러한 지식과 느낌 자체도 없다. 이어서 그는 『이띠웃따까』에 명시된 열반의 경구를(It. 38) 들어 그 어느 부분도 생존(survival)과 관련된 언급을 찾을 수 없으며, 무여열반은 인식과 느낌의 일시적인 중지를 체험하는 상수멸과는 다르게 생명이 살아 있는 존재로서 느낌을 경험하긴 하지만 그 경험에 대하여 어떠한 기쁨도 느끼지 않는 것(ānibhinanditāni), 즉 완전한 고요함(sītibhūtāni)이라고 강조한다.[378] 유여를 동반하는 무여열반은 현재 인식적인 활동이 분명히 존재하는 가운데 누리는 행복이지만, 상수멸은 그러한 활동 자체가 완전히 중단된,

377 Paul J. Griffiths(1987), pp.30~31.

378 David J. Kalupahana(1976), p.76, p.78.

아무런 지적인 활동이나 정서적인 느낌도 감지하지 못하는 상태라는 점에서 극명한 대비를 이룬다. 상수멸의 성취가 지닌 매우 이례적인 성격상, 현생에서 경험하는 유여열반이나 무여열반 또는 완전한 열반(반열반) 그 어느 것과도 서로 비견되긴 어려워 보인다. 설령 성스러운 존재의 죽음을 의미하는 반열반과 견주어 보더라도 오온의 활동성이 모두 정지한(무여) 상태와는 달리 상수멸은 목숨이나 온기, 감관의 기능은 아직 온전하다. 그리고 상수멸에서 비록 탐·진·치의 한시적인 소멸을 체험하더라도 그것은 마음이 생생히 활동하는 현장인 유여와 무여열반, 그리고 현생의 반열반과도 유사하다고 보긴 어렵다. 열반, 특히 죽음을 의미하는 무여열반과 상수멸의 체험을 동일선상에 올려놓고 가늠하는 일은 그래서 재론의 여지를 남긴다. 이제 상수멸과 열반을 동일한 성격을 지닌 성취라고 가늠하기보다는 상수멸이 지닌 수행론적 위치에 대한 점검이 더 필요해 보인다.

여기서 다시 원론적인 문제로 돌아가 보자. 선정은 지금 여기에서(diṭṭhadhamma) 행복하게(sukha) 머물고, 분명히 알아차리고(sati sampajaññaṇa), 지견(ñāṇa-dassana, 知見)을 갖추어 번뇌를 소멸시키기 위한 것이 주요한 목표라고 하였다. 말하자면 선정은 ①'지금 여기'라는 현재적 시점, ②분명한 알아차림, ③번뇌의 소멸 이 세 가지 요건에 의해서 성취의 동기가 부여된다. 세 가지 조건의 구비는 선정이 추구하는 목표를 충족시켜준다. 상수멸도 초기불교 선정의 구차제주에 포함되는 이상, 동일한 조건을 충족시켜야 할 것이다. 그런데 여기서 간과할 수 없는 점은 선정의 성취 조건들은 인식적인 활동 또는 마음의 활동성을 배제하지 않는다는 것이다. 다른 선정의 계위에서는 이

기본 조건들이 잘 지켜지지만, 문제는 상수멸의 증득에 머물러 있을 때이다. 상수멸 안에서는 인식적인 활동과 함께 우뻬카도 동반 소멸한다. 주지하듯이 청정한 마음의 계발 정도는 선정의 계위와 정비례하므로 상수멸은 다른 선정보다 비교 최상위에 놓여 있다. 이 말은 다른 선정들에 비해서 상수멸을 성취한 자의 마음은 가장 최고로 정화된다는 의미를 담지한다. 「바후웨다니야쑫따(*Bahuvedaniyasutta*)」는 비상비비상처를 완전히 극복하고 상수멸을 성취하면 비상비비상처보다 훨씬 훌륭하고 탁월한 행복을 얻을 수 있다고 설한다.[379] 그렇다면 '인식과 느낌의 부재'에서 최상의 행복을 경험한다는 말이므로 이는 모순처럼 들린다. 인식과 느낌이 없는 상태에서 어떻게 행복을 경험하는가? 상수멸의 증득과 행복의 경험은 어떻게 양립할 수 있는가? 어느 날 이와 유사한 의문을 지닌 아난다(Ananda) 존자의 물음에 붓다는, 언제 어디에서 얻어진 어떤 종류의 행복이든지 그것은 모두 다 행복이라고 답변한다.[380] 모든 종류의 행복한 경험을 포괄하는 것이 행복의 외연이라면 괴로움이 일시적으로 소멸한 상수멸도 예외는 아닐 것이다. 같은 맥락에서 붓다고사(Buddhaghosa)는 지금 여기에서 '마음 없는 자(acittaka)'가 되어 열반을 경험하면서 행복하게 머물기 위한 것이 상수멸의 성취동기라고 말한다.[381] 역설적이게도 인식과 느낌이 멸한 자, 즉 마음이 없는 자는 행복한 열반을 경험한다.

담마빨라(Dhammapāla)는 이 문제가 지닌 이와 같은 원론적인 모순

---

379 MN. Ⅰ. 400.

380 MN. Ⅰ. 400.

381 Vism. 705.

을 분명하게 인식하면서 다음과 같이 비교적 납득할 만한 수준의 이해를 도모한다. 선정 안에서의 행복은 '고통의 부재'이며, 중지의 체험 안에서 이루어지는 정신적인 활동의 부재는 고통과 관련된 그 어떤 정신적인 활동도 없기 때문에, 말하자면 이것도 행복한 경험이다.[382] 그렇다면 고통의 부재는 곧 행복이라는 등식이 성립한다. 그럼 이 등식은 항상 성립할 수 있는가? 붓다는 반열반에 들기 전 상수멸에 들었는데, 그 이유는 신체적인 고통을 피한다거나 몸과 마음의 고요함을 유지하기 위해서였을 가능성이 높다.[383] 만일 그렇다면 네 번째 선정보다 훨씬 수승하다고 여겨지는 상수멸에서 반열반에 드는 편이 보다 더 유리하지 않았겠는가.

반면에 그리피스(Paul J. Griffiths)는 아무런 정신적인 사건도 발생하지 않는 상황에서 어떻게 행복이라는 개념을 설정할 수 있는지 반문한다. 차라리 행복이나 슬픔 등의 정서적인 체험을 설정하지 않는 편이 상수멸의 정의에 가장 부합할 것이라고 날선 지적을 하면서 여러 의견들을 일축시킨다.[384] 인식과 느낌, 즉 마음의 부재를 만일 고통의 부재로 대치시킬 수 있다면 좀 극단적인 비유가 될 수는 있지만, 혼절이나 의식불명의 상태에 있는 사람마저도 그 순간만큼은 고통이 없기 때문에 행복하다고 말할 수 있어야 한다. 과연 그럴 수 있는가. 선정의 성취동기라는 평가기준을 놓고 조망해볼 때 상수멸은 '지금 여기에서'라는 현재성과 '분명한 알아차림'이라는 조건성을 충족시키

---

382 Paul J. Griffiths(1987), p.29.

383 W. G. Weeraratne(2003), vol. Ⅶ, p.749.

384 Paul J. Griffiths(1987), p.29.

지 못한다. 상수멸이 후대 필요에 의해서 의도적으로 편입된 이질적인 요소라는 일각의 논의를 떠나서 일단 불교의 구차제주에서 그 정점에 위치하는 이상, 다른 하위의 선정들처럼 선정의 조건을 충족시켜야만 할 당위성이 있다.

마음의 해탈을 경험하는 선정 그 자체가 지닌 행복은 세속적인 즐거움을 염오하고 보다 고차원적인 정신세계를 추구하길 원하는 동기부여의 역할도 한다. 그와 같은 동기부여가 가능한 이유는 '지금 여기에서' 발생하는 현상(법)의 본질을 '분명한 알아차림'을 지니고 관찰할 수 있기 때문이다. 지금 여기에서 분명한 알아차림이 불가능하기에 선정에서 나온 후라야 비로소 그 이전 단계인 색계정이나 비상비비상처정에 수반된 정신현상들을 대신 돌이켜서 반조할 수 있다.[385] 물론 상수멸의 성취는 팔선정八禪定의 단계를 거친 이후에나 얻을 수 있을 정도로 이미 많은 번뇌를 소멸한 사람인 불환자나 번뇌가 다한 아라한에게만 허락된다는 점에서 누릴 수 있는 일종의 정신적인 특권인 셈이기도 하다. 불환자의 경우엔 아직 남아 있는 번뇌의 소멸이라는 지상 목표가 있기에 뚜렷한 동기부여가 될 수 있지만, 아라한이 상수멸에 드는 이유는 어떻게 설명할 수 있는가?

여기서 성인이 지닌 자질을 문제 삼는 것이 아니라 상수멸이 지닌 수행론적 의의에 대한 문제제기인 것이다. 상수멸, 즉 '마음 없음'이 고통의 부재를 의미하며 고통의 부재는 곧 마음의 번뇌가 소멸하는 데서 오는 행복과 동일하다는 전제 하에, 가령 아라한이 상수멸의

385 MN. Ⅲ. 28.

행복을 누리기 위해 이 선정에 든다면 그것은 정신적인 고통이 아닌, 신체적인 고통을 잊기 위해서일 가능성이 높다. 아라한과 정신적인 고통은 짝을 이룰 수 없기 때문이다. 그렇다손 치더라고 이미 첫 번째 선정에서 신체적인 고통이 사라지기 때문에[386] 증득의 동기가 단지 신체적인 고통을 잊기 위해서였을 거라는 가정은 필연적인 연관성을 확보하기 어렵다. 그럼에도 불구하고 신체적인 고통을 덜어내기 위한 것이 목적이었다면 붓다는 차라리 비교적 입정과 출정이 수월한 첫 번째 선정, 아니면 느낌(受)이 완전히 사라지는 상수멸에서 반열반에 들지 않고 왜 굳이 네 번째 선정에서 입멸했는지, 그 이유는 또 어떻게 설명할 수 있는가. 붓다가 네 번째 선정에서 입멸한 현실적인 사연을 추정해볼 수 있는 논의는 다음의 위빳싸나 수행의 장에서 이어가기로 한다.

상수멸 안에서 우뻬카가 활동하지 않는다는 사실은 이론적으로는 곧 선정에서의 이탈을 의미한다. 그렇지만 상수멸만큼은 우뻬카의 부재는 선정의 이탈이라는 등식이 성립하지 않고 우뻬카의 존재 여부와 무관하게 여전히 증득의 상태를 유지한다. 본래 선정의 성취는 마음이 정화되어가는 과정이기 때문에 인식의 소재 여부는 그 과정에 있어서 매우 중요하다. 선지禪支로서 우뻬카와 싸띠는 정화의 과정에 적극적으로 동참하면서 전 진행 상황을 놓치지 않고 파악하고 관찰해

386 첫 번째 선정에서 신체적인 괴로움의 느낌(indriya)이, 두 번째 선정에서 정신적인 괴로움의 느낌이, 세 번째 선정에서 신체적인 희열(pīti)이, 그리고 네 번째 선정에서 정신적인 즐거움(sukha)이 사라지고 괴롭지도 즐겁지도 않은 우뻬카가 확립된다(SN. V. 213~215).

야 한다. 그래야만 이미 사라진 것과 남아 있는 것들을 분명하게 알고 아직 남아 있는 부정적인 요소들을 제거하려는 의욕(chanda)과 정진이 힘을 얻을 수 있기 때문이다. 상수멸을 증득하는 납득할 만한 실제적인 동기가 아직 분명하지 않은 이상, 마음의 활동이 완전히 멈추고 우뻬카와 싸띠마저 사라진, 공히 불교 수행의 구차제주에서 최정점에 위치한 상수멸이 지닌 수행론적 위상은 어디에서 그 근거를 확보할 수 있을지 한번쯤 고심해 보아야 할 것이다.

5. 위빳싸나와의 교량적 역할

선정은 마음을 한 곳에 모아 고정시켜서 다른 곳으로 이동하지 않는 특성이 있다. 이러한 특성으로 인해서 매우 깊은 집중의 상태로 진입할 수 있다. 불교 선정의 의의는 일반적인 의미의 어떤 신비적인 상태가 아니라 보다 심오한 위빳싸나 수행, 즉 지혜를 얻기 위해 선행되는 조건인 청정하고 고요한 마음의 유지라는 점에서 선정은 집중(concentration)과 마음의 고요함(calm)과 관련해서 그 가치를 지닌다.[387] 선정은 집중력을 고정된 대상에 모으는 것이고, 반면에 위빳싸나는 집중력을 다양한 대상으로 옮겨가면서 관찰하는 방법을 사용한다. 그러므로 흔히 선정에서 위빳싸나를 수행한다는 말은 고정된 대상에서 여러 가지 대상으로 집중의 범위가 확대되었다는 것을 의미한다. 바꿔 말하면 선정 수행에서 위빳싸나 수행으로의 이행移行 또는 선회旋

---

387 Asanga Tilakaratne(1993), p.62.

回이며, 한자로는 정혜겸수定慧兼修나 지관쌍수止觀雙修이다. 선정에서 위빳싸나로의 이행과정에서 우뻬카는 싸띠를 지지하면서 선정과 위빳싸나를 이어주는 일종의 교량적인 역할을 하는 것으로 보인다.

『맛지마니까야』의 「아누빠다쑫따(*Anupadasutta*)」는 비상비비상처정과 상수멸에서 싸띠를 지니고 〔그 선정에서〕 나와서(sato vuṭṭhahati) 소멸하고 변해버린 법(현상)들을 관찰한다고 설한다.[388] 이에 따르면 선정에서 나올 때만이 아니라 선정의 각 단계를 순차적으로 밟아서 상위에 도달할 때마다, 그리고 각 선정에서 위빳싸나로 이행할 때 싸띠의 자각적인 기능이 개입한다고 유추할 수 있다. 더 나아가 『빠빵짜쑤다니(*Papañcasūdanī*)』는 첫 번째 선정부터 무소유처정에 이르기까지 선정에서 어떠한 방식으로 위빳싸나가 가능한지 의문을 풀 수 있는 의미 있는 단초를 제공한다.

선정에서 다양한 정신적인 현상들이 일어나고 머물고 사라지는 현상들을 관찰할 때 선정에 들어 있는 마음이 그 현상들을 안다거나 지혜가 여러 개 있어서 가능한 것이라고 생각해서는 안 된다. 마치 한 손가락 끝으로 동일한 손가락 끝을 만질 수 없듯이, 동시에 두 개의 마음은 일어날 수는 없다. 현상들의 일어남과 머묾, 사라짐으로 마음을 향하여 기울일 때 이러한 변화들은 분명하게 드러난다.[389] 마음을 향하고 기울이는 작용은 네 번째 선정에서 위빳싸나의 통찰을 진행하는 장면을 묘사할 때도 나타난다. 네 번째 선정에 의해서 마음이 청정하고 유연하게 되었을 때 그 마음을 지견으로 '향하고 기울게

388 MN. Ⅲ. 28.

389 Ps. Ⅳ. 88.

해서(abhinīharati abhininnāmeti)' 통찰을 진행한다.[390] 『위쑫디막가』의 경우는 이러한 '향하고 기울이는' 마음을 '아왓짜나(āvajjana), 즉 전향轉向'이라고 표현한다. 전향은 감관이 대상과 접촉할 때 마음의 요소가 그 대상을 인식하는 경우에 사용되거나[391] 선정에서 다섯 가지 자유자재함(pañcavasīkathā)[392] 중의 하나로서 소개되기도 한다. 이때는 다른 선지들을 향해서 재빠르고 쉽게 자신의 의지에 따라 마음을 기울일 수 있는 능력을 가리킨다.[393]

선정에 든 마음은 대상을 통찰하기 위해서 선정으로부터 통찰의 대상으로 그 마음을 향해서 움직여야 한다. 선정에서 이루어지는 위빳싸나의 통찰은 선정에서 위빳싸나로의 선회이며 이 이행의 과정에서 싸띠가 개입한다. 주지하듯이 싸띠-쌈빠잔나처럼 우뻬카와 싸띠는 주로 동반되는 특성이 있다. 싸띠가 싸마타의 선정과 위빳싸나의 통찰을 이어주는 매체로서의 역할을 담당할 때 우뻬카도 싸띠의 역할을 지지하면서 이 과정에 함께한다. 만일 그렇지 않으면 싸띠가 선정과 위빳싸나를 이어주는 일종의 교량적인 역할을 할 때 쉽게 균형이 깨지면서 선정이 동요할 수 있기 때문에 위빳싸나로의 원활한 이행은 어려울 수 있다.

---

390 DN. I. 75~76.

391 Vism. 617.

392 선정에서 다섯 가지 자유자재함(pañcavasīkathā)이란 ① 전향轉向의 능숙함, ② 입정의 능숙함, ③ 머묾(住)의 능숙함, ④ 출정의 능숙함, ⑤ 반조返照의 능숙함이다. 원하는 곳에서 원하는 시간에 원하는 기간만큼 전향, 입정, 머묾, 출정, 반조에 어려움이 없는 것이다(Vism. 154).

393 대림·각묵스님(2009), p.767.

이상의 내용을 정리해보면 다음과 같다.

싸마타 수행은 집중력과 고요함을 계발시키고 집중력과 고요함을 점차 단계적으로 상승시키는 선정 수행으로 이끈다. 선정의 고요함의 정도는 집중의 정도와 정비례하여 증가한다. 선정 수행에 의한 고도의 집중력은 이후 위빳싸나 수행을 위한 강력한 통찰의 수단이 되어준다. 싸마타는 하나의 대상에 주의가 고정되어 다른 곳으로 이동하지도 않는다. 이와는 달리 위빳싸나는 하나의 대상에서 다른 대상으로 움직이면서 대상의 특질을 파악하는 데 초점을 맞춘다. 싸마타의 선정이 지향하는 목표가 고요함과 집중력의 계발이라면, 위빳싸나는 통찰적인 지혜이다.

대부분의 우뻬카들은 싸마타와 위빳싸나 수행과 직간접적인 연관성이 있다. 그중에서 색계 선정, 무색계 선정, 심해탈에 대한(사범주의) 우뻬카는 싸마타 수행과 직접적인 관련이 있다.

선정은 지금 여기에서 행복하게(sukha) 머물고 분명하게 알아차리고 지견知見을 갖추어서 번뇌를 소멸하기 위한 목적이 있다. 번뇌의 소멸은 선정을 통한 우뻬카의 계발과 무관하지 않다. 선정의 단계가 점차로 상승할 때 마음의 안정과 고요함은 그와 정비례해서 증가하기 마련인데, 그 이유는 선정을 방해하는 선지들이 점차 줄어드는 대신 우뻬카는 다른 선지들을 제압하면서 자신의 영향력을 강화시켜 나가기 때문이다. 첫 번째 선정에서 네 번째 선정으로 차례로 진입할수록 불필요한 선지들은 점차 사라지고, 선정에 도움이 되는 선지들은 그대로 유지된다거나 더욱 두드러지게 발현되는 양상을 띤다. 이와 같은 변화의 흐름 속에서 우뻬카 역시 같은 변화의 과정을 밟는다.

우뻬카는 싸띠와 함께 첫 번째 선정에 수반되지만 다른 선지들에 가려져 있기 때문에 아직 그 역할이 분명하지 않다. 그러다가 세 번째 선정에 와서야 비로소 전면에 등장하기 시작한다. 비록 우뻬카와 싸띠-쌈빠잔나, 즐거움, 심일경성 등의 선지가 있기는 하지만 아직은 몸으로 느끼는 미세한 즐거움의 선지로 인해서 다소 동요한다. 동요하는 이유는 우뻬카가 아직은 완전하게 확립되어 있지 않기 때문이다. 세 번째 선정에 보이는 우뻬카는 초기경전에 나타난 우뻬카의 기능적 분류에서 선정에 대한 우뻬카군에 속한다. 선정에 대한 우뻬카는 선정의 고요함을 유지시키는 평정의 기능과 선정에서 위빳싸나로 이행할 때 공평한 관찰의 기능을 제공하지만, 세 번째 선정의 우뻬카는 동요하는 특성을 지닌 즐거움(sukha)의 선지로 인해서 다소 불완전한 균형감을 보인다. 하지만 우뻬카와 함께 싸띠-쌈빠잔나의 선지 때문에 다른 하위의 선정보다 상대적으로 더욱 고요하게 머물 수 있으며, 선정에서 위빳싸나를 이행할 때도 비교적 공평한 관찰이 가능할 수 있다.

네 번째 선정에서 고요함은 더욱 깊어지면서 우뻬카와 싸띠가 가장 확고해진다. 네 번째 선정도 우뻬카의 범주적 분류에서 선정에 대한 우뻬카 군에 속하는데, 마찬가지로 고요한 평정과 공평한 관찰의 기능을 제공한다. 네 번째 선정은 즐거움의 선지마저 사라지고 다른 하위의 선정들보다 가장 완전한 우뻬카의 균형감을 보여준다. 선정의 계위가 높아지는 과정에서 우뻬카는 선정에 방해가 되는 다른 선지들을 제압하면서 점차 강하게 부각된다. 전체 선정은 우뻬카와 다른 선지들 상호간에 일종의 힘겨루기를 하면서 유기적인 구도로 흘러간다. 그 과정에서 우뻬카는 해당 선정의 질적 수준과 성격을 결정짓는 주요인으로 작용하면서 가장 청정하고 맑게 정제된다.

네 번째 선정에서 우뻬카와 싸띠는 상호간에 견인차 역할을 하면서 다른 선정의 계위에서보다 위빳싸나를 위한 최적의 토대를 제공한다. 네 번째 선정을 성취한 이후 삼명통三明通에 대한 앎으로 향하게 하여 번뇌를 소멸한다고 설하는 경증은 네 번째 선정이 상대적으로 가장 뛰어난 위빳싸나의 성취능력을 갖추고 있다는 하나의 방증이 되어준다. 최상의 고요함에 머물러 동요되지 않고 청정한 네 번째 선정의 마음은 이후 위빳싸나 수행을 위한 최적의 상태를 갖춘다. 물론 첫 번째부터 세 번째 선정을 통해서 번뇌를 소멸시킬 수도 있지만 빠르고 더딘 속도 차이와 수월하고 힘겨운 난이도가 존재한다. 가장 수월하고 빠른 길은 네 번째 선정을 성취하고 오근五根을 구족하는 것이다. 그러므로 네 번째 선정의 성취는 오근의 구족이라는 조건과 함께 가장 빠르고 수월하게 번뇌를 소멸하는 방법이며 사선정 중에서도 특히 네 번째 선정은 상대적으로 가장 높은 위빳싸나 성취능력을 보여준다.

선지는 해당 선정의 성격을 결정짓는 중요한 평가기준이다. 네 번째 선정의 성격으로 대변되는 선지는 바로 우뻬카와 싸띠이며 이들은 이 선정에서 최상의 것이 된다. 확고하게 강화된 우뻬카는 최상으로 맑고 또렷해진 싸띠와 세 번째 선정에 이어서 긴밀한 관계를 지속적으로 형성해 나간다. 우뻬카는 싸띠-쌈빠잔나가 동요하지 않고 균형을 유지하면서 대상을 분명하게 파악할 수 있도록 지원해주고, 싸띠-쌈빠잔나는 우뻬카가 자신의 역할을 온전히 다하도록 대상에 마음을 확고하게 붙여두는 역할을 한다. 우뻬카에는 싸띠의 기능이, 그리고 싸띠에는 우뻬카의 기능이 없기 때문에 이들은 실질적으로 서로를 지원한다.

색계정에 이어 무색정에서도 우뻬카는 지속적으로 유지되고 사용된다. 네 번째 선정에서 동요하지 않는 것처럼 무색정은 동요하지 않는 특성을 지닌다. 동요하지 않으면 고요하고 평정하다. 사무색정이 동요하지 않고 평정을 유지할 수 있는 것은 네 번째 선정에 이어 유지되는 우뻬카에 의해서이다. 공무변처부터 비상비비상처로 순차적인 단계로 옮겨 갈 때 각 단계는 우뻬카에 의지해서 계발되며, 사무색정의 우뻬카에 의지해서 색계(물질)의 우뻬카를 극복한다. 무색정의 우뻬카도 색계정의 우뻬카들과 같이 선정에 대한 우뻬카 군에 해당한다. 선정에 대한 우뻬카는 고요한 평정과 공평한 관찰의 기능을 제공한다. 사선정에 남아 있는 색계의 물질에 대한 인식을 극복하고 공무변처로 나아갈 때, 물질에 접촉해도 우뻬카에 의해서 균형을 잃지 않기 때문에 선정은 동요하지 않는다. 같은 원리로 공무변처를 얻고 이후에 식무변처에서 비상비비상처정에 이르기까지 우뻬카에 의지해서 각 단계를 계발시켜 나갈 때, 우뻬카가 기능하지 않으면 각 무색정마다 인식이 대상을 취할 때 균형을 잃고 동요하기 때문에 올바른 선정의 목표는 기대하기 어렵다. 색계정을 넘어설 때나 각 무색정의 단계로 나아갈 때 반드시 우뻬카에 의지해서 계발시킨다.

심해탈에 대한 우뻬카는 자·비·희·사의 사범주四梵住에서 사捨를 말한다. 마음이 번뇌로부터 벗어난다는 의미인 심해탈은 사범주를 통해서 성취되기도 하는데, 사범주는 해탈도解脫道로서의 길과 범천梵天의 세상으로 인도하는 길의 두 가지 방법이 설해진다. 사범주의 요소 중에서 우뻬카는 그 정점에 위치하면서 이들 세 가지 요소가 부족하거나 넘치지 않도록 조화롭게 균형을 잡아주고 이들을 완전하게 해줄 뿐만 아니라, 존재를 차별 없이 동등하게 대하는 고귀한 자질이기도 하다. 그리고 각각의 사범주를 통해서 네 번째 선정을 닦은 후 사념처를 관찰하는 등 사범주의 선정 수행과 통찰 수행은 교차 진행할 수 있다. 우뻬카에 의해서 잘 계발된 선정의 집중력은 사념처의 통찰을 위한 중요한 토대로서 작용한다. 특히 우뻬카는 칠각지 수행과 병행하면 무소유처에 이를 수 있을 정도로 다른 사범주의 요소들보다 상대적으로 강한 집중력을 발휘한다.

상수멸想受滅은 인식과 느낌이 소멸한다는 의미로 소멸의 증득이라고도 불린다. 한역으로는 멸진정, 멸수상정, 멸진삼매로 옮긴다. 초기경전은 구차제주九次第住나 구자체등지九次第等持라 하여 사무색정 다음에 최종적인 단계로 상수멸을 상정한다. 상수멸은 아라한이 되려면 거쳐야 하는 여러 과정들 중 하나의 요건에 편입되어 있을 정도로 높은 비중을 차지하면서 구차제주에서 그 최정점에 위치한다. 상수멸에서 마음의 작용은 사라지기 때문에 인식과 느낌의 작용 역시 중지한다. 그에 따라서 우뻬카도 소멸의 과정을 밟는다. 상수멸에 머물러 있을 때 사라졌던 우뻬카는 출정하면 활동을 재개한다. 상수멸에서 출정한 마음은 우뻬카에 마음을 기울여서 열반으로 향한다. 상수멸을 증득하는 과정에서 우뻬카가 개입하는 경우란 상수멸에 들기 전과 상수멸에서 나올 때, 그리고 나온 후 우뻬카에 의지해서 열반으로 마음을 향할 때이다.

상수멸에서 우뻬카는 인식의 변화와 더불어 이와 같이 일련의 연속과 불연속적인 역동성을 보인다. 선정은 '지금 여기에서', '분명한 알아차림'이라는 기본 충족 요건이 있다. 그렇지만 상수멸은 이 두 가지 요건을 충족시키지 못한다. 상수멸에서 우뻬카가 활동하지 않는다는 사실은 이론적으로는 곧 선정의 이탈을 의미하지만 상수멸에서만큼은 우뻬카의 부재와 선정의 이탈이라는 등식이 성립하지 않으며, 우뻬카의 존폐 여부와 무관하게 여전히 증득의 상태를 유지한다.

본래 선정은 마음이 정화되어가는 과정이기 때문에 이 정화과정에서 인식의 소재 여부는 매우 중요하다. 왜냐하면 아직 남아 있는 부정적인 요소들을 파악해서 이들을 제거하려는 의욕(chanda)과 정진이 힘을 얻을 수 있기 때문이다. 마음의 활동이 완전히 멈추고 우뻬카와 함께 분명한 알아차림마저 사라진 상수멸은 선정이 추구하는 본래의 목적을 온전히 충족시키지 못한다. 물론 상수멸의 성취는 팔선정의 단계를 거친 불환자나 아라한만이 향유할 수 있을 정도로 높은 수행력을 갖춘 성인에게만 허락된다. 불환자는 아직 남아 있는 번뇌를 소멸하려는 뚜렷한 목표가 있기에 동기부여가 될 수 있지만, 아라한이 상수멸에 드는 이유는 어떻게 설명할 수 있는가. 현재까지 아라한의 상수멸 증득은 정신적이 아닌 신체적인 고통을 잊기 위함일 가능성이 크다는 견해가 일반적이다. 그렇다면 만일 신체적인 고통을 잊기 위한 것이 목적이라면 붓다는 네 번째 선정이 아닌, 차라리 상수멸이나 첫 번째 선정에서 반열반에 드는 편이 보다 유리하거나 아니면 좀 더 수월했을 것이다. 여기서 성인이 지닌 자질을 문제 삼는 것이 아니라 불교 수행에 있어서 상수멸이 지닌 수행론적 의의에 대한 문제제기인 것이다.

선정과 달리 위빳싸나의 통찰은 몸과 마음에서 일어나는 갖가지 대상으로 마음이 자유로이 움직이면서 관찰하는 방법을 사용한다. 흔히 선정에서 위빳싸나를 수행한다는 말은 고정된 대상에서 여러 가지 대상으로 집중의 범위가 확대되었음을 의미한다. 그리고 이때 우뻬카는 싸띠를 지지하면서 함께 싸마타의 선정과 위빳싸나를 이어주는 일종의 교량적인 역할을 하는 것으로 보인다. 선정에 든 마음은 대상을 통찰하기 위해 선정으로부터 통찰의 대상으로 그 마음을 향해서 움직여야 한다. 선정에서 이루어지는 위빳싸나의 통찰은 곧 선정에서 위빳싸나로의 이행이나 선회이며, 이 이행의 과정에서 싸띠가 개입한다. 싸띠-쌈빠잔나처럼 우뻬카와 싸띠는 주로 동반되는 특성이 있다. 싸띠가 싸마타의 선정과 위빳싸나를 이어주는 매체로서의 역할을 담당할 때 우뻬카도 싸띠의 역할을 지지하면서 이 과정에 함께한다고 볼 수 있다. 그렇지 않고 만일 싸띠가 선정과 위빳싸나를 이어줄 때 우뻬카가 이에 동참하지 않으면 선정이 동요할 수 있기 때문에 위빳싸나로의 원활한 이행은 기대하기 어려울 수 있다.

제6장 공평한 관찰; 위빳싸나 수행의 우뻬카

1. 사념처와의 밀접성

우뻬카는 싸마타의 선정에서, 선정과 위빳싸나(vipassanā)를 이어줄 때, 그리고 위빳싸나의 통찰을 진행할 때도 요구된다. 통찰을 진행할 때는 사념邪念과 편견 등에 의해서 마음이 치우치지 않도록 균형을 잡아주기 때문에 대상을 공평하게 관찰할 수 있다.

네 가지 싸띠의 확립을 의미하는 사념처(cattāro-satipaṭṭānā, 四念處) 수행은 신身·수受·심心·법法의 대상을 수관隨觀하는 '아누빳싸나(anupassanā)'의 방법을 주로 사용한다. 아누빳싸나는 'anu(따라서)+√dṛś(to see)'에서 파생된 여성명사로 '위빳싸나(vipassanā)'와 같은 어근에서 파생되었는데 무상·고·무아를 관찰하는 술어로서 정착되었다. 무상·고·무아의 현상을 수관하는 것은 위빳싸나 통찰의 시작일 뿐만 아니라 그 전부라 해도 과언이 아니다. 현상을 수관해서 해탈에 이르게 되는 만큼 '아누빳싸나'와 '위빳싸나'는 불가분의 관계에 놓인다.[394] 'anupassanā'의 동사형인 '아누빳싸띠(anupassati)'는 'anu+passati'의 형태로 영어로는 'look at', 'contemplate', 'observe' 등으로 옮긴다. 단순히 수관만 하는 것이 아니라 영원이 아닌 무상이라고 보고, 즐거움이 아닌 괴로움이라고 보고, 자아가 아닌 무아라고 보면서 다양한 각도에서 반복적인 방식으로 대상을 관찰하는 것이다.[395] 따라서 이 '아누빳싸띠'는 '관찰하다(to contemplate)'로 옮길 수 있는데 관찰이란 특별한 관점에서 대상을 조사하는 것이다. 무상한 것, 즉 지속적인 만족을 산출하지 못하는 것 혹은 부정하고 자아가 없기 때문에 버려야 할 대상을 잘 조사하는 것이다.[396]

염처念處의 '싸띠빳따나(satipaṭṭānā)'에서 'sati'에는 어원상 본래 관찰이나 통찰이라는 지성적인 활동성은 존재하지 않는다. 다만 그 역할은 잊지 않고 기억해서 대상에 마음을 붙여두는 것이다. 하지만 실천적인 측면에서 살펴보면 싸띠는 바로 '싸띠빳따나', 즉 싸띠의 확립을 의미한다.[397] 사념처 수행이 상세히 소개되어 있는 『디가니까야』의 「마하싸띠빳따나쑫따(*Mahāsatipaṭṭānasutta*)」나 『맛지마니까야』의 「싸띠빳따나쑫따(*Satipaṭṭānasutta*)」에 의하면 싸띠의 확립은 여러 지성적인 행위들에 의해서 성립된다는 사실을 알 수 있다. 이를테면 바르게 알고(sampajaññaṇa) 관찰하고(paccavekkhati) 분명하게 알

---

394 대림·각묵스님(2009), pp.778~779.

395 Vism. 642; Bhikkhu Ñāṇamoli(1976), pp.748~749.

396 Anālayo Bhikkhu(2014), p.32, p.272.

397 Vism. 678; Ps. Ⅰ. 228.

고(pajānāti) 주의를 기울여서 집중하고(upasaṃharati) 수관하는(samanupassati) 일련의 행위들로서 이들은 싸띠의 확립을 위해 총동원된다.[398]

사념처 수행은 우선 선정에서 진행하는데 다음의 다섯 가지 방법이 제시된다. ①사범주(자·비·희·우뻬카)에서, ②사범주~색계 네 번째 선정까지 증득한 이후, ③색계 네 번째 선정까지 증득한 이후, ④사무색정까지 증득한 이후, ⑤사무색정~상수멸까지 증득한 이후이다.

먼저 ①사범주에서 관찰을 진행할 경우이다. 이때는 자·비·희·우뻬카와 함께 선정에 든 다음 위빳싸나로 이행한 후 각 삼매의 집중력을 이용해서 느낌·인식·마음의 현상들을 무상·고·무아라고 바르게 관찰한다. ②사범주부터 색계 네 번째 선정 이후는 다음과 같이 진행한다. 자애에 의한 삼매를 닦고 네 번째 선정을 성취하고, 연민에 의한 삼매를 닦고 네 번째 선정을 성취하고, 기쁨에 의한 삼매를 닦고 네 번째 선정을 성취하고, 우뻬카에 의한 삼매를 닦고 네 번째 선정을 성취한 다음, 그로부터(tato) 신·수·심·법의 관찰로 나아간다.[399] ③네 번째 선정 이후의 경우는 두 가지 방법이 소개된다. 첫째, 네 번째 선정을 성취한 후에 그 마음을 숙명통, 천안통, 누진통으로 차례대로 향하게 하거나(abhiminnāmetī),[400] 둘째, 네 번째 선정을 증득한 후에 번뇌를 소멸하는 지혜인 누진통으로 향하게 해서 사성제를 통찰한

398 DN. Ⅱ. 290f.; MN. Ⅰ. 55f.

399 AN. Ⅱ. 130; Ⅳ. 299~300.

400 MN. Ⅰ. 22; Ⅲ. 136.

다.[401] 그리고 ④사무색정 이후의 경우는 공무변처를 증득한 이후 공무변처에 수반된 다양한 정신적인 요소들의 생성, 유지, 소멸에 대하여 관찰한다. 이어서 식무변처, 무소유처도 각각 동일한 방식으로 해당 선정에 수반된 정신적인 요소들을 관찰한다. 마지막의 ⑤사무색정에서 상수멸까지 증득한 이후이다. 이때는 공무변처에서 비상비비상처정까지 증득한 다음 싸띠를 지니고 비상비비상처정에서 나온(vuṭṭhahati) 후 소멸하고 변한 법(현상)들을 바르게 관찰한다. 그리고 상수멸을 성취한다. 지혜로써 관찰하고 번뇌를 소멸한다.[402]

①사범주에서 관찰을 진행할 때는 심해탈에 대한 우뻬카가, ②사범주부터 색계 네 번째 선정 이후와 ③색계 네 번째 선정 이후는 선정에 대한 우뻬카 중에서 네 번째 선정이나 출세간의 우뻬카가, 그리고 ④사무색정 이후와 ⑤사무색정부터 상수멸을 증득한 이후는 단일성에 의지한 우뻬카(무색정의)가 각기 선정에서 공평한 관찰의 기능을 담당할 수 있다. 이와 같이 다섯 가지 방법에 의해서 선정에서 통찰을 진행하는데, 이들 중에서 사념처와 우뻬카의 직접적인 연관성을 명시한 경우는 우뻬카에 의해서 네 번째 선정을 성취한 다음 신·수·심·법의 관찰로 나아간다고 설한 ②사범주부터 색계 네 번째 선정 이후이다. 그 밖에 ①, ③, ④, ⑤의 나머지 방법들은 관찰의 대상이 사념처라고 언급하진 않지만 느낌과 인식, 마음의 현상들에 대한 무상·고·무아의 관찰, 사정제의 관찰, 무색정에 수반된 정신적인 요소들의 관찰 등 선정에서 몸과 마음의 현상(법)들이 실질적인 대상이 되기 때문에

---

401 AN. Ⅲ. 93.

402 MN. Ⅲ. 26~28.

이들도 사념처 수행에 포섭될 수 있다.

선정에 의해서 잘 계발된 우뻬카는 싸띠를 지지하면서 통찰이 효과적으로 진행되도록 한다. 아날라요(Anālayo)는 선정에서 통찰이 이루어질 때 우뻬카가 담당하는 역할에 대하여 다음과 같이 비교적 상세한 설명을 덧붙인다. 선정에 의해서 잘 계발된 우뻬카를 토대로 실재의 본질을 관찰하여 법을 분석하는데, 일단 지속적인 관찰이 힘을 얻게 되면 통찰력의 증대로 인해서 관찰의 대상이 보다 분명해지고 수행자는 여기에 기쁨을 느끼면서 수행을 지속한다. 그런데 만일 이 시점에서 의기양양해 한다거나 동요하여 휩쓸리는 위험을 피할 수만 있다면 선정의 집중적인 노력 없이도 지속적으로 대상을 관찰할 수 있게 되고, 이러한 관찰의 과정은 통찰이 무르익어감에 따라 확고해지는 우뻬카의 상태에서 완성되어 나간다.[403] 선정을 닦아 삼매의 집중력에 의해서 우뻬카가 계발되면 관찰력을 제공하고, 우뻬카에 의해서 제공된 관찰의 힘이 증가할수록 통찰은 강화되는 수순을 밟는다.

한편 선정의 밖, 즉 일상에서도 위빳싸나의 통찰이 이루어진다. 이때는 일거수일투족, 그리고 몸과 마음에서 생멸하는 현상 모두가 주 관찰대상이다. 열반의 성취를 위해서 선정과 위빳싸나는 병행하되, 특히 위빳싸나의 경우는 선정뿐만 아니라 매사에 늘 싸띠를 유지하면서 대상에 대한 통찰을 게을리 하지 말아야 한다. 붓다는 제자들에게 항상 싸띠-쌈빠잔나를 지니면서 시간을 보내야 한다고 설한다. 즉 나아갈 때, 물러날 때, 앞을 볼 때, 돌아볼 때, 구부릴 때, 펼 때도

---

403 Anālayo(2012), p.238.

분명하게 알아차리면서 행동한다. 그리고 가사와 발우, 의복을 지닐 때, 맛을 볼 때, 걸을 때, 서 있을 때, 앉을 때, 잠들 때, 잠에서 깰 때, 말할 때, 그리고 침묵할 때도 분명하게 알아차리면서 행동한다. 이와 같이 매사에 분명하게 알아차리면서 신·수·심·법에서 일어나는 다양한 현상들을 있는 그대로 관찰한다.[404] 그리고 이때 싸띠에 의한 관찰의 힘은 정신적 균형감인 우뻬카가 뒷받침해주어야 비로소 그 역할을 다할 수 있기 때문에[405] 선정에서와 마찬가지로 일상에서 위빳싸나를 진행할 때도 우뻬카는 요구된다.

싸띠가 대상을 파악할 때 감관의 경험을 통한 관찰에 대한 우뻬카들, 예를 들면 느낌, 육근, 선한 것에 의지한, 평정각지 우뻬카들은 공평한 관찰력을 제공하면서 수행에 동참한다. 사념처 수행과 칠각지 수행은 함께 닦는데 칠각지 중에서 평정각지 우뻬카는 이때 전면에서 활동한다. 예를 들면 각각의 신(몸)의 현상을 관찰할 때 싸띠가 확립되면서 염(念)각지가 닦여진다. 염각지가 닦여지면 이후 택법擇法각지, 정진精進각지, 희열喜悅각지, 경안輕安각지, 정定각지에서 평정平靜각지 우뻬카 순으로 이어진다. 이윽고 평정각지 우뻬카가 몸의 현상을 공평하게 관찰하면 법이 지닌 무상성을 깨닫는다. 동일한 방식으로 나머지 수·심·법의 요소들이 지닌 무상성을 평정각지 우뻬카로 공평하게 관찰한다.[406]

사념처 수행의 결과 궁극적인 성취에 도달하는데, 이 과정에서

---

404 SN. Ⅳ. 211; DN. Ⅱ. 292; MN. Ⅰ. 56~57.

405 Anālayo(2012), p.238.

406 MN. Ⅲ. 85~88.

수행자는 우뻬카와 위빳싸나 통찰 수행 사이에 밀접한 연관성을 이해함으로써 보다 쉽게 위빳싸나 수행을 진행할 수 있다. 가령 몸과 마음의 현상을 관찰할 때 어떠한 현상에도 반응하지 않고 항상 균형 잡힌 마음을 견지하는 자세가 무엇보다도 중요하다는 사실을 알게 된다.[407] 마음이 외부의 환경이나 내면의 움직임 등 어떠한 자극에도 동요하지 않고 평정하게 머물면 공평하게 대상을 관찰할 수 있다. 비근한 예를 들어보자. 자동차를 타고 빠른 속도로 도로를 주행하면 창밖으로 스쳐지나가는 사물들의 형태는 상세하게 시야에 들어오지 않는다. 그러나 그와 반대로 달리는 차를 멈추고 제자리에서 바라보면 이내 사물들의 형태는 온전하게 파악된다. 같은 이치로 수행자가 신·수·심·법에서 일어나는 다양한 현상에 이리저리 반응하면서 흔들리면 있는 그대로의 모습을 볼 수 없다. 대신에 고요하게 머물면 대상의 본질은 비로소 드러난다. 바로 이 시점부터 통찰력은 가속도가 붙으면서 정진력에 힘이 실린다.[408]

정리하면, 우뻬카는 싸마타의 선정에 이어 사념처의 위빳싸나 통찰

---

407 Amadeo Sole-Leris(1992), pp.120~121.

408 이와 같은 수행의 기제는 일명 '수용적인 노력(receptive effort)'이라고 명명할 수 있다. 수행이 점차 안정되어 일정한 궤도에 도달하기 전까지 수행자는 수행을 통제하려는 '주도적인 노력(proactive effort)'을 기울인다. 그러나 수행이 점차 무르익어 안정되면 그때부터 '주도적인 노력'을 줄이고 수행이 스스로 진행될 수 있도록 '수용적인 노력'을 기울이는 것이 필요하다. 이것은 싸마타 수행에 있어서 집중과 관련해서 명명한 기술적인 용어지만, 위빳싸나의 통찰에서 집중력이 가져다주는 수행의 기제는 동일하기 때문에 참조한다[Stephen Snyder & Tina Rasmussen(2009), pp.63~64].

수행과도 지속적인 관계를 형성한다. 선정에서의 통찰은 다음의 다섯 가지 방법에 의해서 진행된다. ①사범주에서, ②사범주부터 색계 네 번째 선정 이후에, ③색계 네 번째 선정 이후에, ④사무색정 이후에, ⑤사무색정부터 상수멸을 증득한 이후이다. 이들 중에서 사념처와 우뻬카의 직접적인 연관성을 언급하는 경우는 ②사범주부터 색계 네 번째 선정 이후이다. 그 밖에 ②, ③, ④, ⑤의 나머지 네 가지 방법은 사념처 수행을 직접 언급하지는 않지만 느낌과 인식, 마음의 현상들에 대한 무상·고·무아의 관찰, 사정제의 관찰, 무색정에 수반된 정신적인 요소들의 관찰 등 선정에서 몸과 마음의 현상(법)들이 실질적인 대상이 되기 때문에 이들도 사념처 수행에 포섭될 수 있다.

선정에서 사념처의 위빳싸나를 진행할 때는 주로 선정에 대한 우뻬카들, 즉 네 번째 선정이나 출세간, 단일성에 의지한(무색정의) 우뻬카들이 동반되면서 선정의 고요함과 공평한 관찰력을 제공할 수 있다. 그리고 선정 밖, 즉 일상에서 사념처가 진행될 때는 감관의 경험을 통한 관찰에 대한 우뻬카들, 이를테면 느낌, 육근, 선한 것에 의지한, 평정각지 우뻬카들이 동참할 수 있다. 이들도 마찬가지로 싸띠가 대상을 놓치지 않고 파악할 때 균형 잡힌 공평한 관찰력을 제공한다. 특히 평정각지 우뻬카는 사념처 수행과 칠각지 수행을 함께 닦아서 최종의 목표로 나아갈 때 반드시 요구된다.

2. 쌍카라우뻬카-냐나(saṅkhārupekkhāñāṇa)

쌍카라우뻬카-냐나는 사부四部 니까야에는 보이지 않지만, 소부의 『쿤다까니까야』에 편입된 『빠띠쌈비다막가(*Paṭisambhidāmagga*)』에서 그 유례를 찾아볼 수 있다. 『빠띠쌈비다막가』는 "해탈을 돌이켜서 반조하고 고요함에 머무는 지혜로서 쌍카라에 대한 우뻬카와 관련된 지혜가 있다"라고 시설한다.[409] '쌍카라우뻬카-냐나(saṅkhārupekkhāñāṇa)'는 'saṅkhāra'와 'upekkhā' 그리고 'ñāṇa'의 합성어이고, 'saṅkhāra'는 'saṁ+√kṛ'의 형태이다. 이것은 우리말로 '쌍카라에 대한 평정의 지혜'라고 부를 수 있다.

쌍카라는 유위有爲를 이끌어내는 힘을 가지기 때문에 일차적으로는 '형성력'이며, 나아가 그러한 힘에 의해서 전개된 현상에 초점을 맞추면 '현상'으로 풀이된다. 즉 형성(行)이나 유위의 조건 지어진 현상을 의미한다.[410] 쌍카라가 쓰이는 대표적인 용례는 12연기의 지분에서 행行과 오온에서의 행온行蘊, 그리고 신·구·의 삼행三行 등이다. 쌍카라에 의해서 생生, 노老, 병病, 사死, 우憂, 비悲, 고苦, 뇌惱가 일어나므로[411] 곧 '일어남(uppāda, 生)'은 제거되고 극복되어져야 할 대상이다. 그리고 '일어남'은 결국 쌍카라에 의한 것이기 때문에 쌍카라를 극복하는 것이 관건이다. 쌍카라를 극복하려면 쌍카라에 대하여 공평하게

---

409 Ps. Ⅰ. 60. muñcitukamyatāpaṭisaṅkhāsantiṭṭhānā paññā saṅkhārupekkhāsu ñāṇaṃ.

410 임승택(2002), p.170; 전재성(2005), p.627.

411 Paṭis. Ⅰ. 10.

바라보아야 하는데, 쌍카라 우뻬카는 바로 '공평하게 보는 것(ajjhupekkhā)'과 관련이 있다.[412] '공평하게 보는 것'이란 주관적인 관념을 배제한 채 가까이 밀착해서 면밀하게 관찰하는 것을 말한다.[413] 쌍카라 우뻬카에 의해서 주관적인 관념 없이 공평하게 관찰하면 쌍카라에 대한 지혜(ñāṇa)가 생긴다. 『위쑫디막가』는 쌍카라우뻬카-냐나가 생기는 원리에 대하여 다음과 같이 설명한다. 만일 쌍카라에 대하여 면밀하게 관찰하면 해탈하기를 원하게 되고, 그에 따라 깊이 숙고하여 지혜로써 쌍카라들을 파악하기 시작한다. 그러면 '나'라거나 '내 것'에 속한 것이 없다는 사실을 알고 쌍카라에 대하여 중립적이 되면서 쌍카라에 대한 우뻬카의 지혜가 생긴다.[414]

쌍카라우뻬카-냐나는 이처럼 다양한 쌍카라들이 형성되는 현상들을 우뻬카로 공평하게 관찰한 후에 생기는데, 선정 수행의 힘에 의해서 여덟 가지가 또 위빳싸나 수행의 힘에 의해서 열 가지가 생긴다. 선정 수행의 힘에 의한 여덟 가지는 첫 번째 선정부터 여덟 번째 비상비비상처에 이르기까지 각 선정력에 의지해서 계발된 우뻬카로 쌍카라를 공평하게 관찰한 후에 생성되는 지혜이다. 그리고 위빳싸나 수행에 의한 열 가지는 성인의 열 가지 경지를 얻기 위한 전생轉生의 도정과 관련이 있다. 예류도·예류과, 일래도·일래과, 불환도·불환도과, 아라한도·아라한과, 공성空性, 무인상無因相을 각각 얻기 위해서 일어남(uppāda), 유전(pavattāpana, 遺傳), 형상(nimitta), 지속함(ā-

---

412 Paṭis. Ⅰ. 61. Uppādo saṅkhārā te saṅkhāre ajjhupekkhatīti saṅkhārupekkhā.

413 임승택(2001), p.447.

414 Vism. 661.

yuhana), 결생(paṭisandhi, 結生), 다른 존재로 나아감(gati, 趣), 생김(nibbatti), 성장함, 태어남, 늙음, 병듦, 죽음, 슬픔, 비탄, 고뇌 등이 〔삼세에 걸쳐〕 형성된다. 그리고 이러한 것들이 형성될 때 신체적·정신적인 활동에 의해서 발생하는 다양한 현상들(쌍카라)을 괴로운 것이라고 관찰한 후에 해탈을 원하는 마음이 생겨서 고요하게 머물 때 지혜가 생성된다.[415] 고요하게 머무는 것이 가능한 이유는 상술한 모든 사항과 정확하게 상반되는 상황들을 철저하게 알기 때문이다. 상반되는 상황들이란 일어나지 않음, 연속되지 않음, 형상 없음, 지속하지 않음, 성장하지 않음, 태어나지 않음, 늙고 병들고 죽지 않음 등이다.[416] 상술한 일어남으로부터 시작해서 고뇌로 열거되는 전 항목들은 괴로움이 발생하는 구조이고, 발생한 괴로움이 소멸하는 과정은 쌍카라우뻬카-냐나의 지혜가 생기는 열반의 구조이다. 괴로움이 발생하고 소멸하는 전 과정을 정확하고 철저하게 통찰해서 알면 열반으로 나아간다.

『위쑫디막가』는 쌍카라우뻬카-냐나와 열반의 관계에 대하여 다음과 같이 기술한다. 쌍카라우뻬카-냐나가 열반을 고요하다고 보면 모든 쌍카라들의 형성을 버리고 오직 열반으로 들어간다. 만일 열반을 고요하고 평정하다고 보지 못하면 반복해서 쌍카라들만이 일어난다. 이는 마치 상인들이 배에 까마귀를 싣고 항해하다가 배가 강풍에 휩쓸려 엉뚱한 방향으로 떠밀려가 해안을 찾지 못할 때 까마귀를 날려 보내는 것과 같다. 그러면 까마귀는 돛의 꼭대기로부터 하늘을

415 Paṭis. Ⅰ. 64~65; Bhikkhu Ñāṇamoli(1982), p.65~66.

416 Ps. Ⅰ. 15.

날아서 사방을 살펴보고 해안을 발견하면 그 방향으로 날아가지만, 만약 그렇지 못하면 다시 돌아와 돛의 꼭대기에 와서 앉는다. 쌍카라들을 파악한 뒤에 두려움과 즐거움 등을 버리고 쌍카라에 대하여 무상·고·무아라고 통찰하면 쌍카라우뻬카-냐나의 지혜가 생긴다. 그러면 쌍카라우뻬카-냐나는 무상無相·무원無願·공空의 세 가지 해탈의 관문(vimokkha-mukha)으로 들어가기 위한 조건이 된다. 이 세 가지 해탈의 관문은 세상으로부터 벗어나도록 인도한다.[417]

한편 쌍카라우뻬카-냐나는 다음과 같이 세 가지 이름으로 불리기도 한다. 해탈하기를 원하는 지혜, 성찰하는 지혜, 그리고 마지막 쌍카라에 대한 평정의 지혜이다. 이들의 이름은 수행의 정도가 점차 깊어지는 수순과 관련이 있다. 쌍카라들이 지닌 괴로움을 보고 난 후에 염오厭惡하는 마음이 생겨서 벗어나기를 원하는 마음이 해탈하기를 원하는 마음이고, 벗어나는 길을 찾기 위해 깊이 숙고하는 것이 성찰하는 단계이고, 해탈한 뒤 마지막에 평정한 것이 쌍카라에 대한 평정의 지혜이다.[418] 쌍카라우뻬카-냐나는 이와 같이 수행의 과정에서 상카라에 대한 관찰에 참여하고 난 후 마지막 상카라에 대한 평정을 성취한 열반의 지혜에 이르기까지 해당 범위가 포괄적이다.

열반의 지혜는 행복한 평정의 경험을 선사한다. 우 빤디따(U Pandita)는 쌍카라우뻬카-냐나가 성취된 내적 경지를, 모든 형성(상카라)에 대해서 공평하게 관찰하는 단계인 쌍카라우뻬카-냐나에 이르면 어느 한쪽으로 치우침이 없는 평정을 경험하는데, 이것은 충만한 기쁨이지

---

417 Vism. 657f.

418 Vism. 660~661.

만 동요하거나 전율하는 것이 아닌 매우 섬세하게 균형이 잡힌 상태이자 행복한 지혜의 경험이라고 묘사한다.[419] 요컨대 쌍카라우뻬카-냐나는 싸마타의 선정과 위빳싸나의 통찰에 의해서 생성되는 지혜를 말한다. 그리고 그러한 지혜는 상카라가 지닌 조건성을 관찰하고 난 후에 모든 형성력이 제거되면서 고요하게 머무는 열반의 지혜까지 아우른다. 사실상 이와 같은 쌍카라우뻬카-냐나의 기능과 특성의 범주는 지금까지 보아왔던 우뻬카들이 지닌 기능적인 장점과 특성을 내포하고 있기 때문에, 이를테면 우뻬카의 대표격이라고 말해도 좋을 정도로 가장 포괄적인 외연을 자랑한다.

3. 붓다의 반열반

붓다는 입멸入滅에 임박해서 순서대로, 그리고 역순으로 선정에 드는데 최후에는 네 번째 선정에서 나온 후에(vuṭṭhahitvā) 반열반(parinibbāna, 般涅槃)에 든다.[420] 그런데 여러 선정의 계위들 중에서 붓다는 어떤 이유로 네 번째 선정에서 나온 후에야 비로소 반열반에 든 것인가. 그 이유는 네 번째 선정의 요소인 우뻬카와 싸띠에 의해서 추정해볼 수 있다.

반열반을 뜻하는 '빠리닙빠나(parinibbāna)'에서 'pari'는 '두루', '널리', '보편적으로', 또는 '완전한'의 의미를 가진 접두어이다. 그래서 보통은 반열반을 완전한 열반이라 부르기도 한다. 반열반은 붓다와

---

419 U Pandita(1991), p.135.

420 DN. Ⅱ. 156.

같이 고귀한 존재가 죽음을 맞이하는 사건을 이르기도 하고 살아생전에 성취한 열반을 의미하기도 한다.[421]

그런데 「마하빠리닙빠나쑷따(*Mahāparinibbānasutta*)」는 붓다의 죽음을 일러 반열반이라고 부르고, 반열반에 들기 전에 첫 번째 선정에서부터 차례대로 상수멸에 들었다가, 역순으로 내려온 후에 다시 네 번째 선정에서 반열반에 드는 과정을 상술한다.[422] 만일 죽음에 수반되는 신체적인 고통을 덜어내기 위한 목적에서였다면 차라리 비교적 입정과 출정이 수월한 첫 번째 선정, 그도 아니면 느낌(受)이 완전히 사라진 상수멸에서 반열반에 들지 않고 유독 네 번째 선정에서 입멸한 이유는 무엇인가. 사실 붓다의 마지막 순간의 마음은 그가 직접 언표하지 않은 이상 그 누구도 정확하게 예단할 수 없기에 여기서는 단지 그 가능성만을 유추해볼 수 있을 따름이다.

『쑤망갈라윌라씨니(*Sumaṅgalavilāsinī*)』는 다음과 같은 주석을 덧붙이고 있어서 이를 통해 붓다 최후의 마음을 어느 정도 엿볼 수 있게 한다. 최후의 순간에 네 번째 선정에서 '나오고 나서(vuṭṭhahitvā)'라는 의미는 '선정의 바로 다음'과 '반조(paccavekkhaṇā)하고 난 바로 다음'이라는 두 가지의 뜻이 있다. 첫째, '선정의 바로 다음'은 네 번째 선정에서 나온 후에 바로 바왕가(bhavaṅga)로 들어가서 거기에서

---

421 불환자는 몸이 무너진 사후에 정거천에 태어나서 반열반을 이루기도 하지만(AN. Ⅱ. 155), 불환자가 사후에 반열반을 성취하는 사건은 열반을 성취하기 위한 하나의 방법과 관련된 차원의 문제로 초기불교의 반열반은 주로 현재적인 사건을 다룬다.

422 DN. Ⅱ. 156; SN. Ⅰ. 158.

반열반에 든 것이고, 둘째, '반조하고 난 바로 다음'은 네 번째 선정에서 나온 후에 선정의 요소들을 반조하고 나서 바왕가로 들어가서 거기에서 반열반에 든 것을 말한다. 이 둘 중에서 붓다는 '반조하고 난 바로 다음'에 바왕가의 마음으로 반열반에 들었다.[423] 여기서 반조하고 난 다음에 반열반에 들 수 있었던 주요한 요인으로는 네 번째 선정의 요소로서 두드러지는 우뻬카와 싸띠의 활동성에 주목하고자 한다. 붓다가 다른 것이 아닌 특히 네 번째 선정을 선택한 이유는 이 선정이 최후를 맞이할 수 있는 최적의 조건을 갖추었기 때문일 가능성이 높다.

네 번째 선정은 신체적·정신적으로 괴롭지도 즐겁지도 않은 우뻬카가 다른 하위의 선정의 계위에서보다 최상으로 발현된다. 이 최상으로 발현된 우뻬카는 모든 느낌들을 극복하고 평정심을 유지하기 때문에 붓다는 죽음에 수반되는 신체적인 고통이나 정신적인 고통을 초연하게 감내했을 것이다. 사선정은 본래 지혜를 발생시키므로 사선정에서 발현되는 지혜의 역할에 주목할 필요가 있다.[424] 우뻬카의 고유한 기능은 지혜를 수반하는 통찰이다.[425] 네 번째 선정에서 강화된 우뻬카는 싸띠를 지지하면서 모든 느낌을 지혜로써 알고 볼 수 있게 한다.

---

423 Sv. II. 594~595. 부처나 벽지불, 성문제자들 누구나 할 것 없이, 심지어 개미마저도 바왕가의 마음으로 임종을 맞이한다고 한다. 아비담마에서 바왕가는 감관의 기능이 활동하지 않을 때도 지속적으로 생명 활동을 유지시켜주는 의식인데, 아주 미세하여 일상적인 의식으로는 알기 어렵다고 한다[대림·각묵스님(2009), p.293].

424 안양규(2009), pp.176~177.

425 대림·각묵스님(2009), p.137.

그 결과 붓다는 죽음에 따른 고통의 느낌을 간파한 후 고요하게 반열반에 들 수 있었을 것이다.

실제로 죽음에 임박했을 때 초연하게 죽음을 맞이하는 과정이 비교적 구체적으로 묘사된 대목이 있다. 만일 몸이 한계에 달한 느낌이 오면 '나는 지금 몸이 한계에 달한 느낌을 느낀다'라고 분명하게 알고(pajānati), 목숨이 한계에 달한 느낌이 오면 '나는 지금 목숨이 한계에 달한 느낌을 느낀다'라고 분명하게 안다. 그리고 '몸이 무너지고 목숨이 다하면, 느껴진 모든 것은 여기에서 사라지고 말 것이다'라고 분명하게 안다.[426] 네 번째 선정의 우뻬카는 싸띠와 함께 죽음에 수반되는 신체적·정신적인 고통의 느낌을 지혜로써 분명하게 알고 동요를 잠재운다. 네 번째 선정을 얻은 이후에야 모든 아라한들이 반열반에 들었는지의 여부는 아직 잘 알려져 있지 않지만, 우뻬카와 함께 싸띠는 죽음으로 인해서 흔들리거나 혼란스럽지 않게 해준다는 점만은 분명하다.[427] 붓다가 입멸하기 전 선정에 든 이유는 죽음에 따른 고통을 이겨내기 위한 시도였을 것이다.[428]

「마하빠리닙빠숟따」는 죽음에서 비롯된 고통의 느낌을 이겨내기 위한 상황이 묘사된 게송을 전한다. 붓다가 네 번째 선정에서 출정한 후 이내 반열반에 들자 아누룯다(Anuruddhā) 존자는 다음과 같이 게송을 읊었다.

---

426 SN. Ⅳ. 213.

427 Lily de Silva(1996), pp.26~27.

428 D. J. Kalupahana(1976), p.71.

들숨날숨이 없으신 분, 마음이 확고부동하신 분
여여하신 분, 욕망이 없으신 분,
성자께서는 고요함을 이루셨네.
물러나지 않는 마음으로 느낌을 감내하셨으니
등불이 꺼지듯 그렇게 그분의 마음은 해탈하셨네.[429]

'들숨날숨이 없는 것'은 네 번째 선정에서의 호흡의 멈춤이고, '느낌'은 죽음에 임박해서 맞이하는 고통스러운 느낌이다. 물러나지 않는(asallīna) 마음으로 느낌을 감내할 수 있었던 것은 네 번째 선정에서 확고해진 우뻬카가 평정심을 유지시켜주었기 때문이다. 싸띠에 의해서 죽음의 전 과정을 분명하게 파악할 때 느낌이 주는 경험은 우뻬카에 의해서 공평하게 관찰한다. 그러면 괴로움의 소멸에 대한 지혜가 생기고 소멸에 대한 지혜가 생기면 동요하지 않고 고요하게 머물 수 있다. 네 번째 선정은 다른 하위의 선정에서 보다 우뻬카와 함께 싸띠가 최상으로 확립된 상태이다. 그러므로 네 번째 선정에서 나온 후 이루어진 붓다의 반열반은 우뻬카와 함께 싸띠를 유지한 채 최후를 맞이하려는 시도였을 가능성이 높다.

이상의 내용을 정리하면 다음과 같다.

우뻬카는 싸마타의 선정에서, 선정과 위빳싸나를 이어줄 때, 그리고 위빳싸나의 통찰을 진행할 때도 활동한다. 통찰을 진행할 때 사념과 편견 등에 의해서 마음이 치우치지 않도록 균형을 잡아주기 때문에

429 DN. Ⅱ. 157; SN. Ⅰ. 159.

공평한 관찰이 가능하다.

위빳싸나 통찰의 사념처 수행은 수관(anupassanā)이나 분명하게 아는(pajānāti) 행법 등을 동원해서 신身·수受·심心·법法이 지닌 본질을 통찰한다. 사념처의 통찰 수행은 다음의 다섯 가지 방법에 의해서 진행된다. ①사범주(자·비·희·사)에서, ②사범주~네 번째 선정까지 증득한 이후, ③네 번째 선정까지 증득한 이후, ④사무색정까지 증득한 이후, ⑤사무색정~상수멸까지 증득한 이후이다. 이들 다섯 가지 방법들 중에서 우뻬카와의 직접적인 연관성을 언급한 경우는 우뻬카에 의해서 네 번째 선정을 성취한 다음 신·수·심·법의 관찰로 나아간다고 설한 ②사범주~네 번째 선정까지 증득한 이후이다. 그러나 그 밖의 ①, ③, ④, ⑤의 나머지 방법들도 선정에서 일어나는 몸과 마음의 현상(법)들이 실질적인 관찰대상이라는 점에서 사념처 수행에 포섭될 수 있다. ①~⑤의 과정에서 사범주의 우뻬카, 세 번째 선정에 대한 우뻬카, 네 번째 선정에 대한(출세간의) 우뻬카, 무색정(단일성에 의지한)의 우뻬카들은 사념처의 통찰이 원만하게 진행되도록 싸띠를 지지하면서 공평한 관찰과 고요한 평정을 제공할 수 있다.

선정 이외에 선정 밖에서 위빳싸나가 이루어질 때는 일상의 일거수일투족, 그리고 몸과 마음의 생멸 현상 모두가 관찰 대상이다. 그리고 이때도 정신적인 균형감인 우뻬카가 뒷받침해주어야 싸띠가 자신의 역할을 다할 수 있기 때문에 선정에서와 마찬가지로 우뻬카는 여전히 요구된다고 볼 수 있다. 싸띠가 대상을 분명하게 파악할 때 감관의 경험을 통한 우뻬카들, 이를테면 느낌의, 육근의, 선한 것에 의지한,

평정각지 우뻬카는 공평한 관찰력을 제공할 수 있다. 이들 중에서 특히 평정각지 우뻬카는 사념처 수행과 칠각지 수행을 병행할 때 전면에서 활동한다.

'쌍카라우뻬카-냐나(saṅkhārupekkhāñāṇa)'는 사부 니까야에는 보이지 않지만 소부인 『쿧다까니까야』에 편입된 『빠띠쌈비다막가』에서 그 유래를 찾아볼 수 있다. '쌍카라우뻬카-냐나'를 우리말로 옮기면 '쌍카라에 대한 평정의 지혜'이다. 쌍카라 우뻬카는 쌍카라에 대하여 평정한 마음으로 보는 것(ajjhupekkhā)인데, 평정하게 보는 것이란 주관적인 관념을 배제하고 면밀하게 관찰하는 것이다. 평정하게 관찰하면 쌍카라로부터 해탈하기를 원하게 되고, 더 깊이 숙고하면 결국엔 지혜로써 쌍카라를 파악하는 단계에 이른다. 그러면 모든 쌍카라에 대하여 동요하지 않고 '쌍카라우뻬카-냐냐'의 지혜가 발현된다. 쌍카라우뻬카-냐나는 싸마타의 선정 수행과 위빳싸나의 통찰 수행에 의해서 생성되는데, 세 가지 이름으로 불리기도 한다. 즉 '해탈하기를 원하는 지혜', '깊이 숙고하여 관찰하는 지혜', 해탈에서 오는 '쌍카라에 대한 평정의 지혜'이다. 쌍카라의 괴로움을 보고 난 후에 염오厭惡하는 마음이 생겨서 그로부터 벗어나기를 원하는 마음이 해탈하기를 원하는 마음이고, 벗어나는 길을 찾기 위해 깊이 숙고하는 것이 성찰하는 것이고, 해탈한 뒤 마지막에 평정한 것이 쌍카라우뻬카-냐나의 지혜이다. 따라서 이 우뻬카는 수행의 전 과정에 관여하고 난 후에 쌍카라에 대하여 평정을 성취한 열반의 지혜까지 묘사한다는 점에서 우뻬카들이 지닌 기능적인 장점과 특성을 포괄하는 외연을 가진다.

붓다는 입멸에 임박해서 네 번째 선정에서 나온 후 반열반(parinibbāna)에 든다. 여러 선정의 층위들 중에서 유독 네 번째 선정에서 나온 후 반열반에 든 이유는 네 번째 선정의 요소인 우뻬카와 싸띠에 의해서 설명될 수 있다. 네 번째 선정에 의해서 확고해진 우뻬카는 싸띠를 지지하면서 죽음에 수반되는 신체적·정신적인 고통의 느낌들을 공평하게 바라볼 수 있게 한다. 그 결과 신체적·정신적인 느낌에 동요하지 않고 고요하고 평정하게 최후를 맞이할 수 있었을 것이다. 네 번째 선정을 얻은 이후라야 모든 아라한들이 반열반에 들었는지의 여부는 잘 알려져 있진 않지만, 우뻬카와 싸띠는 죽음으로 인해서 동요하거나 혼란스럽지 않도록 해준다는 사실만은 분명해 보인다. 싸띠가 죽음에 이르는 전 과정을 파악할 때 느낌이 주는 경험은 우뻬카가 공평하게 관찰한다. 그러면 괴로움의 소멸에 대한 지혜가 생기고, 소멸에 대한 지혜가 생기면 평정하게 머물 수 있다. 네 번째 선정은 다른 하위의 선정에서 보다 우뻬카와 함께 싸띠가 최상으로 확립된 상태이다. 그러므로 네 번째 선정에서 나온 후 이루어진 붓다의 반열반은 우뻬카와 함께 싸띠를 유지한 채 최후를 맞이하려는 시도였을 가능성이 비교적 높다.

제7장 우뻬카의 완성과 유지

1. 우뻬카바라밀(Pārami)의 수습

바라밀은 '빠라미(pārami)'의 음역이다. 'pārami'는 'parama'에서 유래한 추상명사로 '완성', '완전함', '가장 높은 상태'를 의미한다. 『자따까(*Jātaka*)』에 의하면 바라밀은 보디쌋따(Bodhisatta, 보살), 즉 붓다의 전신全身이 닦아야 할 주요한 수행 덕목이라 하여 모두 열 가지 종류가 소개된다. 그 열 가지는 ① 보시(dāna, 施), ② 지계(sīla, 持戒), ③ 출리(nekkhamma, 出離), ④ 지혜(paññā), ⑤ 정진(viriya), ⑥ 인욕(khanti, 忍辱), ⑦ 진실(sacca), ⑧ 결의(adhiṭṭhāna, 決意), ⑨ 자애(mettā, 慈愛), ⑩ 우뻬카이다.[430] 이 바라밀들은 『자따까』에서 묘사한 대로 보디

---

430 T. W. Rhys Davis & Willian Stede(1986), p.454. 『증일아함경增一阿含經』은 바라밀을 '도무극度無極'이라 하는데 여기서 '무극'은 열반을 가리킨다. 바라밀의 종류는 모두 여섯 가지로 보시, 지계, 인욕, 정진, 선정, 지혜바라밀이다

쌋따가 전생에 갈고 닦아서 연마한 수행의 결실들이다.[431]

바라밀이란 용어는 『짜리야삐따까(*Cariyāpiṭaka*)』에 처음으로 보인다. 그 주석서인 『마두랕타윌라씨니(*Madhuratthavilāsinī*)』는 바라밀과 보디빠짜나(bodhipācana)를 서로 동일한 의미로 사용하면서 보디빠짜나를 지혜의 완성이나 도(magga)의 완성이라고 부른다. 바라밀과 보디빠짜나, 즉 지혜와 도의 완성은 붓다와 아라한에게 모두 적용된다.[432] 『짜리야삐따까』에 따르면 반대하는 무리로부터 갖가지 비난과 모욕을 받는 상황에서도 보디쌋따가 한결같이 평정심을 유지할 수 있었던 이유는 그의 우뻬카바라밀이 완성되어 있었기 때문이다.[433] 그러므로 바라밀은 보디쌋따가 갖춘 수행 덕목일 뿐만 아니라 붓다와 아라한이 모두 갖추고 있는 공통적인 자질로서 중요시된다는 사실을 알 수 있다.

바라밀은 이기적인 동기나 잘못된 신념, 갈망의 느낌, 자만, 그리고 사견에 의해서 오염되지 않은 순수한 이성이다. 『빠라맏타디빠니

(T.2.550a13~14; 645b04). 여섯 가지에 방편方便, 원願, 력力, 지智를 더하여 십바라밀로 나타나기도 한다(T.2.550a13f.). 남방과 북방의 전통은 바라밀의 종류에 있어서 차이를 보이는데, 공통적인 바라밀은 보시, 지계, 인욕, 정진, 지혜이고 우뻬카바라밀은 남방의 전통에만 나타난다. 엔도(Toshiichi, Endo)는 북방의 경우에 여섯 가지 바라밀 중에서 완성을 의미하는 반야바라밀이 제일 나중에 위치하므로 여섯 가지가 바라밀의 원형이고, 여기에 A.D. 3~4세기경 십진법의 계산 기법이 도입되면서 네 가지 바라밀이 단순히 추가적으로 더해진 것이라고 추정한다〔Toshiichi, Endo(1997), p.269〕.

431 W. G. Weeraratne(2003), vol. Ⅶ, p.312; Ven. Nyanartiloka(2004), p.150.

432 Toshiichi, Endo(1997), p.268.

433 W. G. Weeraratne(2003), vol. Ⅷ, p.444.

(*Paramatthadīpanī*)』에 의하면 모든 존재들에게 자애와 연민의 마음을 닦을 때 열 가지 바라밀도 함께 계발되므로 이들은 연계해서 함께 닦는 것으로 알려져 있다. 열 가지 바라밀 중에서 마지막에 오는 우뻬카바라밀은 특히 보디쌋따가 칭찬과 비난, 이득과 손실, 괴로움과 즐거움 등 세상의 모든 가치와 평가, 느낌 등과 대면하여도 마치 흔들리지 않는 바위처럼 완벽하게 중심을 잡고 균형을 잃지 않도록 해주는 덕목이다.[434] 『위쑫디막가』의 경우도 자애의 마음과 바라밀이 서로 조화를 이루어야 열 가지 바라밀을 모두 성취할 수 있으며 다음에 제시된 실천 방법들에 의해서 열 가지 바라밀은 닦여진다고 상술한다.

①보시바라밀; 존재를 평가해서 그에 따라 차등을 두지 않고 보시한다. ②지계바라밀; 존재에게 위해가 되지 않도록 계율을 잘 지킨다. ③출리바라밀; 계율이 확고해지도록 금욕적인 생활을 한다. ④지혜바라밀; 선한 것과 불선한 것을 잘 이해하도록 존재들을 지혜롭게 한다. ⑤정진바라밀; 존재들이 편안하고 행복하도록 지속적인 노력을 한다. ⑥인욕바라밀; 존재가 행하는 잘못들을 잘 참고 견뎌낸다. ⑦진실바라밀; 진실하지 않은 것은 무엇이든 존재에게 행하거나 주지 않는다고 서원한다. ⑧결의바라밀; 굳센 결의로 존재들이 편안하고 행복해지도록 행동한다. ⑨자애바라밀; 자애의 마음으로 모든 존재들을 돕는다. ⑩우뻬카바라밀; 우뻬카로(평정을 유지하여) 선업에 대한 그 어떤 대가도 바라지 않는다.[435]

이들에 따르면 열 가지 바라밀은 생명 있는 존재의 이익과 그들의

---

434 W. G. Weeraratne(2003), vol. Ⅶ, pp.312~314; Toshiichi, Endo(1997), p.29.

435 Vism. 325.

행복을 위해서 무엇보다 자애바라밀(연민 포함)을 방사하는 일이 동시에 열 가지 바라밀이 완성되는 길이 되도록 고안되어 있다. 자애나 연민의 마음을 키우고 또 이를 다른 존재들에게 무한하게 펼칠 때, 앞서 심해탈에 대한(사범주의) 우뻬카의 기능과 역할에서 보았듯이, 만일 이들이 어느 한쪽으로 치우쳐서 과하거나 부족하면 기쁨이나 슬픔 등에 의해서 정서적으로 동요할 수 있으므로 우뻬카는 이들이 균형과 조화를 이루게 한다. 우뻬카바라밀에 의해서 자애바라밀은 비로소 완전해지는 구조이기 때문에 우뻬카바라밀은 다른 아홉 가지 바라밀의 토대로서 작용한다고 말할 수 있다. 따라서 다른 아홉 가지 바라밀은 우뻬카바라밀의 수습이 전제되지 않으면 현실적으로 실행 가능하지 않을 수 있다.

아라한과 같은 성인이나 보디쌋따와 같은 존재들은 다른 사람들이 고통에서 벗어나서 편안하기를 바라고, 또 그들이 이룬 다양한 결실들이 오래도록 지속되기를 바라는 마음으로 머물기 때문에 편견이나 차별 없이 모두를 균등하게 대할 수 있다. 모두를 균등하게 대하는 마음은 자신과 남을, 혹은 남과 남을 비교하여 차등을 두지 않는 우뻬카의 공평함에서 비롯된다. 모두를 공평하게 대하고도 마지막에 자신의 선업에 대한 칭찬이나 명성, 이득 등 그 어떤 대가나 기대도 바라지 않고 우뻬카바라밀을 유지하면서 고요하게 머문다. 보디쌋따는 우뻬카바라밀을 토대로 여타의 보시, 지계, 출리, 지혜, 정진, 인욕, 진실, 결의, 자애바라밀을 연마하고 계발시켜야 할 존재이며, 붓다와 같은 아라한은 이러한 열 가지 바라밀의 덕목들을 완성해서 갖추고 늘 우뻬카바라밀을 발현하고 유지하는 고귀한 존재이다.

2. 족쇄(saṁyojana, 足鎖) 제거

성인(ariyapuggala, 聖人)이 되려면 마음의 오염원汚染源인 족쇄(saṁyojana, 足鎖)들을 차례대로 제거해 나가야 하는데, 그 과정에서 각 족쇄의 성격에 따라 해당 족쇄를 제거하는 데 관여할 수 있는 우뻬카를 상정해볼 수 있다. 각 사성인四聖人의 과위果位는 족쇄로 대변되는 마음의 오염원들이 점차 소멸되면서 마음이 정화되어가는 과정에 따른 구분이다. 예류자부터 불환자에 걸쳐서 나타나는 족쇄들은 과위가 높아질수록 차례대로 사라져서 결국엔 아라한에 이르러서야 완전하게 소멸한다. 족쇄들이 사라지는 대신 우뻬카와 싸띠 같은 선법善法들이 아라한의 마음에 자리 잡는다.

빠알리어 '쌈요자나(saṁyojana)'는 족쇄로 옮기는데, 족쇄 외에도 '결박', '장애', '계박繫縛', '속박', '결結' 등으로 다양하게 번역하기도 한다. 'saṁyojanā'는 'saṁ'과 '√yuj'가 결합된 중성명사 형태이다. 'yuj'는 '묶음', '연결', '결합'을 의미하므로 'saṁyojanā'는 '함께 묶음'이나 '하나로 결합함'의 뜻을 가진다.[436] 한데 묶어서 자유롭지 못하게 구속하고 결박하기 때문에 족쇄이다. 족쇄는 열 가지 종류로 대변되는데, 다섯 가지 낮은 단계와 다섯 가지 높은 단계로 나뉜다. 다섯 가지 낮은 단계는 ①유신견有身見, ②회의적 의심, ③계율과 의식에 대한 집착(戒禁取), ④감각적 욕망, ⑤악의이다. 그리고 다섯 가지 높은 단계는 ①색계에 대한 탐욕, ②무색계에 대한 탐욕, ③자만, ④들뜸,

---

436 전재성(2005), p.619; 水野弘元(2005), p.276.

⑤무명이다.[437] 다섯 가지 낮은 단계의 족쇄들 중에서 유신견, 회의적 의심, 계율과 의식에 대한 집착은 예류과에서 제거되고, 감각적 욕망과 악의는 일래과에서 점차 엷어졌다가 불환과에 이르러 완전히 사라진다. 그리고 다섯 가지 높은 단계의 족쇄는 차례대로 사라지다가 마침내 아라한이 되어서야 비로소 완전히 소멸한다.

족쇄를 모두 소멸하기 위해서 제시된 공통적인 방법은 사념처 수행의 법념처法念處에서 찾아볼 수 있다. 법념처 중에서도 특히 육내외처六內外處와 관련지어 나타나는데, 이때는 '육근과 대상이 만나서 족쇄가 생기는 현상'을 놓치지 않고 파악하는 방법이 제시된다. 이를테면 눈을 분명하게 알고(pajānāti),[438] 형상을 분명하게 알고, 눈과 형상 때문에 족쇄가 생기는 것을 분명하게 안다. 그리고 아직 생기지 않은 족쇄가 생긴다면 생기는 대로 분명하게 안다. 이미 생긴 족쇄가 사라지면 사라지는 대로 분명하게 안다. 또 사라진 족쇄가 미래에 생기지 않으면 그것 또한 분명하게 안다. 귀에 대한 소리, 코에 대한 냄새, 혀에 대한 맛, 몸에 대한 감촉, 그리고 의意에 대한 법法도 마찬가지 방법으로 그 즉시 분명하게 안다. 이와 같은 방법에 의해서 육근의 경험이 주는 현상(족쇄)을 잘 관찰하면 싸띠가 확립되면서 세상 어느 것에도 의지하거나 집착하지 않는다.[439]

---

437 DN. Ⅲ. 234; AN. Ⅴ. 17.

438 이 동사는 사성제를 '빠자나띠(pajānāti)'하는 자를 일러 'paññavā', 즉 '지혜로운 자'라고 하는 것처럼(MN. Ⅰ. 292) 지혜를 수반하기 때문에 주로 '꿰뚫어 알다', '통찰하다'로 번역한다.

439 MN. Ⅰ. 61; DN. Ⅱ. 302~303.

법념처 수행의 요지는 육내외처와 그것의 경험이 주는 현상, 즉 육근과 대상, 그리고 이 둘이 만나서 발생하는 족쇄들을 놓치지 않고 관찰하는 것이다. 육근의 경험을 통한 관찰은 '육근의 우뻬카'에 의해서 이루어질 수 있다. 육근의 우뻬카는 근·경·식의 접촉으로 인해서 생긴 머물고 사라지는 일련의 현상들을 싸띠가 놓치지 않고 분명하게 파악할 때 공평한 관찰력을 제공한다. 그뿐만 아니라 '선한 것에 의지한', '느낌의', '평정각지 우뻬카'들도 육근의 우뻬카와 마찬가지로 공평하게 관찰하는 기능을 갖추고 있기 때문에 족쇄들이 지닌 실상을 분명하게 알고 무상성을 깨닫게 한다. 그 밖에 '선정에 대한(세 번째, 네 번째, 출세간의, 단일성에 의한)', '심해탈에 대한(사범주의) 우뻬카'들도 삼매의 집중력으로 공평한 관찰을 진행할 수 있기 때문에 이 과정에 함께할 수 있다.

족쇄를 제거하는 대표적인 방법인 법념처 이외에 경전에는 좀 더 다양한 방법들이 제시된다. 여타의 방법들은 사실상 법념처 수행에 포함되는 것들로서 접고 펼치는 방식에 의한 구분일 뿐 실제로는 동일한 결과를 가져온다. 그럼 열 가지 족쇄를 제거하기 위한 도정에서 이제 우뻬카는 어떠한 역할을 할 수 있는지 알아보기 위해서 각 족쇄의 성격과 그 소멸의 과정을 통한 실질적인 적용의 단계로 나아가 보자.

먼저 ① 유신견(sakkāyadiṭṭhi)이 있다. 유신견은 자신의 개체성이 영원하다고 생각하는 것을 말하는데 이러한 생각은 오온에 대한 집착에서 비롯된다.[440] 오온이 개체로서 영원히 존재한다는 관념은 사견邪

---

440 SN. III. 185~187.

見에서 비롯된 것으로 사견은 유신견과 함께 제거되어야 한다. 유신견과 사견은 근根·경境·식識의 접촉에서 생긴 경험들을 있는 그대로 알고 보는(jānato passato) 방법을 통해서 제거된다. 예를 들어서 눈(眼根)을, 형상(色)을, 안식眼識을, 눈의 접촉을 조건으로 생긴 모든 느낌을 괴로운 것이라고 알고 보아서 개체가 영원히 존재한다는 사견을 제거한다. 귀에 대한 소리, 코에 대한 냄새, 혀에 대한 맛, 몸에 대한 감촉, 그리고 의意에 대한 법法도 같은 방식을 취한다.[441]

유신견을 제거할 때는 근·경·식과 이들의 접촉으로 생긴 경험들이 주 관찰대상이다. 이러한 방식은 앞서 육내외처六內外處에 의한 경험을 관찰하는 법념처와 동일하다. 따라서 '육근의', '선한 것에 의지한', '느낌의', '평정각지 우뻬카'들은 유신견을 제거할 수 있다. 이들은 근·경·식과 이들의 접촉에서 생긴 경험들을 공평하게 관찰하고 경험들이 지닌 조건성을 알게 한다. 조건성을 알면 오온에 대한 탐욕과 집착이 사라진다. 오온에 대한 탐욕과 집착이 사라지면 개체가 영원하다는 생각도 사라지기 때문에 유신견과 사견이 함께 사라지는 결과를 가져온다. 그 밖에 선정에 대한, 심해탈에 대한(사범주의) 우뻬카들도 동일한 기능을 가졌기에 유신견을 제거할 수 있다.

한편 유신견을 제거하기 위해서 제시된 또 다른 방법이 있다. 신체적·정신적인 행위로서, 이때는 '싸띠를 지니고 유행할(sato paribbaje)' 것이 권장된다.[442] '빠립빠제(paribbaje)'는 'paribbajati'의 원망형으로 '유행하다' 또는 '편력하다'로 옮기는데, 이는 종교적인 목적을 추구하

441 SN. Ⅳ. 147.

442 SN. Ⅰ. 13. Sakkāyadiṭṭhippahāṇāya sato bhikkhu paribbaje'ti.

여 집을 떠나 탁발하면서 유행하는 것을 의미한다.[443] 감각적인 욕망을 바라고 추구하는 재가在家의 삶을 통해서 유신견을 제거하긴 어렵다. 우선은 재가의 삶을 버리고 유행자의 길로 들어서는 것이 바람직하다. 그럴 경우엔 유행자에게 '원리성의 우뻬카'가 도움이 된다. 이 우뻬카는 세상일과 사람들로부터 신체적·정신적으로 거리를 유지하면서 초연히 머물게 한다. 속세와의 원리遠離는 주변의 방해와 소음으로부터 벗어나 오롯이 수행에만 전념할 수 있는 최적의 환경을 조성하기 위해서 필요한 요건이다.

② 회의적 의심인 '위찌낏차(vicikicchā)'는 붓다나 그의 가르침 또는 승가에 대하여 의심을 하거나 과거와 미래, 조건성 등에 대하여 의구심을 품는 것을 말한다. 그리고 어떤 것이 선하고 불선한 것인지, 높은 가치가 있는지 낮은 가치가 있는지, 혹은 수행해야 하는지 아니면 하지 말아야 할지 등에 대하여 확신을 갖지 못할 때도 적용된다. 이러한 상태는 이치에 맞는 사유, 즉 여리작의(yoniso manasikāra, 如理作意)하지 않기 때문에 초래되는데 마음이 안정되지 못하고 결정을 잘 내리지 못하는 특성이 있다.[444]

여리작의인 '요니쏘 마나씨까라(yoniso manasikāra)'는 'yoniso'와 'manasikāra'의 합성어이다. 여기서 'yoniso'는 ㉠ 근원으로부터, 근본적으로 ㉡ 철저하게, 현명하게 ㉢ 적절하게, 순서에 맞게, 차례대로의 뜻이 있다. 따라서 '요니쏘 마나씨까라'는 근원적으로 이치에 맞게 사유한다는 뜻이다. 즉 '이것은 괴로움이다'라고, '이것은 괴로움의

443 W. G. Weeraratne(2003), vol. Ⅶ, p.317.

444 Vism. 471.

발생이다'라고, '이것은 괴로움의 소멸이다'라고 이치에 맞게 사유하면 법에 대한 확고한 견해가 형성되므로 회의적인 의심과 더불어 유신견, 그리고 나아가 계금취의 세 가지 족쇄까지 동시에 제거될 수 있다.[445]

여리작의가 잘 이루어지면 확고한 믿음과 바른 견해가 생겨서 회의적 의심은 자연히 사라진다. 그러면 여리작의가 잘 이루어지기 위해서 어떤 우뻬카가 도움이 될 수 있는가. 우선 '다양성에 의지한 출가자의 우뻬카'를 들 수 있다. 이 우뻬카는 육근의 대상이 주는 경험을 공평하게 관찰해서 경험이 지닌 무상성을 지혜로써 알고 볼 수 있게 하기 때문에 이치에 맞는 사유를 돕게 된다. 그리고 그 외에도 '육근의', '선한 것에 의지한', '느낌의', '평정각지', '선정에 대한', '심해탈에 대한(사범주의) 우뻬카'들도 공평한 관찰을 통해서 지혜를 발생하므로 여리작의의 사유가 가능할 수 있다.

③ 계금취戒禁取는 '씰랍빠따빠라마싸(sīlabbataparāmāsa)'를 말하는데 이 술어는 'sīla+bbata+parāmāsa'로 구성되어 있다. 특히 계율이나 의식에 대하여 맹목적으로 심취해서 계율과 의식을 통해서 해탈할 수 있다는 사견에 마음이 사로잡혀 있을 때 생긴다.[446] 유신견, 회의적 의심과 더불어 계율과 의식에 대한 집착을 말하는 계금취는 잘못된 사견을 고수하려는 의지에서 비롯되므로 견해에 대한 집착이라고 부르기도 한다. 계율은 목적을 위한 수단이어야지 그것 자체가 목적일 수 없다. 목적과 수단이 전도되어서 마치 계율이나 의식이 수행의 전부인 양 여겨지는 것은 견해가 잘못 형성되어 있기 때문이다.

---

445 MN. Ⅰ. 9.

446 전재성(2005), p.674.

그러므로 계금취에서 벗어나려면 유신견의 제거와 같이 근·경·식의 접촉에서 생긴 경험들이 지닌 조건성을 알고 보아 잘못된 사견에 의해서 마음을 빼앗기지 말아야 한다. '육근의', '선한 것에 의지한', '느낌의', '평정각지 우뻬카'들은 경험들을 공평하게 관찰한 후 사견을 다스리고 계금취를 사라지게 할 수 있다.

한편, 도덕적인 행동과 언행, 그리고 마음가짐에 대한 지침들로서 계율과 의식(계금)에 맹목적으로 빠지지 않기 위해서 어떻게 해야 하는지 알 수 있는 대목이 있다. 이를테면 싸띠를 확립하고 유행하며, 선하고 건전한 것들을 추구하고, 행동에 있어서는 도둑질과 거짓말을 하지 말며, 식물이나 동물 등 모든 생명에게 자애를 베푼다. 마을에서 유행할 때 언짢은 말을 듣더라도 거친 말로 대꾸하지 않으며 선하고 올바른 말을 한다. 걸을 때는 눈을 아래로 뜨고 기웃거리지 않으면서 조심스럽게 걷는다. 분량을 알아 적당한 때 음식과 옷을 구하여 만족할 줄 알며 의식주에 대해서도 염려하지 않는다. 그리고 마음의 혼란을 알아차리면 곧 그것을 제거하고, 성냄과 교만에 지배되지 말며, 굶주림과 추위, 더위 등 여러 가지 불편함을 잘 참고 견딘다.[447]

④감각적 욕망에 대한 탐욕은 '까마라가(kāmarāga)'인데 'kāma'는 욕망, 애욕, 쾌락 등 특히 감관에서 경험하는 쾌락을 추구하는 욕망이나 욕구와 관련된다. 여기에는 감각을 만족시켜주는 외부대상들, 예를 들어 황금이나 말, 땅 등 외적 대상에 대한 것과 감각적인 만족을 원하는 내적 갈망의 두 가지가 있다.[448] 감각적 욕망에 대한 탐욕이

---

447 Sn. p.186~188.

448 W. G. Weeraratne(2003), vol. Ⅵ, p.102.

있으면 쾌락을 만족시켜주는 대상에 마음이 강하게 밀착되어 그것을 거머쥐려고 애쓰면서 집착하는 경향을 보인다. 감각적인 쾌락을 원하고 갈구하는 마음은 그래서 늘 고요하지 못하고 요동치기 마련이기에 괴로움을 안겨준다.

감각적인 욕망에 집착하는 근본 원인은 인식의 전도(saññāya vipariyesā) 때문이다. 대상을 제대로 파악하지 못하기 때문에 마음이 탐욕의 불길로 타오른다.[449] 무상·고·무아이고 부정不淨한 대상에 대하여 영원하고 즐겁고 자아이며 깨끗하다고 여기기 때문에 뒤바뀐 인식이다. 뒤바뀐 인식은 인식의 전도, 마음의 전도, 견해의 전도 이렇게 세 가지로 불리기도 하는데 여기서 인식과 마음, 견해는 동일한 의미의 서로 다른 표현이다.[450] 그렇다면 뒤바뀐 인식은 제자리로 되돌려놓으면 될 것이다. 예를 들어 무상에 대해서 무상이라고, 괴로움에 대해서 괴로움이라고, 무아에 대해서 무아라고 인식한다. 뒤바뀐 인식이 제자리를 찾으면 그것은 바른 견해인 정견이 된다.[451]

감각적인 욕망에 대한 집착을 다스리고 바른 견해를 회복하는 길은 부정不淨한 것에 대하여 생각하는 것이다.[452] 부정에 대한 생각은 31가지 또는 32가지 신체의 부분에 대한 것이다. 발바닥부터 머리털까지 위로 올라갔다가 다시 머리털부터 아래로 훑어 내려가면서 '이 몸은 살갗으로 둘러싸여 있고 여러 가지 부정한 것으로 가득 차 있다'라고

---

449 SN. Ⅰ. 188.

450 AN. Ⅱ. 52; Nett. 86; Vism. 683.

451 AN. Ⅱ. 52.

452 Ud. 37.

하면서 관찰하는 방법을 사용한다.[453] 우뻬카는 사유(takka, 思惟)의 경향(āsaya)을 끊는 데 도움을 준다.[454] 여기서 사유로 옮긴 '딱까(takka)'의 사전적인 의미는 일반적인 생각이나 추론 또는 의심 등인데, 잘못된 견해(전도된 인식)와 동일하게 쓰이기도 한다.[455] 그래서 종종 사유란 감각적 쾌락에 대한 욕망과 감각적 쾌락에 대한 인식에서 오는 사유라고 부르기도 한다.[456] 감각적 쾌락에 대한 욕망과 인식에서 사유가 발생하는 이유는 편견에 사로잡혀서 마음이 한쪽으로 쏠리기 때문이다. 우뻬카에 의해서 사유나 전도된 인식에서 비롯된 감각적 쾌락의 욕망을 다스릴 수 있다. '육근의', '느낌의', '선한 것에 의지한', '평정각지 우뻬카'들은 감관의 경험을 공평하게 관찰해서 욕망의 대상이 지닌 조건성을 바르게 알고 보게 하기 때문에 편견에 쏠린 사유나 인식을 제자리로 돌려놓을 수 있다. 그리고 '선정에 대한', '다양성에 의지한 출가자의 우뻬카', '심해탈에 대한(사범주의) 우뻬카들도 마찬가지로 감각적인 욕망을 다스릴 수 있다.

⑤ 악의는 '위야빠다(vyāpāda)'이다. 악의는 상대방에 대한 혐오나 반감을 일으키는데, 폭력적인 격분에서 미세한 짜증에 이르기까지 모든 등급의 반감을 다 포함하며 성냄(dosa)을 그 뿌리로 한다.[457] 만일 성을 내면 마음이 악의에 차서 생명을 해치게 된다. 성내는

---

453 SN. Ⅴ. 278 .

454 Sn. p.188.

455 T. W. Rhys Davis & Willian Stede(1986), p.292.

456 Pj. Ⅱ. 574.

457 대림·각묵스님(2009), p.119~120.

마음이 있으면 남을 해치려 하고, 해치려는 마음이 폭력적인 격분으로 발전한다. 악의를 제거하려면 이치에 맞게 사유하거나 자애 수행을 통해서 남을 해치려는 적의나 행동을 다스린다.[458] 이치에 맞는 사유인 여리작의는 앞서 회의적인 의심을 제거하는 방법과 동일하기 때문에 '다양성에 의지한 출가자의 우뻬카'가 도움이 될 수 있다. 악의의 생성과 소멸을 공평하게 관찰해서 악의는 조건에 의한 생성과 소멸의 무상한 현상일 뿐이라고 이치에 맞게 잘 사유하면 악의가 사라지고 고요하게 머물 수 있다. 악의를 제거할 수 있는 또 다른 효과적인 우뻬카는 '심해탈에 대한(사범주의)' 우뻬카이다. 이 우뻬카는 편견이나 차별 없이 존재를 자신과 동등하게 대하도록 하기 때문에 악의를 다스릴 수 있다. 그 밖에도 '육근의', '선한 것에 의지한', '느낌의', '선정에 대한 우뻬카'들에 의해서 악의가 지닌 본성을 관찰할 수 있기 때문에 이 과정에 함께할 수 있다.

⑥ 색계에 대한 탐욕은 '루빠라가(rūparāga)'이다. 'rūpa'는 '형상', '모습', '이미지', '상象'이나 '물질', '물질적인 성분'이다. 그래서 'rūparāga'는 물질이나 몸에 대한 탐욕을 의미한다. 또는 'rupa'를 미세한 물질적 세계인 색계(rūpaloka, rūpāvacara)라고 정의하고[459] 사후에 색계에 재생하기를 갈망하는 마음이 색계에 대한 탐욕이라고 말하기도 한다.[460] 재생하는 세계는 생전에 각자가 성취한 선정의 성취 정도와 관련이 있다. 만일 색계의 선정을 성취하였다면 색계에 해당하는

---

458 AN. I. 194; 200; Ud. 37.

459 Ven. Nyanartiloka(2004), p.177.

460 MN. Ⅲ. 102; T. W. Rhys Davis & Willian Stede(1986), p.575.

세계에, 무색계의 선정을 성취하였다면 그에 상응하는 무색계에 재생한다. 수행자는 색계나 무색계의 세계를 동경하여 그곳에 재생하기를 갈망하기도 하지만, 이러한 재생의 갈망도 하나의 집착이 되어서 아라한과를 성취하는 데 족쇄로 작용한다.

색계에 대한 탐욕을 제거하기 위해선 좋은 도반과 벗하여 계행을 지키는 것이 우선시된다. 좋은 도반을 사귀지 못하면 바르고 원만한 행위의 법을 갖추기 어렵다. 바르고 원만한 행위의 법을 갖추지 못하면 배움의 법을 완성하지 못하고, 배움의 법을 완성하지 못하면 계행의 법을 지키지 못하게 되며, 계행의 법을 지키지 못하면 감각적 욕망이나 색계에 대한 탐욕에 이어 무색계에 대한 탐욕도 끊어버릴 수 없다.[461] 원만한 수행은 점진적이고 순차적인 과정을 밟게 되는데, 이 과정에서 좋은 도반과의 만남은 계행의 실천과도 직결되므로 잘 살피고 경계해야 한다.

색계에 대한 탐욕을 제거하기 위한 다른 방법은 〔번뇌의〕 소멸(nirodha)을 분명하게 아는 것이다. 색계를 잘 알고 무색계에도 머물지 않는다면 소멸 가운데서 해탈한다. 그러나 색계와 무색계에 속하는 존재들은 소멸을 분명하게 알지 못해서 다시 이 세상으로 재생한다.[462] 〔번뇌의〕 소멸을 알기 위해서는 색계 선정에 수반되는 모든 정신적인 요소들의 생성과 소멸의 과정을 놓치지 않고 관찰해야 한다. 이때는 '세 번째 선정의 우뻬카'와 '네 번째 선정(출세간)의 우뻬카'가 번뇌를 공평하게 관찰하면서 함께할 수 있다.

---

461 AN. Ⅲ. 422.

462 Sn. p.147.

⑦ 무색계에 대한 탐욕은 '아루빠라가(arūparāga)'이다. 'arūpa'는 'a+rūpa'의 합성어로 '형상 없는', '몸이 없는', '비물질계에 속하는', '무색계'의 뜻이 있다. 색계가 미세한 몸과 마음으로 이루어졌다면 무색계는 순전히 마음만이 존재하는 세계로 색이 제외된 수·상·행·식의 요소로만 구성되어 있다.[463] 색계에 대한 탐욕과 마찬가지로 무색계에 대한 탐욕은 사후 무색계에 재생하고 싶은 갈망에서 비롯된다. 그러나 이 또한 하나의 집착이므로 더 높은 성취를 위해서 반드시 소멸해야 한다. 방법은 색계에 대한 탐욕의 경우와 동일하다. 좋은 도반과 벗하여 계행을 지켜야 하고, 〔번뇌의〕 소멸에 대해서 분명하게 알아야 한다. 이때 '단일성에 의지한(무색정의) 우뻬카'는 각 무색정에 수반되는 정신적인 현상들의 생성과 소멸을 공평하게 관찰할 수 있다.

⑧ 자만(māna, 自慢)은 '교만', '거만', '오만', '자부심' 등의 뜻이 있는데 잠재적인 성향(anusaya)을 특성으로 한 다양한 번뇌들 중의 하나이다. 자만의 종류는 동등자만(māna), 열등자만(omāna), 우월자만(atimāna)의 세 가지가 있다.[464] 자만심은 오온의 현상을 있는 그대로 보지 못하기 때문에 발생한다. 조건에 따라서 변하는 오온을 두고 '나는 동등하다', '나는 열등하다', '나는 우월하다'라는 관념을 일으킨다. 그것은 존재에 대한 집착에 의한 것으로 분별심을 일으킨다.[465]

---

463 Vism. 572.

464 이외에도 'adhimāna(과대평가의 자만)', 'asmināna(존재의 자만)', 'maññamāna(사량의 자만)'들이 더 있지만 이들은 동등자만, 열등자만, 우월자만의 세 가지 기본 형태를 토대로 의미가 확장된 형태이다.

465 SN. Ⅲ. 48; Ⅴ. 247; AN. Ⅲ. 430, 445.

자만을 제거하려면 우뻬카와 싸띠를 지니고 동등하거나 열등하거나 혹은 우월하다는 관념을 일으키지 말아야 한다. 그러면 일체의 융기(ussadā, 隆起)[466]를 벗어난다.[467] 자만은 '나'라는 확고한 자아 관념을 중심으로 다른 사람과 자신을 늘 비교하기 때문에 쉽게 발생한다. 이럴 때 자신은 확고한 존재가 아니라 단지 오온의 합성물로 구성되었을 뿐이라고 하면서 그 본질을 알고 보면 자만심을 다스릴 수 있다. 이때 '육근의', '선한 것에 의지한', '느낌의', '평정각지 우뻬카'들은 오온이 지닌 본질을 공평하게 관찰하기 때문에 일체의 융기들로부터 자유로울 수 있다. 그 밖에도 '선정에 대한', '심해탈에 대한(사범주의) 우뻬카'들도 동일한 기능을 갖추고 있어서 자만심을 제거할 수 있다.

⑨ 들뜸을 말하는 욷닻짜(uddhacca)는 'ud(up) + √dhṛ(to hold)'로 '위로 들어 올린 상태'를 말하는데 지면에서 떨어져서 동요, 흥분, 산만함, 혼란 등을 야기한다. 이러한 상태는 자신의 수행성과에 대하여 지나치게 자신만만하거나 과대평가하는 데서 오기도 한다. 마음이 불안할 때도 들뜸이 유발될 수 있고, 불만이 생기거나 다른 사람과 논쟁할 때도 마찬가지일 수 있다.[468] 또한 수행과정에서 나타나는 다양한 현상들을 하나의 과정으로서 이해하지 못하고 완성이라고 잘못 생각하여 성취감에 도취되는 경우도 같은 결과를 가져올 수

---

466 탐욕·성냄·어리석음·자만·견해(diṭṭhi)·번뇌·악한 행위(duccarita)들로 이루어진 것이다(Pj. Ⅱ. 425).

467 Sn. p.167. upekkhako sadā sato na loke maññate samaṃ, na visesi na niceyyo tassa no satti ussadā. 또한 무상을 닦으면 무아에 대한 인식이 생기고, 무아에 대한 인식이 생기면 자만은 제거되기도 한다(Ud. 37).

468 AN. Ⅰ. 3, 282; Ⅳ. 87.

있다.

들뜨면 마치 바람에 일렁이는 물결처럼 요동치므로 고요하게 머물지 못한다. 고요하지 못하면 이치에 맞게 잘 사유하지 못한다.[469] 이치에 맞게 잘 사유하지 못하면 있는 그대로 볼 수 없다. 물이 혼탁하면 물속을 제대로 들여다볼 수 없는 이치와 같다. 다양한 들뜸의 현상들은 모두 특정한 대상에 마음이 사로잡혀서 한쪽으로 쏠려 있기 때문에 발생한다. 이것은 곧 균형감의 상실을 의미한다. 균형감은 우뻬카로 회복될 수 있다. 특히 칠각지 수행의 '평정각지 우뻬카'를 필두로 경안輕安각지, 정定각지는 들뜸을 진정시키는 데 도움이 된다.[470] 이들뿐만 아니라 '육근의', '선한 것에 의지한', '느낌의', '선정에 대한', '다양성에 의지한 출가자의 우뻬카'나 '심해탈에 대한(사범주의) 우뻬카'들도 들뜸의 현상을 관찰해서 들뜬 마음을 다스리고 균형감을 회복하는 데 도움을 줄 수 있다.

⑩ 가장 최후에 끊어지는 것이 무명인 아윗짜(avijjā)이다. 무명은 'a+√vid(to know)'로 '진리를 알지 못함', '무지無智', '어두움'의 뜻이 있다. 계속되는 재생과 불선법을 일으키는 주된 원인인데, 내면 깊은 곳에 잠재해 있으면서 강한 영향력을 행사하기 때문에 '아누싸야(anusaya)', 즉 잠재적인 성향이라고 부른다.[471] 무명은 정신적인 눈을 가려서 사물의 본성을 제대로 파악하지 못하게 방해하는 역할을 한다. 그래서 마치 삶이 영원하고 행복하고 실체가 있고 아름다운 것처럼

469 Vism. 469.

470 SN. Ⅴ. 114.

471 T. W. Rhys Davis & Willian Stede(1986), p.85.

보이도록 망상을 일으키고 부추겨서 '나' 또는 '나의 것'이 없고 무상하고 괴로운 사실을 알고 보지 못하게 눈을 가려버린다.[472] 또한 괴로움에 대하여, 괴로움의 일어남에 대하여, 괴로움의 소멸에 대하여, 그리고 괴로움의 소멸로 이끄는 사성제에 대하여 제대로 알고 보지 못하게 한다.

무명이 선행 조건이 되는 연기緣起의 구조는 괴로움의 발생과 소멸의 과정을 의미한다. 괴로움의 발생과 소멸이 지닌 조건성을 제대로 알고 보지 못해서 현생에 괴로움을 겪거나 사후에 재생하기 때문에 연기는 괴로움 그 자체이다. 무명은 연기와 사성제를 모르는 것, 그리고 오온의 발생과 소멸, 그리고 소멸에 이르는 길에 대한 무지를 포함한다.[473] 요컨대 무명은 사성제와 연기, 그리고 오온에 대해서 잘 알지 못하는 무지, 즉 지혜의 부재로부터 유래한다.

상술한 아홉 가지 족쇄들은 무명을 근본원인으로 해서 발생한다. 근본적이기에 그 뿌리는 다른 무엇보다 내면에 깊게 자리한다. 그래서 다른 족쇄들보다 가장 늦게 사라질 정도로 오랜 동안 지속되면서 강한 영향력을 행사한다. 경전에는 무명이 제거되면 다른 모든 불선법들이 제거된다고 말할 정도로[474] 그 영향력과 비중은 막중하다.

무명의 족쇄를 완전하게 소멸하는 길로는 팔정도가 제시된다.[475] 실제로 팔정도는 무명뿐만 아니라 모든 오염원들을 소멸시킬 수 있는

---

472 Ven. Nyanatiloka(2004), p.32.

473 SN. Ⅱ. 60; Ⅲ. 162; Ⅴ. 429.

474 SN. Ⅱ. 262.

475 MN. Ⅰ. 55; SN. Ⅳ. 256.

총체적인 방법론으로 여기에는 계율의 실천을 바탕으로 한 선정과 통찰 수행이 포함된다. 대부분의 우뻬카들은 선정과 위빳싸나의 통찰 수행 능력을 갖추고 있다. '선정에 대한', '심해탈에 대한(사범주의) 우뻬카', '느낌의', '육근의', '선한 것에 의지한', '평정각지', '다양성에 의지한 출가자의 우뻬카'들은 균형감을 바탕으로 한 선정의 고요함과 공평한 관찰의 기능을 갖추고, 팔정도의 실천을 위한 실질적인 역할을 담당할 수 있다.

팔정도와 함께 느낌과 관련해서 무명을 제거하는 방법이 설해지기도 한다. 감관의 접촉으로 생긴 괴롭거나 즐겁거나 괴롭지도 즐겁지도 않은 느낌들을 무상하다고 알고 보면 무명이 제거되고 명지明知가 실현된다.[476] 느낌을 관찰하면 무명에서 벗어날 수 있을 정도로 느낌에 대한 관찰은 그 중요성이 강조된다. 우뻬카들 중에서 느낌에 대한 관찰은 '느낌의 우뻬카'가 담당한다. 이 우뻬카는 즐거움에 들뜨거나 괴로움에 의해서 고통 받지 않고, 괴롭지도 즐겁지도 않은 느낌에 잠재된 무명의 잠재성향을 제거할 수 있다. 다시 말해서 무명은 우뻬카와 함께 싸띠에 의해서 제거된다. 만일 청정한 우뻬카와 싸띠(upekkhāsatisaṃsuddha)[477]를 지니고 법에 대해서 고찰(dhammatakka)하면 무명을 제거하고 지혜로써 해탈을 성취한다.[478] 여기서 말하는 '청정한

---

476 SN. Ⅳ. 50.

477 'upekkhā sati pārisuddhi'는 『숟따니빠따(*Suttanipāta*)』에서 'upekkhā samatha visuddhi'로 되어 있으며(Sn. p.11), 같은 경전의 또 다른 곳에서는 'upekkhā sati saṃsuddhi'라 하여(Sn. p.214) 각기 다른 표기법들이 나타나지만 의미는 서로 다르지 않다. 이 관용구와 관련된 상세한 내용은 앞서 5장에서 논의된 바 있다.

우뻬카와 싸띠'는 '사념청정捨念淸淨'을 말하는데 이들은 네 번째 선정에서 발현되는 선정의 요소들이다. 이 선정에서 최상으로 정제된 우뻬카는 싸띠를 지지하면서 최적의 위빳싸나를 위한 도구적인 능력을 갖춘다. '네 번째 선정(출세간)의 우뻬카'는 법(현상)을 공평하게 관찰하고 무명을 제거한다.

이와 같이 무명은 팔정도를 닦고, 우뻬카로 느낌과 법을 관찰하는 방법에 의해서 소멸된다. 이제 성인의 성취과정에서 단계적으로 사라지는 족쇄의 종류와 각 족쇄의 제거과정에 동참할 수 있는 우뻬카를 상정해서 정리하면 다음의 표를 얻을 수 있다.

〈표9〉 족쇄의 종류에 따른 족쇄 제거의 우뻬카

족쇄의 종류	족쇄 제거의 우뻬카
유신견	육근, 선한 것에 의지한, 평정각지, 느낌, 원리성
회의적 의심	다양성에 의지한 출가자
계율과 의식에 대한 집착	육근, 선한 것에 의지한, 평정각지, 느낌, 원리성
감각적 욕망에 대한 탐욕	느낌, 육근, 선한 것에 의지한, 평정각지
악의	다양성에 의지한 출가자, 심해탈에 대한(사범주의) 우뻬카
색계에 대한 탐욕	세 번째, 네 번째 선정·출세간
무색계에 대한 탐욕	단일성에 의지한·무색정
자만	육근, 선한 것에 의지한, 느낌, 평정각지
들뜸	평정각지

478 AN. Ⅰ. 134.

무명	느낌, 네 번째 선정·출세간

족쇄들은 마음을 오염시키는 다양한 정신적인 현상들과 관련되어 있기 때문에 이들을 제거하는 데 동원되는 우뻬카들도 족쇄가 지닌 성격에 따라 특정할 수는 있지만 충분히 중복 활용될 수도 있다. 일례로 들뜸을 가라앉히는데 효과적인 평정각지 우뻬카는 그 밖에 유신견이나 감각적 욕망에 대한 탐욕, 자만을 소멸할 수 있다. 원리성의 우뻬카는 유신견과 계율과 의식에 대한 집착을 함께 다스린다. 육근, 선한 것에 의지한, 느낌, 평정각지 우뻬카들은 모두 유신견과 자만을 제거할 수 있다. 그리고 모든 족쇄를 제거하기 위해서 공통적인 방법으로 제시된 법념처 수행은 감관과 대상의 접촉으로 생긴 족쇄를 관찰하는 방법이 주主가 되므로 육근, 선한 것에 의지한, 느낌, 평정각지 우뻬카들도 그 과정에 함께 할 수 있다. 이와 같이 대부분의 우뻬카들은 중복 또는 경우에 따라서 단독으로 활용되면서 족쇄를 제거하는 데 있어서 실질적인 역할을 한다고 말할 수 있다.

3. 아라한(arahant)

아라한은 우뻬카바라밀을 수습해서 갖추었고, 열 가지 족쇄를 차례대로 제거하였으며, 고苦·집集·멸滅·도道를 있는 그대로를 알고 보아서 감각적 쾌락의 욕망에 의한 번뇌, 존재(bhava, 有)에 의한 번뇌, 그리고 무명에 의한 번뇌에서 해탈한 자이다. 해탈하면 '나는 해탈하였다. 태어남은 다했고 범행梵行은 이루어졌으며 해야 할 일을 다 해 마치고 이제 더 이상 윤회하는 일은 없다'라고 분명하게 안다.[479] 그렇다면 아라한은 할 일을 완수하였기 때문에 이제 더는 정신적인 활동을 하지 않고 그저 공적空寂하게만 지내는가. 성취의 최정점에 선 아라한은 어떠한 내면의 상태를 유지하면서 지내는지 알아보기 위해 열반의 상태에 대한 묘사와 함께 좀 더 구체적인 상황을 추적해 보자.

열반을 말하는 '닙빠나(nibbāna, sk. nirvāṇa)'는 'nir+√vā'의 합성어인데 여기서 'va'는 '불다(to blow)'의 의미가 있다. 'vā'는 일반적으로 불을 제거하는 행위적인 측면에 적용되기 때문에 '불을 불다'보다는 '불을 끄다'가 전체적인 열반의 개념에 더 가깝다. 그리고 불을 끄는 행위는 불을 덮어버리거나 연료를 더 이상 공급하지 않는 등 원인을 차단하는 방법을 사용할 수 있기 때문에 어근 'vā'의 '불다(to blow)'보다는 오히려 'vṛ'의 덮다(to cover)가 지닌 의미가 더 적절하다.[480] 그렇지만 지혜의 측면에서 보면 열반은 번뇌의 불이 꺼진 상태로 깨달음의 경지를 설명할 때는 '불다'와 '끄다' 이 둘의 의미를 혼합하여 '불어서 끄는 일' 또는 '불어서 꺼진 상태'로 보기도 한다.[481]

열반은 타오르던 번뇌의 불이 꺼진 상태를 의미한다. 불타고 있는 것은 탐貪·진瞋·치痴이다. 이 세 가지 삼독三毒의 불길이 타오르지 않도록 하려면 원인이 되는 연료를 차단시켜야 한다. 삼독이 제거되면 그것이 곧 열반이다.[482] 열반을 성취한 아라한의 마음은 삼독이 완전히

---

479 MN. Ⅰ. 21f.; Ⅲ. 136.

480 T. W. Rhys Davids & William Stede(1986), p.362.

481 早島鏡正(1994), p.185.

482 SN. Ⅳ. 19, 251, 368.

소멸한 상태이고, 집착이 사라져서 고요하며(nibbuta, 寂靜), 감각적 욕망에 대하여 즐거워하거나 염오厭惡하는 일 없이 청정하다.[483] 고요하다는 것은 외부 세계와 접촉하지만 즐거움과 괴로움을 경험할 때 동요하지 않을 수 있는 능력이다.[484] 세상의 어느 것에도 집착하지 않을 때 동요하지 않고, 동요하지 않을 때 완전한 열반에 든다.[485] 동요하지 않고 고요하게 머무는 일이 가능한 이유는 무엇보다 〔감관에 대한〕 의존성(nissita)이 사라졌기 때문이다.

붓다는 의존성의 사라짐이 어떻게 고요한 열반의 상태, 즉 괴로움의 소멸로 인도할 수 있는지에 대하여 다음과 같이 설한다. 〔감관에〕 의존하면 동요가 생기고, 의존하지 않으면 동요가 사라진다. 동요가 사라지면 경안이 생기고, 경안이 생기면 애착(rati)이 사라진다. 애착은 좋아하고 탐닉하여 대상에 마음이 빼앗겨 있는 상태이다. 그러한 애착이 사라지면 오고감도 사라지고, 오고감이 사라지면 생사生死에서 벗어난다. 생사에서 벗어나면 이 세계도 저 세계도 그 중간 세계도 벗어난다. 이것이 곧 괴로움의 종식이다.[486] 요컨대 괴로움의 종식은 의존성의 사라짐 → 동요의 소멸 → 경안의 생성 → 애착의 소멸 → 오고감의 소멸 → 생사에서 해탈로 이어지는 과정을 통해서이다. 이 일련의 과정에서 감관에 대한 의존성, 동요, 애착심, 오고감, 생사, 괴로움 등이 사라진다.

---

483 Sn. p.121.

484 David J. Kalupahana(1976), p.75.

485 MN. Ⅲ. 245.

486 Ud. 81; SN. Ⅱ. 67; Ⅳ. 59.

한편 『테리가타(*Therīgāthā*)』는 탐욕이 사라진 마음을 특히 '시원함(sītibhuta)'과 '고요함(nibbutā, 寂靜)'으로 묘사한다.[487] 이에 대하여 아상가(Asanga T.)는 번뇌를 열과 불로 비유하고 열반을 불이 꺼진 상태로 표현하기 때문에 불의 상징성과 반대되는 시원함(cool)이나 고요함(calm)은 열반의 비유적인 표현으로 적절하다고 하면서, 여기에 더하여 차분함(serene)과 편안함(pacified mentality)을 열반의 특성으로 꼽는다.[488] 차분함으로 옮긴 'serene'은 '케마(khema)'를 영역한 것인데 이것은 세상일에 부딪혀도 마음이 흔들리지 않고 슬픔이나 오염汚染이 없는 것을 말한다.[489] 마음의 편안함과 더불어 말과 행위도 함께 들뜨지 않고 차분히 가라앉는다.[490]

아라한은 항상 선정에 머물러 있는 것은 아니지만, 결코 정서적으로 산만하다든가 흥분하는 일이 없기 때문에 늘 고른 호흡을 유지하면서 고요하게(calm) 머문다. 그들의 고요함은 매우 심오해서 심지어 말할 때조차 항상 내면의 고요함(silence)을 유지한다.[491] 고요함을 말하는 '싼띠(santi)'는 '√śam'을 어근으로 하는 동사 'sammati'의 명사형이다. 이것은 세상 어떤 일에도 마음이 흔들리지 않고 성냄이나 고뇌, 욕망이 없는 상태이다.[492] 의식의 영역에서 일어나는 어떠한 대상에 대해서도

---

487 Th and Thī. 125.

488 Asanga Tilakarane(1993), p.57.

489 Sn. p.47.

490 Dhp. 27.

491 Lily de Silva(1996), p.16.

492 早島鏡正(1994), pp.190~191.

동요하지 않고 대면할 수 있는 이유는 정신적으로 균형이 잘 이루어져 있기 때문이다.[493]

동요하지 않는 고요한 평정심은 대상과 접촉하면서도 즐거움과 괴로움에 사로잡히지 않을 수 있는 능력이다. 외부 대상이 감각에 영향을 미칠 때 지각의 과정을 이해하기 때문에 자아의식이 생기지 않게 할 수 있는데, 자아의식이 차단되면 이전에는 실체라고 파악했던 것들에 대해서 염오하는 마음을 갖게 된다. 염오하는 마음을 가지면 집착을 버리게 되고, 집착을 버리면 그제야 마음은 안정된다. 따라서 획득이나 상실, 좋은 평판이나 나쁜 평판, 칭찬이나 비난, 즐거움이나 괴로움 등에 의해서 흔들리거나 동요하지 않고 고요한 평정심을 유지한다.[494]

자아의식이 사라지는 인지과정에 대한 이와 같은 묘사는 아라한이 어떠한 내적 기제에 의해서 평정심을 유지할 수 있는지 그 가능성을 가늠해볼 수 있게 한다. 지각의 인지과정에서 자아의식은 차단되었기 때문에, 아니 좀 더 엄밀하게 말해서 완전히 뿌리가 뽑혔기 때문에, 더 이상의 연료를 얻지 못한 전도된 사유로의 자동화된 시스템은 진전되지 못하고 멈추어버린다. 이와 같이 존재의 바다를 건넌 아라한의 마음은 탐·진·치와 집착·애착·의존성 등이 모두 사라져서 어떠한 외적 경험에도 결코 동요하거나 흔들리는 일 없이 고요하게 평정을 유지한다는 사실을 알 수 있다.

한편, 그가 사는 장소는 마을에서 떨어진 숲이나 계곡, 평원 등

493 U Pandita(1991), p.204.

494 D. J. Kalupahana(1976), p73, p.75.

가능하면 한적한 곳이어야 한다. 그러한 장소들은 세상 사람들이 즐기지 않는 곳이지만 탐욕을 벗어난 자는 기꺼이 머물면서 〔법락을〕 즐길 만한 장소가 되어준다.[495] 그럼 아라한은 일상적인 삶을 어떻게 영위하는지, 수행승 악끼웻싸나(Aggivessana)에게 들려주는 붓다의 교설을 통해서 그 전체적인 윤곽을 그려볼 수 있다. 해탈한 비구는 추위와 더위, 굶주림과 목마름, 날파리, 모기, 바람, 뙤약볕, 뱀 등과의 접촉을 견뎌낸다. 그리고 듣기 거북하고 언짢은 말을 참아낼 수 있고, 몸에서 생긴 괴롭고 아프고 거칠고 찌르고 불쾌하고 마음에 들지 않고 생명을 위협하는 갖가지 느낌들도 이겨낸다.[496] 이러한 장면들은 외부적인 요인들과 고통스럽거나 불쾌한 접촉들을 대면했을 때 경험할 수 있는 갖가지 불만족스러운 느낌들에 대하여 반응하지 않고 잘 참고 견디면서 매우 고요하고 차분하게 지내는 상황을 떠올리게 한다. 여기서 우뻬카와 싸띠는 그러한 모든 일을 가능하게 하는 중요한 요인들로 보인다.

해탈한 자는 할 일을 다 해 마친 완성된 존재이지만 그럼에도 그의 내면은 우뻬카와 싸띠가 여전히 함께한다. 아라한이 성취한 해탈인 심해탈과 혜해탈을 갖춘 자는 항상 우뻬카를 지니고 싸띠를 확립한다. 그는 이 세상 어느 것도 해치지 않고 오염되지 않아서 청정하고 고요하다.[497] 또한 그러한 존재는 마음의 지배를 받지 않고 마음을 지배할 수 있기 때문에 그가 원하고 바라는 대로 머물 수 있다. 만일 염오厭惡하

495 Dhp. 28.

496 MN. Ⅲ. 136~137; AN. Ⅱ. 143.

497 Sn. p.95.

는 것과 염오하지 않는 것 둘 다 벗어나서 머물기를 원하면 '분명하게 알아차리면서 평정하게(sato sampajāno upekkhako)' 머물 수 있다. 아라한은 감관의 경험을 다스릴 수 있고 우뻬카와 싸띠-쌈빠쟌나를 갖추고 있기 때문에 그가 바라고 원하는 대로 머무는 일이 가능하다. 예를 들어 눈으로 형상을 보고, 귀로 소리를 듣고, 코로 냄새를 맡고, 혀로 맛을 보고, 몸으로 감촉을 느끼고, 마음으로 법(현상)을 인식하면 마음에 들거나 들지 않는 것, 또는 마음에 드는 것도 아니고 들지 않는 것도 아닌 것이 생길 수 있다. 그런데 만일 ①'염오스러운 것을 염오스럽지 않다고 생각하며 머물 것이다'라고 원하면 그렇게 생각하면서 머물 수 있다. ②'염오스럽지 않은 것에서 염오스럽다고 생각하며 머물 것이다'라고 원하면 그렇게 생각하면서 머물 수 있다. ③'염오스러운 것과 염오스럽지 않은 것에서 염오스럽지 않다고 생각하면서 머물 것이다'라고 원하면 '염오스럽지 않다'고 생각하면서 머물 수 있다. ④'염오스럽지 않은 것과 염오스러운 것에 대해서 염오스럽다고 생각하면서 머물 것이다'라고 원하면 '염오스럽다'고 생각하면서 머물 수 있다. ⑤'염오스러운 것과 염오스럽지 않은 것 둘 다 벗어나서 평정하게(upekkhako) 머물 것이다'라고 원하면 그 또한 분명하게 알아차리면서 평정하게 머물 수 있다.[498]

---

498 MN. Ⅰ. 219; Ⅲ. 300~301. 이러한 다섯 가지 능력은 '고귀한 신통력(ariya iddhi)'이나(Ps. Ⅱ. 212~213), '번뇌가 없고 취착이 없는 성스러운 신통력(iddhi anāsavā anupadhikā ariyā)'이라고 부른다(DN. Ⅲ. 112~113). 여기서 'iddhi'는 아라한만이 지닌 고유한 능력에 주로 통용된다. 반면에 『앙굳따라니까야』는 아직 아라한이 아닌 자가 탐·진·치가 일어나지 않도록 하기 위해서 가져야 하는 다섯 가지 인식이라고도 한다(AN. Ⅲ. 169~170).

이와 같이 원하고 바라는 대로 자유자재로 머무는 특별한 인식적인 능력이 가능한 이유는 어떠한 경우라도 우뻬카와 싸띠를 지니고 분명히 알아차리면서 평정하게 머물기 때문이다.[499] 마음이 해탈하면 대상을 경험할 때 분명하게 알아차리면서 평정하게 머문다.[500] 해탈한 아라한이 우뻬카와 싸띠를 지속적으로 유지한 채 지낸다는 사실은 가르침을 받는 제자들을 대하는 붓다의 태도를 통해서도 확인된다. 붓다는 '싸띠의 확립(satipaṭṭāna)'이라 명명하면서 다음의 세 가지 원칙에 의해서 스승으로서 제자들을 가르칠 수 있었다고 전한다. 첫째, 제자들이 스승의 가르침을 잘 들으려 하지 않고 지혜로운 마음을 내지 않고 외면하면, 이에 대하여 만족을 느끼지는 않지만 동요하지 않고 분명하게 알아차리면서 머문다(sati sampajāna). 둘째, 어떤 제자들은 잘 들으려 하지 않고 지혜로운 마음을 내지 않으면서 등을 돌린다. 또 어떤 제자들은 귀 기울여 잘 듣고 알려는 마음을 낸다. 그러면 붓다는 이에 대해서 불만족을 느끼지도 만족을 느끼지도 않고, 불만족과 만족을 떠나서 다만 평정하게(upekkhako) 분명히 알아차리면서 머문다. 셋째, 제자들이 귀 기울여 잘 들으려 하고 지혜로운 마음을 내며 그를 외면하지 않으면 이에 대하여 만족을 느끼지만, 역시 동요하지 않고 분명하게 알아차리면서 머문다.[501] 이와 같이 붓다는 제자들이 자신의 가르침을 받아들이는 데 있어서 그들의 지적인 성숙도나 참여

---

499 Sn. p.95. Sabbattha upekkhako satimā na so hiṃsati kañci sabbaloke, tiṇṇo samaṇo anāvilo ussadāyassa na santi sorato so.

500 AN. Ⅱ. 198.

501 MN. Ⅲ. 221.

정도에 따라서 마음이 좌우된다거나 반응하지 않고 다만 평정하게 분명히 알아차리면서 지낼 뿐이다.

유사한 맥락에서 『테라가타(*Theragāthā*)』에는 열반을 성취한 아라한이 "나는 죽는 것에 대해서 기뻐하지 않는다. 사는 것에 대해서도 즐거워하지 않는다. 단지 이 몸을 분명하게 알아차리고 〔죽는 이 몸을〕 눕히리라"라고 하는 감흥어가 수록되어 있다.[502] 이는 고요하게 삶을 유지하다가 죽음의 때가 이르면 알아차리면서 초연하게 수용하겠다는 의지의 표명인 셈이다. 아라한이 삶에 대해서도 죽음에 대해서도 동요하지 않고 다만 그 상황들을 차분하게 받아들일 수 있는 이유는 우뻬카와 싸띠가 잘 유지되고 있기 때문이다. 그러면서도 그는 심해탈에 대한(사범주의) 우뻬카를 제한 없이 완전하게 재현하는 존재이다.

아라한처럼 완벽한 존재는 어떠한 도덕적인 행위일지라도 조금도 위반할 수 없기 때문에 의도적으로 다른 생명 있는 존재의 삶을 결코 파괴시키지 못한다.[503] 존재를 향한 숭고한 마음을 나타내는 사범주는 자애·연민·기쁨에 이어 우뻬카에 이르러서 완성된다. 사범주의(심해탈에 대한) 우뻬카는 사범주 수행을 완성시켜주고 아라한에 의해서 완성된 이 우뻬카는 다시 생명력을 발휘한다. 아라한은 열반을 성취한 후에도 다른 존재를 향해서 자애·연민·기쁨·우뻬카를 무한대로 발산하고 유지한다.

해탈한 아라한은 세상일이나 사람들로부터는 일정한 거리를 유지하

---

502 Th and Thī. 90. Nābhinandāmi maraṇaṃ nābhinandāmi jīvitaṃ, Nikkhipissaṃ imaṃ kāyaṃ sampajāno patissato.

503 Lily de Silva(1996), p.8.

면서 한적한 곳에서 고요하게 지낸다. 그러면서 생명 있는 존재에게 자애·연민·기쁨과 차별 없는 공평한 우뻬카의 마음을 무한히 방사하는, 도덕적으로도 결점이 없는 빛나는 존재이다. 일상의 불쾌한 처우나 고통의 느낌에 대해서 잘 참고 견디면서 고요하게 삶을 유지하다가, 때가 되면 죽음조차 초연하게 받아들인다. 비록 오염원이 사라지고 재생으로부터 완전히 벗어난 자유로운 존재이지만, 그의 마음은 그저 공적한 것만이 아니라 우뻬카와 함께 싸띠에 의해서 역설적이게도 텅 빈 충만함으로 가득하다.

이상의 내용을 정리하면 다음과 같다.

붓다는 바라밀을 완성한 자이고, 붓다의 전신前身인 보디쌋따(Bodhisatta, 보살)는 바라밀을 수습해야 하는 자이다. 바라밀은 '빠라미(pārami)'의 음역인데 '완성'이나 '완전함' 또는 '가장 높은 상태'를 의미한다. 이것은 『자따까(*Jātaka*)』에서 보디쌋따가 완성해야 할 주요한 수행 덕목들 중에서 하나로 소개된다. 바라밀의 종류는 보시, 지계, 출리出離, 지혜, 정진, 인욕, 진실, 결의決意, 자애, 우뻬카 등 모두 열 가지가 제시되는데 이들은 보디쌋따가 전생에 갈고 닦아서 연마한 수행의 결실에 의해서 계발된 것들이다. 비단 보디쌋따뿐만이 아니라 붓다와 아라한에게도 적용되는 자질이자 지혜이다.

그중에서 우뻬카바라밀은 보디쌋따가 세상의 모든 부침을 겪을 때 흔들리지 않고 완벽하게 균형을 잃지 않게 해준 실천덕목이다. 그리고 존재의 이익과 그들의 행복을 위해서 자애나 연민의 마음을 방사하는 일이, 동시에 열 가지 바라밀이 완성되는 길이 되도록 고안되어 있다. 자애나 연민의 마음을 키우고 또 이를 다른 존재에게 무한히 펼칠 때 이들이 어느 한쪽으로 치우쳐서 과하거나 부족하면 기쁨이나 슬픔 등에 의해서 정서적으로 동요할 수 있기 때문에 우뻬카는 자애나 연민이 균형과 조화를 이루게 한다. 우뻬카바라밀에 의해서 자애나 연민은 비로소 완전해지므로 바라밀 수행은 우뻬카바라밀이 토대가 된다고 말할 수 있다. 또한 우뻬카바라밀에 의해서 아라한이나 보디쌋따는 다른 존재를 편견이나 차별 없이 공평하게 대하고 모두를 공평하게 대한 후 마지막에 자신의 선업에 대해서 칭찬이나 이익 등 그 어떤 바람이나 기대도 갖지 않고 평정심을 유지한다.

아라한과 같은 성인聖人이 되려면 반드시 족쇄(saṁyojana)를 차례대로 제거해야 하는데 이 과정에서 활동할 수 있는 우뻬카를 상정해볼 수 있다. 네 가지 성인의 과위果位는 족쇄로 대변되는 오염원들이 점차 소멸되면서 마음이 정화되어가는 단계를 보여준다. 각 족쇄가 지닌 고유한 성격에 따라 족쇄의 제거에 가담하는 우뻬카를 특정할 수 있지만 이들은 다른 족쇄들의 제거에 중복 활용될 수 있다. 일례로 육근의, 선한 것에 의지한, 느낌의, 평정각지 우뻬카들은 공통적으로 유신견, 감각적 욕망에 대한 탐욕, 계금취, 자만을 함께 제거할 수 있다. 그리고 법념처 수행은 모든 족쇄를 제거하는 대표적인 방법이라 하여 감관과 대상이 만나서 족쇄가 생기는 전 과정을 면밀하게 관찰하는 방법이 권장되므로 육근의, 선한 것에 의지한, 느낌의, 평정각지 우뻬카들도 마찬가지로 법념처 수행에 가담할 수 있다. 계금취의 경우엔 육근, 선한 것에 의지한, 느낌, 평정각지 우뻬카와 함께 원리성의 우뻬카가 도움이 될 수 있다. 들뜸은 특히 평정각지 우뻬카로 가라앉힌다. 악의는 심해탈에 대한(사범주의) 우뻬카가 부족한 자애나 연민의 마음을 보충해서 악의를 사라지게 하고 자신과 존재를 차별하지 않고 공평하게 대할 수 있게 한다. 실제로 선정과 위빳싸나 수행 현장에는 반드시 우뻬카가 동반되기 마련이어서 대부분의 우뻬카들은 족쇄를 제거하기 위한 과정에 중복 활용되거나 단독으로 가담할 수 있다.

해탈한 아라한은 이 세상에 어떤 것도 해치지 않으며 오염되지 않아서 청정하다. 신체적인 불쾌한 고통을 잘 참고 견디며 모든 불만족스러운 갖가지 느낌들로 인해서 동요하는 일이 없다. 그는 항상 우뻬카와 싸띠를 지니고 있기 때문에 분명하게 알아차리면서 평정하게 머문다. 따라서 결코 정서적으로 산만하다든가 흥분하는 일 없이 고른 호흡을 유지하면서 고요함을 유지한다. 세상일이나 사람들로부터는 일정한 거리를 유지하면서 고요하게 지낸다. 그러면서도 생명 있는 존재를 향해서 자애·연민·기쁨과 우뻬카를 무한대로 방사하는, 도덕적으로도 결점이 없는 빛나는 존재이다. 일상의 불쾌한 처우나 고통의 느낌에 대해서 잘 참고 견디면서 고요하게 삶을 유지하다가, 또 때가 되면 죽음조차 초연하게 받아들인다. 이러한 모든 것이 가능한 이유는 우뻬카와 싸띠가 함께하기 때문이다. 해탈한 아라한은 오염원이 모두 사라지고 재생으로부터 완전히 벗어난 자유로운 존재이지만, 그의 마음은 공적空寂한 것이라기보다 우뻬카와 싸띠에 의해서 역설적이게도 오히려 텅 빈 충만함으로 가득하다.

제8장 우뻬카를 계발하는 방법

1. 싸띠(sati)의 유지

우뻬카는 수행의 전 과정에서만이 아니라 심지어 열반을 이룬 상태에서도 지속적으로 유지할 정도로 그 비중이 남다르다. 비록 열반을 성취해서 해야 할 바를 다해 마쳤지만 그럼에도 늘 함께할 정도의 중요한 자질로 여겨지기 때문에 계발의 필요성은 아무리 강조해도 지나치지 않는다. 우뻬카를 계발해야 할 이유는 다음과 같이 세 가지로 설명될 수 있다. 첫째, 싸마타의 수행에 들어 머물기 위해서이다. 둘째, 선정 수행에서 얻은 강력한 우뻬카의 체험은 선정에서 나온 후 일상적인 의식으로 복귀한 뒤에도 여전히 정신적이고 정서적인 균형을 유지하는 데 매우 효과적이기 때문이다. 셋째, 다른 어떤 성취보다 열반의 의식 상태와 우뻬카의 완성은 밀접하게 결부되어 있어서 열반을 성취하기 위해서 필요한 조건이기 때문이다.[504]

싸마타의 선정을 통해서 계발된 우뻬카는 해당 선정의 고요함을 유지하고, 그로 인해서 강화된 우뻬카는 더 깊고 고요한 선정으로 이끈다. 또한 선정에 의해서 계발된 우뻬카는 마음의 오염원과 번뇌들을 제거할 수 있다. 우뻬카의 힘은 일상에서도 외부적인 자극이나 삶의 부침에 직면해도 동요를 줄이고 안정을 회복하는 데 있어서 효과적으로 그 능력을 발휘할 수 있으며, 특히 열반을 추구하는 자가 갖추어야 할 자질이라는 점에서 반드시 필요하다.

우선 선정 수행은 우뻬카를 계발시키는 가장 효과적인 수단으로 인식되나 그 밖에 싸띠의 확립과 지속적인 유지, 그리고 우뻬카를 증장시킬 수 있는 생활태도 등이 더 권장된다. 싸띠의 확립, 즉 싸띠빧타나(satipaṭṭhāna)는 통찰 수행을 의미하므로 우뻬카는 위빳싸나의 통찰 수행에 의해서도 계발된다. 싸띠의 확립은 대상의 본질을 분명하게 아는(pajānāti) 방법을 포함하는데[505] 무엇보다 이 방법은 우뻬카를 계발하는 요인으로 작용한다. 예를 들어 인간을 구성하는 여섯 가지 요소인 지地·수水·화火·풍風·공空·식識이 지닌 속성을 있는 그대로 보면 그러한 요소들로 향한 마음이 사라진다. 그러면 밝고 청정한 의식만이 남는다. 그러한 의식에 의해서 괴로운 느낌, 즐거운 느낌, 괴롭지도 즐겁지도 않은 느낌의 생성과 소멸을 '분명하게 알면' 청정하고 밝고 유연하고 빛나는 우뻬카가 발현된다.[506] 느낌의 생성과 소멸의 과정을 분명하게 알면 싸띠가 확립되고, 싸띠가 확립되면 우뻬카가

504 Amadeo Sole-Leris(1992), pp.120~121.

505 DN. Ⅱ. 290; MN. Ⅰ. 55; Ⅲ. 221.

506 MN. Ⅲ. 239~243.

생성되는 결과로 이어진다.

우 빤디따(U Pandita)는 싸띠를 유지해서 우뻬카를 계발할 수 있는 실천의 과정을 다음과 같이 설득력 있게 묘사한다. 만일 우뻬카를 계발하려면 끊임없이 매 순간을 분명하게 알아차려야(mindful) 한다. 매 순간을 분명하게 알아차리면 그 순간에 우뻬카는 확립되고, 또 확립된 우뻬카는 다음 순간의 우뻬카를 가져온다. 시작 단계에 있는 자에게 우뻬카는 좀처럼 쉽게 계발되지 않지만, 항상 부지런하게 그리고 지속적으로 알아차리면 우뻬카는 이따금씩 생긴다. 그러면 우뻬카가 생긴 잠시 동안은 마음이 균형을 이루다가 이내 균형을 잃기도 하면서 점차 강화되어 나가는 과정을 밟는다.[507]

싸띠의 유지는 우뻬카를 계발하는 동력으로 작용하고, 그리고 싸띠에 의해서 잘 계발된 우뻬카는 다시 싸띠를 지지하는 등 이들은 교차 성장한다. 실제로 이러한 교차 성장의 메커니즘은 현대 고엔카의 위빳싸나 수행 코스에 의해서도 확인된다. 이 코스는 느낌에 대한 무상성을 통찰하기 위해서 느낌에 대한 싸띠를 유지하는 일에 포커스를 맞춘다. 이러한 방법은 이른바 수념처受念處에 해당한다. 싸띠를 지니고 느낌을 관찰할 때 실수實修자는 느낌의 변화뿐만이 아니라 의식에 떠오르는 생각 등 그 어떤 것에도 반응하지 않고, 다만 우뻬카로 평정하게 관찰만 하도록 주문받는다. 이 과정에서 집중력은 점차 강해지면서 싸띠가 확립되면 느낌의 변화를 '분명하게 알게' 되고, 분명하게 알면 동요하지 않고 고요하다. 동요하지 않고 고요하면

---

507 U Pandita(1991), p.159.

싸띠는 더욱 확고해진다. 집중력이 강해지고 싸띠가 확립되는 수준과 비례해서 우뻬카도 점차 강화된다. 우뻬카가 강화되면 더욱 고요함을 유지하면서 느낌 등을 공평하게 관찰할 수 있다. 일차적으로 우뻬카는 싸마타의 선정에 의해서 효과적으로 계발되지만, 그와 함께 싸띠의 유지 및 확립을 위주로 한 위빳싸나 통찰의 과정을 통해서도 충분히 계발 활용될 수 있다.

2. 일상의 태도

우뻬카를 계발하고 증장시키려면 선정에 들거나 위빳싸나 수행에서 싸띠를 유지하고 확립하는 일 이외에 일상의 태도가 함께 병행되어야 좀 더 실질적인 효과를 기대할 수 있다. 다음의 다섯 가지는 마음먹기에 따라 실천 가능한 일상에서 취해야 할 신체적·정신적인 태도들이다. ① 중생에 대한 중립의(majjhattatā)[508] 태도, ② 쌍카라(saṅkhāra)에 대한 중립의 태도, ③ 중생과 쌍카라에 대해서 애착을 가지는 사람을 멀리함, ④ 중생과 쌍카라에 대해서 중립을 지키는 사람과 가까이 지냄, ⑤ 우뻬카에 마음 기울이기이다.[509]

---

508 '맛잔따따(majjhattatā)'는 후대 논서에서(Vibh. 259) 우뻬카와 동일하게 쓰이는 용어로 어느 쪽에도 편중되지 않고 한가운데 서 있는 상태를 나타낸다. 여기서는 우뻬카와 구분하기 위해서 '중립'으로 옮긴다.

509 Spk. Ⅲ. 164. 이것은 존재에 대한 초연한(detached) 태도, 사물에 대한 초연한 태도, 다른 존재에게 자기중심적인 태도를 가진 사람을 멀리하기, 사물에게 집착하는 태도를 보이는 사람을 멀리하기, 우뻬카로 마음을 기울이는 것이다〔U Sīlānanda(2002), p.134〕.

'중생에 대한 중립의 태도'는 편견에 의해서 존재를 차별하지 않고 공평하게 대하는 태도를 말한다. 그리고 쌍카라는 '일어남(uppādo, 生)'의 의미로 감관의 접촉으로 생긴 경험에 대하여 마음에 다양한 반응들이 일어나는 것이다. 따라서 '쌍카라에 대한 중립의 태도'는 그러한 경험들에 대해서 동요하지 않고 마음이 균형을 유지하는 상태를 의미한다. 특히 애착심이 강해서 늘 불안정한 사람은 우뻬카의 증장에 방해가 될 수 있기 때문에 되도록이면 멀리하고 대신, 정서적으로 안정된 사람은 도움이 되므로 그러한 사람과는 가능한 가까이 지내는 등 늘 잊지 않고 우뻬카에 마음을 향하고 기울이는 것이 중요하다.

그런데 이와 같은 실천적인 태도들은 주로 출가자에게 귀속되는 것으로 여겨지지만, 좀 더 정서적으로 안정된 삶을 지향하는 재가자들의 일상과도 연관 지어 생각해볼 수 있다. 핸슨(Rick Hanson)은 재가의 삶속에서 우뻬카를 계발시키기 위한 몇 가지 실용 방법들을 제안하고 있어서 눈길을 끈다. 첫째, 즐거움이나 고통 그 어느 쪽도 우리 자신이 될 수 없고, 경험은 항상하지 않으며, 모든 것은 원인에 의한 결과였다는 사실을 바르게 이해한다. 둘째, 갈망에서 오는 괴로움으로부터 벗어나기 위해 느낌을 알아차리고 느낌에 반응하지 않는다. 셋째, 의식이 한쪽으로 치우치지 않도록 안정된 상태를 유지하려고 노력한다. 넷째, 마음에 오고가는 여러 가지 경험들은 마치 광활한 하늘에 별똥별이 떨어지듯이 다만 나타났다 사라지는 것일 뿐이라고 생각한다. 다섯째, 맹목적으로 느낌을 따라서 행동하지 않는다.[510]

그런가 하면 구나라타나(Henepola Gunaratana)는 우뻬카를 닦고 계발시키기 위해서 자신과 다른 사람의 신체를 비교해 보는 것도 도움이 될 수 있다고 말한다. 즉 자신의 몸이 늙어가고 병들고 약해지는 것과 마찬가지로 다른 사람들의 몸도 그러하다는 것을 이해한다. 그러면 자신과 다른 사람이 서로 다르지 않고 같다고 보는 통찰력이 생기는데, 이러한 통찰력은 우뻬카를 계발시키는 데 도움을 주어 다른 생명 있는 존재에게 자애와 연민의 마음으로 대할 수 있다.[511]

사실 이러한 일상의 방법들은 누구나 관심만 가진다면 꾸준한 연습과 단련을 통해서 계발할 수 있는 것들이다. 우뻬카에 대한 꾸준한 관심은 우뻬카를 계발시키는 가장 최선의 노력이다. 몸과 마음에서 일어나는 현상을 늘 알아차리도록 노력하고, 경험들이 항상하지 않고 조건적이라는 사실에 대해서 바르게 숙지하며, 특히 느낌이 주는 경험들을 잘 관찰해서 느낌에 과도하게 반응하지 않도록 마음을 기울인다. 그러면서 존재에게는 자애와 연민, 기쁨, 우뻬카의 마음을 보내면서 지내되 그러한 자신의 선업에 대해서는 집착하지 않도록 주의한다. 감관을 통한 경험에 빠져들거나 탐닉하지 않도록 잘 살피면서 균형감을 유지하도록 힘쓴다. 또한 소유욕이 지나쳐서 사람과 사물에 과도한 흥미와 애착을 보이는 사람과 가까이하면 쉽게 동요할 수 있기 때문에 그러한 성향의 사람과는 되도록 거리를 유지한다.

우뻬카를 계발하고 유지하면 일상에서 도움이 될 수 있다. 우선 일어났다가 사라지는 현재하는 감각에 의해서 반복되는 불쾌한 감정들을 차단시킬 수 있다. 그리고 우뻬카에 마음을 기울이는 순간 그

---

510 Rick Hanson(2009), pp.114~117.

511 Henepola Gunaratana(2001), p.208.

마음은 청정하게 유지되기 때문에 더 이상 새로운 업이 생성되어 쌓이지 않는다. 뿐만 아니라 우빼카를 계발하기 위한 노력들 덕분에 꽤 오래전부터 무의식적인 차원에 잠재해 있던 것들, 이를테면 긴장, 스트레스, 콤플렉스, 트라우마 등이 의식적인 차원으로 떠오르더라도 거기에 새롭게 반응하지 않을 수 있다.[512] 반응하지 않으면 고요하고 안정된다. 현실적인 유용성과 많은 장점에도 불구하고 내면에 잠재된 과거의 부정적인 기억들을 손쉽게 해결한다고 여기서 섣부른 결론을 내릴 수는 없지만, 일정 수준 정도의 완화나 치유적인 차원의 효과는 기대해볼 수 있을 것이다.

우빼카의 계발과 유지는 전문적인 수행의 현장에서는 물론 일상에서도 지속적으로 이루어져야 한다. 늘 우빼카에 마음을 향하고 기울일 때 점진적인 향상을 통한 수행의 진전이나 보다 안정적인 방향으로의 삶의 향상을 가져올 수 있을 것이다.

---

512 Amadeo Sole-Leris(1992), p.151.

맺음말

이 글은 빠알리 문헌에 나타나는 우뻬카에 대한 이해를 도모하고자 하는 데 그 주요 목적이 있다. 그러한 목적을 위해서 초기불교 경전에 나타난 우뻬카를 토대로 이후 상좌부불교에서 전승되고 전개된 추이를 살펴본 후, 불교 수행에 있어서 우뻬카가 담당하는 기능과 역할을 중심으로 그 중요성 및 실제적인 효용성 등에 관하여 논의하였다. 그리고 그 결과 다음과 같은 내용들을 파악할 수 있었다.

첫째, 어원 및 사전적인 정의에 따라서 우뻬카는 우리말로 '무관심', '무관심하게 바라봄', '침착', '평온', '중립', '냉담함', '괴롭지도 않은 신체적인 느낌', '괴롭지도 즐겁지도 않은 정신적인 느낌', '공평함', '평정' 등으로 옮긴다. 그와 같은 우뻬카는 근현대의 문헌들에서 능숙함(skillfulness), 힘(force), 에너지(energy), 꿰뚫어봄(penetration), 이타주의(altruism) 등의 술어들로 이해하려는 시도들이 발견된다. 특히 '따뜨라맞잔따따(tatramajjhattatā)와 우뻬카를 동일시하고 이것을 영역하는 과정에서 'tatramajjhattatā'의 'tatra(거기에)'가 'specific'으로 변형되어 '특수한 중립(specific neutrality)으로 불리기도 한다. 우뻬카와 '따뜨라맞잗따따'와의 동일시, 그리고 그 밖에 우뻬카의 종류와 분류방식에 대한 논의는 후대 상좌부불교 문헌인 『위숟디막가(*Visuddhimagga*)』를 답습한 결과 때문이다. 이 문헌은 초기불교의 전통을 계승하고 있기는 하지만, 경우에 따라서 후대에 가미된 것으로 보이는 내용들도 편입되어 있기 때문에 우뻬카에 대한 이해가 이 문헌에만 의지한다면 개념적인 이해의 폭이 다소 좁아진다거나 일정 부분 오해의 소지마저 생길 수 있다.

둘째, 초기불교의 37보리분법에서 우뻬카는 칠각지의 구성요소로서 등장하지만 실제 싸마타의 선정과 위빳싸나의 통찰적인 지혜를 이끌어주고, 상좌부불교의 특색인 깜맏타나(kammaṭṭhāna) 수행에서는 다른 수행 주제들의 토대가 되는 등 초기 및 상좌부불교에서 비중있는 위치에 있기 때문에 주목할 만한 가치가 있다. 그런 한편으로 깜맏타나 수행에 편입된 우뻬카는 싸마타의 수행주제로서의 성격만이 두드려져서 지혜를 수반하는 관찰의 기능은 상대적으로 배제되어 있다.

셋째, 지금까지 우뻬카를 수식하는 우리말 표현들 중에는 '중립', '무관심', '무관심하게 바라봄', '냉담함', '신체적으로 무덤덤한 중립적인 느낌' 등이 포함된다거나 우뻬카에 대한 단편적인 부분들 위주로 알려져 왔다. 하지만 초기경전에 나타난 용례를 검토해 보면 이와 같은 술어들은 우뻬카와는 다소 거리가 있는 것으로 판명되었고, 지금까지 알려진 것보다 한층 다채로운 종류의 우뻬카들이 발견된다.

그리고 모든 우뻬카들은 완전한 정正균형을 갖춘 것으로 간주하여 왔지만, 출가와 재가에 적용되는 우뻬카는 완연히 구분되기도 하고, 또 종류에 따라 질적 수준에 있어서도 정도 차이를 보인다.

넷째, 아비담마 논서인 『위방가(*Vibhaṅga*)』에는 '중간의(majjhattatā)'가 우뻬카를 수식하고 있는데, 이 술어는 본래 아비담마에서 이처럼 주로 단독의 형태로 쓰였던 것이다. 하지만 『위쑫디막가』에 와서 여기에 '따뜨라(tatra)'가 가미되었고, 그 결과 현재의 '따뜨라맛잔따따(tatramajjhattatā)'의 형태로 전개되어 '완전한 중립성'을 의미하기 이르렀다. 이 술어는 초기경전에서 그 유례를 찾아보기 어렵고 『위쑫디막가』 고유의 표현방식으로 정착된 것인데, 현재 이 문헌 이후의 대부분의 빠알리어 관련 자료들은 우뻬카와 '따뜨라맛잔따따'를 동의어로 표기한다. '따뜨라맛잔따따'와 우뻬카의 동일시가 불합리한 이유는 모든 우뻬카가 정균형을 갖춘 상태는 아니라고 판단되기 때문이다.

다섯째, 초기경전을 토대로 『위쑫디막가』에 나타난 우뻬카의 종류와 그 분류방식을 검토해 보면 초기경전에 존재했던 우뻬카가 이 문헌에 와서 사라진다거나 일부는 다소간의 변형을 겪기도 하고 심지어 새롭게 형성되기도 하는 등 그 추이가 발견되었으며, 기능과 특성면에서도 유사점과 함께 차이점이 발견된다. 우뻬카는 『위쑫디막가』의 설명대로 모두 동일하지만 맥락에 따라서 표현방식이 달라지는 경우도 있고, 애초에 다른 개성을 소유하는 경우도 있으며, 또 그에 따라 질적인 수준에서는 차등을 보이기도 한다.

여섯째, 『위쑫디막가』가 지닌 문제점을 해소하기 위해서 이 문헌과 차별되는 대안적인 차선책으로서 기능과 특성을 중심으로 한 새로운 분류방식을 제안하였다. 이러한 시도에 의해서 우뻬카가 지닌 다원적인 측면에 대한 강조는 가능하지만 그것이 절대적인 기준이 될 수는 없다. 각각의 우뻬카들은 보통 둘 이상의 기능적인 특성을 지니고 있기 때문에 관찰자의 시점에 따라서 몇 가지 다양한 분류방식을 도출할 수 있다는 탄력적인 유연성 또한 유념해 두어야 한다.

일곱째, 우뻬카는 다른 선정의 요소들과 일종의 힘겨루기를 하면서 선정이 점차 안정적이 되도록 하는데, 네 번째 선정에서 가장 확고해진 우뻬카는 이 선정이 최적의 위빳싸나를 위한 토대가 되도록 실질적인 선정의 요소로서의 역할을 담당한다. 또 선정이 진행되는 과정에서 우뻬카는 싸띠를, 그리고 싸띠는 우뻬카를 지지하면서 동반되는 특성이 있기 때문에 우뻬카는 싸띠 못지않은 중요한 수행적인 비중을 차지한다는 사실을 알 수 있다.

여덟째, 『위숟디막가』에서 우뻬카는 색계 선정에서 주로 나타나는 것으로 알려져 있지만, 실제 초기경전에 따르면 색계 선정에 이어 무색계 선정에서도 지속적으로 발현된다. 심해탈에 대한(사범주의) 우뻬카와 같은 경우는 주로 윤리적인 덕목으로서 알려져 왔지만, 그 밖에 칠각지 수행과 더불어 무소유처에 이를 수 있을 정도로 높은 선정의 집중력을 발휘하며 번뇌를 소멸하는 기능을 갖추고 있다. 그리고 상수멸想受滅은 성취에 머물러 있을 동안 우뻬카와 함께 싸띠마저 사라지기 때문에 '지금 여기에서 분명한 알아차림'이라는 선정이 갖추어야 할 기본 전제 조건을 충족하지 못한다고 간주하였다. 따라서 상수멸을 성취하는 납득할 만한 동기가 아직 충분하게 밝혀지지 않은 이상, 선정 수행의 구차제주에서 최정점에 위치한 상수멸의 수행론적 위상이 지닌 의의에 대한 재검토가 요청된다.

아홉째, 우뻬카는 선정에서 동요하지 않는 고요함을, 위빳싸나를 진행할 때는 균형감을 바탕으로 한 공평한 관찰이 가능하게 한다. 그리고 붓다가 네 번째 선정에서 출정한 후 반열반에 든 이유는 다른 하위의 선정에서 보다 네 번째 선정에서 가장 강화된 우뻬카와 함께 싸띠에 의해서 반열반에 수반된 모든 괴로움을 지혜로써 분명하게 알고 우뻬카의 평정심을 유지할 수 있었기 때문일 가능성이 비교적 높다.

열 번째, 우뻬카바라밀은 다른 아홉 가지 바라밀과 함께 성인이 되려면 반드시 계발하고 닦아야 할 요소이자 붓다나 아라한과 같은 성인이 공통적으로 지닌 내적 자질이다. 특히 자애바라밀은 다른 바라밀을 닦을 때 함께 계발하도록 고안되어 있는데, 이때 과하거나 부족하면 정서적으로 동요할 수 있기 때문에 우뻬카는 자애바라밀이 균형과 조화를 이루게 한다. 우뻬카바라밀에 의해서 자애바라밀은 균형과 조화를 이루면서 완전해지기 때문에 우뻬카바라밀은 자애바라밀의 토대로서 작용한다. 따라서 다른 아홉 가지 바라밀은 우뻬카바라밀의 수습이 전제되지 않으면 현실적으로 실행 가능하지 않을 수 있다. 성인의 성취과정에서 대부분의 우뻬카들은 유용한 도구적인 능력을 갖추고 단독 또는 중복으로 활용되면서 족쇄를 제거하기 위한 전 과정에 함께할 수 있다.

열한 번째, 완전함을 이룬 아라한은 늘 우뻬카를 지니고 정신적인 균형감을 유지하기 때문에 쉽게 동요하는 일이 없다. 혼잡한 장소와는 거리를 둔 한적한 곳에서 고요하게 지내면서 불편한 신체적·정신적인 느낌들을 잘 참고 견뎌낸다. 그러면서도 존재에게는 편견이나 차별 없이 자애·연민·기쁨·우뻬카를 보내면서 지내는, 역설적이지만 텅 빈 충만함으로 가득 찬 존재이다. 우뻬카는 전문수행의 현장에서만이 아니라 현실적으로 활용할 수 있는 유용한 장점들을 갖추고 있기 때문에 계발의 필요성은 특히 강조된다. 우뻬카를 계발하기 위한 가장 효과적인 방법은 선정 수행이지만, 그 밖에 싸띠를 유지하고 확립하는 방법을 통해서도 가능하다. 싸띠의 유지 및 확립은 우뻬카를 계발하는 동력으로 작용하고 싸띠에 의해서 계발된 우뻬카는 다시 싸띠를 지지한다. 그리고 무엇보다 우선시해야 할 것은 일상에서도 늘 우뻬카에 대한 지속적인 관심과 노력을 기울여서 점진적인 향상을 가져오는 일이다.

우뻬카는 여러 수행적인 기법과 자질들 중에서 하나로 소개되지만 그 중요성에 비해서 지금까지 크게 주목받지 못했던 것이 사실이다. 우뻬카는 원만한 수행이 진행되기 위해서 반드시 필요한 요소들을 갖추고 있으며 완전함을 이룬 후에도 늘 유지해야 할 정도로 수행에 있어서 높은 비중을 차지한다.

우뻬카의 주요한 기능은 '균형감'을 바탕으로 한 '공평한 관찰'과 '고요한 평정'이다. 관찰이 지성적인 차원이라면, 평정은 정서적인 차원의 균형감이다. 사념이나 편견 등에 의해서 마음이 한쪽으로 쏠리는 현상을 막기 때문에 공평하게 법(현상)을 관찰할 수 있고, 동요를 막아 혼란스럽지 않기 때문에 고요한 평정심이 유지된다. 무엇보다 균형은 가장 주요한 특성으로 작용한다. 균형이 깨지면 동요하고 동요하면 공평함이나 고요함은 기대할 수 없게 된다.

빠알리 경전에 소개된 대부분의 우뻬카들은 싸마타의 선정과 위빳싸나의 통찰 수행 현장 모두에서 실제로 현현할 수 있는 것들이다. 선정 수행에서는 삼매의 집중력이 흩어지지 않도록 고요함을 유지하고, 위빳싸나 수행에서는 대상이 지닌 본질을 관찰한다. 만일 실수實修에 앞서 사전에 우뻬카의 기능적인 측면이나 그 특성 등을 미리 숙지한다면 도움이 될 수 있다. 가령 잡다한 일과 사람들로부터 일정한 거리를 유지하면서 지내는 원리성의 우뻬카를 이해한다면 집중을 방해하는 요인들과 간격을 유지하는 편이 유리하다는 사실을 깨닫고 차분하게 지낼 수 있다. 그리고 세간의 우뻬카나 재가자의 우뻬카와 같은 경우는 감각적인 욕망이 충족된 후 생기는 지성적이거나 정서적인 차원의 만족감이라서 쉽게 동요한다는 사실을 잘 알고 있기 때문에, 그러한 우뻬카가 자신의 내면에 떠오르더라도 그 안에 안주하지 않고 이를 다시 관찰의 대상으로 삼을 수 있다. 또한 악의나 분노 등의 감정에 휩싸여 마음이 오염되고 불안정할 때, 심해탈에 대한(사범주의) 우뻬카는 이러한 부정적인 감정을 효과적으로 다스리게 한다는 사실을 알기에 이를 계발하려고 노력을 기울일 수 있다. 한편 선정에 대한 우뻬카에 의해서 선정의 고요함이 유지되며, 위빳싸나 수행에서 현상(법)에 대한 관찰도 우뻬카에 의한 것이라는 사실을 미리 숙지한 후 그 중요성을 깨닫고 이를 계발하거나 유지하려고 힘쓸 것이다.

싸띠(sati)는 실천수행에 있어서 그 비중이 인정되면서 지금까지 세간의 적지 않은 주목을 받아왔지만, 그러한 싸띠도 우뻬카가 지원하지 않으면 온전히 자신의 역할을 다할 수 없다. 싸띠에는 우뻬카의 기능이, 또 우뻬카에는 싸띠의 기능이 없기 때문에 이들은 서로를 필요로 한다. 실제 이들은 실수에 있어서 동반되는 특성을 보이는 등 우뻬카와 싸띠는 동전의 양면처럼 불가분의 관계에 놓여 있다. 싸마타의 선정과 위빳싸나 수행 현장에서 싸띠는 늘 요구된다. 선정 수행에서는 수행주제에 집중적이면서 지속적으로 마음이 머물게 하고, 위빳싸나 수행에서는 현재하는 대상의 본질을 파악할 수 있게 한다. 그러한 과정에서 만일 우뻬카가 활동하지 않으면 쉽게 균형을 잃고 동요하기 때문에 밀착된 집중이나 효과적인 통찰은 기대하기 어려울 수 있다. 싸띠 단독으로는 수행이 완전하지 못하다. 우뻬카는 싸띠를 지원할 뿐만 아니라 수행의 전 과정에 동참하고 난 후 완전함을 이룬 상태에서도 지속적으로 유지되며, 심지어 오온이 멸滅하는 최후의 순간까지도 늘 함께해야 할 정도로 불교 수행에 있어서 매우 중요한 기능과 역할을 담당한다.

우뻬카의 계발과 유지는 비단 전문적인 수행의 현장에서만이 아니라 일상의 삶에서도 이루어질 수 있다. 싸띠는 우뻬카를 증장시키는 데 도움이 되므로 가능 한 싸띠를 유지하면서 지낸다. 감관에 의한 경험에 반사적으로 반응해서 빠져들지 않도록 살피면서 마음이 균형을 잃지 않도록 주의한다. 모든 경험들은 고정된 채로 있지 않고 조건에 의해서 생겼다가 사라지는 덧없는 것이라는 사실을 늘 잊지 않고 기억하면 경험을 평정하게 바라보는데 도움이 된다. 지나치게 탐착심이 강한 사람은 쉽게 동요를 불러올 수 있기 때문에 그러한 성향의 사람과는 거리를 유지하는 등 무엇보다 중단되지 않는 꾸준한 관심은 우뻬카를 계발시키기 위한 최선의 노력이다.

우뻬카를 계발하고 유지하면 현재하는 부정적인 감정들이 더 이상 증폭되지 않고 차단된다. 때론 부정적인 감정들이 홀연히 의식의 차원으로 떠오르더라도 거기에 민감하게 반응하지 않을 수 있다. 또 잡다한 세속의 일이나 사람들에게 지나칠 정도로 관여하여 부질없이 시시비비를 따지는 일 없이 초연하게 지낼 수 있다. 설령 그러한 일에 관여할 수밖에 없다 하더라도 지나치게 들뜨거나, 반대로 너무 침체되지 않고 균형 잡힌 시각을 견지할 수 있기에 편견이나 감정에 휩싸이지 않고 비교적 원숙한 판단을 내릴 수도 있다. 말하자면 일종의 능숙한 정신적인 힘으로 무장하는 것이다.

우뻬카는 비단 수행의 현장에서만이 아니라, 일상의 삶에서 취하면 유익할 수 있는 정신적인 자질을 갖추고 있기 때문에 그것의 계발과 유지의 필요성은 아무리 강조해도 지나치지 않는다. 무엇보다 자신의 노력 여하에 따라 충분히 계발 증장시켜서 활용할 수 있는 장점을 지니고 있다. 따라서 출가자가 추구하는 정화의 도정에서, 그리고 좀 더 안정과 여유로움을 원하는 재가의 삶에서 활용할 수 있는 유용성을 갖추고 있기 때문에 출가나 재가를 막론하고 모두에게 필요한 신체적인 태도나 정신적인 자질로서 새로이 자리매김할 수 있을 것이다.

참고문헌

텍스트

약어는 A Critical Palī Dictionary를 기준으로 함

AN: *Aṅguttara-nikāya*

1vols. ed. by A.K.Warder, B.A., PTS, London, 1961.

2vols. ed. by Rev. Richard Morris, M.A., PTS, London, 1976.

3vols. ed. by E. Hardy, PTS, London, 1976.

4vols. ed. by E. Hardy, PTS, London, 1958.

5vols. ed. by Prof. E. Hardy, PTS, London, 1958.

Abhidh-s: *Abhidhammatthasaṅgaha*, ed by Hammalawa Saddhātissa, PTS, 1989.

Bhikkhu Ñaṇamoli(1976), *The Path of Purification*, vol. one, Shambhala Publications INC.

________________(1982), *The path of Discrimination*, PTS, London.

Bhikkhu Bodhi(1995), *The Middle Length Discourses of the Buddha*, Buddhist Publication Society, Kandy, Sri Lanka.

____________(2010), *Comprehensive Manual of Abhidhamma-Abhidhammatha Sangaha*, BPE.

Carokine A. F. Rhys Davids(1974), *Psychological Ethics-Dhammasaṅgani*, PTS, London.

DN: *Dīgha-nikāya*

1vols. ed. by Rhys Davids & J. Estlin Carpenter, M.A., PTS, London, 1975.

2vols. ed. by T. W Rhys Davids & Estlin Carpenter, M.A., PTS, London, 1966.

3vols. ed. by J. Estlin Carpenter, PTS, London, 1976.

Dhp: *Dhammapada*, ed. by O. von Hinuber & K.R. Norman, PTS, Oxford, 1995.

Dhp-a: *The Commentary on the Dhammapada*, ed by H. C. Norman, PTS, London, 1970.

Dhs: *Dhammasangaṇi*, ed. by Edward Muller, PH.D., PTS, London, 1978.

Dhs-a: *The Atthasālinī*, ed. by Edward Muller, PH.D., PTS, London, 1979.

E. M. Hare(1973), *The book of the Gradual Sayings*, PTS, London.

It.: *Iti-vuttaka*, ed. by Ernst Windisch, PTS, London, 1975.

Kv: *Kathāvatthu*, ed. by Arnold C. Taylor, B.A., PTS, London, 1979.

Kv-a: *Kathāvatthuppakaraṇa-Aṭṭhakathā*, PTS, London, 1979.

MN: *Majjhima-nikāya*

1vols. ed. by V. Trenckner, PTS, London, 1979.

2vols. ed. by Robert Chalmers, PTS., London, 1977.

3vols. ed. by Robert Chalmers, PTS., London, 1977.

Mp: *Aṅguttara Nikāya Aṭṭhakathā* (*Manoratha-pūraṇī*), ed. by Hermann Kopp, PTS, London, 1979.

Nett: *Netti-Pakaraṇa*, ed. by E. Hardy, PTS, London, 1902.

Nd I: *Maha-Niddesa*, ed. by Vallee Poussin & Thomas, PTS, London, 1978.

Pp: *Puggalapaññatti*, ed. by Richard Morris, M.A., LLD., PTS, London, 1972.

Pp-a: *Puggala-Paññatti Aṭṭhakathā*, ed. by Georg Landsberg & Rhys Davids, PTS, London, 1972.

Ps: *Majihima-Nikāya Aṭṭhakathā(papañcasūdanī)*, ed. by I. B. Horner, PTS, 1977.

Pj II: *paramatthajotikā, Sutta-nipāta attakathā*, ed. by Helmer Smith, PTS, London, 1966.

Paṭis: *Paṭisambhidāmagga*, ed. by Arnold C. Taylor, M.A., PTS, London, 1979.

Paṭis-a: Saddhamma-Pakāsinī, ed. by C. V. Joshi, M.A., PTS, London, 1979.

SN: *Saṃyutta-nikāya*

1vols. ed. by M. Leon Feer, PTS, London, 1991.

2vols. ed. by M. Leon Feer, PTS, London, 1989.
3vols. ed. by M. Leon Feer, PTS, London, 1975.
4vols. ed. by M. Leon Feer, PTS, London, 1990.
5vols. ed. by M. Leon Feer, PTS, London, 1976.

Spk: *Saṃyutta-nikāya attakathā* (*Sārattha-Ppakāsinī*), vol. Ⅲ, ed. by F. L. Woodward, PTS, London, 1977.

Sn: *Sutta Nipāta*, ed. by D. Anderson and H. Smith., PTS, London, 1984.

Sv: *Dīgha-nikāya Aṭṭhakathā* (*Sumaṅgala--vilāsinī*), ed. by W. Stede, Ph.D., PTS, London, 1971.

Th and Thī: *Thera and Therī-Gāthā*, ed. by Hermann Oldenberg & Richard Pischel, PTS, London, 1966.

T: 『大正新修大藏經』

Vism: *The Visuddhimagga of Buddhaghosa*, ed. by C. A. F. Rhys Davids, D. Litt., M. A., PTS, London, 1975.

Vibh: *Vibhaṅga*, ed. by C.A.F. Rhys Davids, PTS, London, 1978.

Vin: *Vinaya Piṭaka*, ed. by H. Oldenberg, PTS, London, 1997.

대림스님 역(2005), 『청정도론』 1, 2, 3, 초기불전연구원.

__________(2007), 『앙굳따라니까야』, 초기불전연구원.

__________(2012), 『맛지마니까야』, 초기불전연구원.

전재성 역주(2006), 『상윳따니까야』 1, 한국빠알리성전협회.

__________(2007), 『앙굳따라니까야』 1, 2, 4, 한국빠알리성전협회.

__________(2009), 『맛지마니까야』, 한국빠알리성전협회.

__________(2011), 『디가니까야』, 한국빠알리성전협회.

__________(2012), 『이띠븟따까-여시어경』, 한국빠알리성전협회.

__________(2013), 『숫따니빠따』, 한국빠알리성전협회.

__________(2014), 『마하박가: 율장대품』, 한국빠알리성전협회.

외국도서와 논문

Amadeo Sole-Leris(1992), *Tranquillity & Insight*, Buddhist Publication Society, Sri Lanka.

Anālayo(2012), *Satipaṭṭāna*, Windhorse Publications.

Asanga Tilakarane(1993), *Nirvana and Ineffability*, The Postgraduate Institute of Pali and Buddhist Studies, University of Kelaniya, Sri Lanka.

Alexander Wynne(2007), *The Origin of Meditation*, Routledge, London & New York.

Andersen, Dines and Helmer, Smith(1924~1948), *A Critical Pali Dictionary*, The Royal Danish Academy Pub., vol.2.

Bhikkhu Bodhi(2005), *In the Buddha's Words*, Wisdom Publications, Boston.

____________(2010), *A Comprehensive Manual of Abhidhamma*, BPE.

Bhikkhu Ñāṇamoli(1976), *The path of Purification*, Shambhala.

_______________(1982), *The Path of Discrimination*, PTS, London.

David J. Kalupahana(1976), *Buddhist Philosophy*, The University Press of Hawaii Honolulu.

_______________(1992), *A History of Buddhist Philosophy*, University of Hawaii Press.

Dipak Kumar Barua(2003), *An Analytical Study of Four Nikāyas*, Munshiram Manoharlal Publishers Pvt. Ltd.

Gyana Ratna Thera(2001), *The Way of Practicing Meditatio in Theravāda Buddhism*, Sankibo Busshorin Publishing Co., Ltd. Tokyo.

G. M. Nagao(1991), Mādhyamika and Yogācāra, State University of New York Press.

Henepola Gunaratana(1988), *The Jhānas in Theravāda Buddhist Meditation*, BPS, Sri Lanka.

_________________(2001), *Eight Mindful Steps to Happiness*, Wisdom Publications, Boston.

_________________(2009), *The Path of Serenity and Insight*, Motilal Banarsidass Pub. Private Limited, Delhi.

Hajime Makamura(1980), *Indian Buddhism: a survey with bibliographical notes*, Kufs Publication, Japan.

Johannes Bronkhorst(1986), *The Two Traditions of Meditation in Ancient India*, Motilal Banarsidass.

Joseph Goldstein(2003), Insight Meditation, Shambhala Boston & London.

Jonathan Crowther(1995), *OXford Advanced Learner's Dictionary*, Oxford University Press.

Jun Young, Jeong(2002), *A textual study of material relating to Vipassanā meditation as found in Pāli Buddhist scriptures*, Ph.D, Thesis, Postgraduate Institute of Pāli and Buddhist Studies, University of Kelaniya.

K. N. Jayatilieke(1963), *Early Buddhist Theory of Knowledge*, M. B. Publishers Private Limited, Delhi.

King Winston(1980), *Theravada Meditation: The Buddhist Transformation of Yoga*, Pennsylvania State University Press.

Monier Monier-Williams(2002), *A Sanskrit-English Dictionary*, Motilal Banarsidass Publishers Private Limited, Delhi.

Nārada Mahā Thera(1980), *A Manual of Abhidhamma-Abhidhammattha Sangaha*, BPS, Sri Lanka.

Paṭ hamakyaw Ashin Thiṭṭila(1969), *The Book of Analysis-Vibhaṅga*, PTS, London.

Paul Tice(2000), *Buddhist Ethics*, The Book Tree Glendale, California.

Peter Harver(1990), *An Intorduction to Buddhism: Teachings, History and Practices*, Cambridge University Press.

Paul J. Griffiths(1987), *On Being Mindless*, Open Court La Salle, Illinois.

Pa-auk Tawya Sayadaw(2003), *Knowing and Seeing*, Wave Publications.

R. M. L. Gethin(1992), *The Buddhist Path to Awakening*, Leiden New York Koln.

______________(1998), *The Foundations of Buddhism*, Oxford University Press.

Richard F. Gombrich(1988), *Theravāda Buddhism*, Routledge & Kegan Paul, London and New York.

________________(1994), *How Buddhism Began*, Jordan Lectures.

________________(2005), "Fifty Years of Buddhist Studies". Buddhist Studies Revies, vol.22, no.2, pp.141~154.

Rick Hanson(2009), *Buddha's Brain*, New Harbinger Publications, Inc. Oakland.

Rune Johansson(1969), *The Psychology of Nirvana*, George Allen and Unwin Ltd.

Steven Collins(1998), *Nirvana and Other Buddhist Felicities*, Cambridge University Press.

Shwe Zan Aung, B.A.(1979), *Compendium Philosophy*, Abhidhammattha-Sangaha, PTS, London.

Stephen Snyder & Tina Rasmussen(2009), *Practicing the Jhānas*, Shambhal Boston & London.

Tilmann Vetter(1988), *The Ideas and Meditative Practices of Early Buddhism*, Leiden, New York.

Tse- fu Kuan(2008), *Mindfulness in Early Buddhism*, Routledge, London, and New York.

T. W. Rhys Davis & William Stede(1986), *The Pali Text Society's Pali-English Dictionary*, PTS, London.

Thomas E. J.(1927), *The Life of Buddha as Legend and History*, London.

Toshichi Endo(1997), *Buddha in Theravada Buddhism*, Buddhist Cultural Centre.

U Pandita(1991), *In this very Life*, Wisdom Publications, Boston.

U Sīlānanda(2002), *The Four Foundations of Mindfulness*, Wisom Publications.

Ven. Nyanatiloka(2004), *Buddhist Dictionary*, BPS, Sri Lanka.

Ven. B. Seelawimala(1996), "Kamma and the development of Upekkhā", Middle Way, vol.71, no.2, Buddhist Society, pp.115~122.

Walpola Rahula(1959), *What the Buddha Taught*, Grove Press, New York.

______________(1982), "One Vehicle for Peace" Baudha Marga Organ of the

World Fellowship of Buddhist Sri Lanka Regional Center, Vesak Annual, vol.Ⅴ. Colombo.

W.G. Weeraratne(2003), Encyclopedia of Buddhism, The Department of Buddhist Affairs, Ministry of Buddhasasana.

『南傳大藏經』, 62, 高楠順次郎 監修, 大藏出版株式會社, 昭和12年.

田中教照(平成5年), 『初期佛教の修行道論』, 山喜房佛書林.

柏原信行(1999), 「捨について」, 『印度學佛教學研究』, 第47, 卷第2号, pp.846~842.

水野弘元(1978), 『佛教の心識論』, 東京;ピタカ.

________(2005), 『パ-り語辭典』, 春秋社.

三技充悳(1978), 『初期佛教の思想』, 東洋哲學研究所.

早島鏡正(1994), 『初期佛教のさとり』, 世界聖典刊行協會.

한국도서와 논문

각묵스님(2010), 『초기불교 이해』, 초기불전연구원.

김준호(2000), 「初期佛典에 나타난 止觀概念」, 『한국선학』, vol.1, 한국선학회.

권탄준 외(2010), 『불교경전은 어떻게 전해졌을까』, 불광출판사.

권오민(2007), 『아비달마구사론阿毘達磨俱舍論』, 동국역경원.

김철환(1999), 『漢子辭典』, 민중서림.

대림·각묵스님 공역(2009), 『아비담마 길라잡이』 상, 초기불전연구원.

마성(2002), 「상좌불교와 대승불교의 실천적 특성 비교」, 『석림』, vol.36, 동국대학교 석림회.

박경준(1992), 「원시불교의 사회, 경제사상」, 동국대학교대학원, 박사학위논문.

백도수(2009), 『법의 분석 1』, 해조음.

水野弘元, 김형준 역(2001), 『팔리어 문법』, 연기사.

에띠엔 라모뜨, 호진 역(2008), 『인도불교사』, 시공사.

안양규(2009), 『붓다의 입멸에 관한 연구』, 민족사.

______(2013), 「인도불교사 및 남방불교사 연구의 역사와 현황」, 『한국불교학』, 68권, 한국불교학회.

임승택(2000), 「빠띠쌈비다막가(*Paṭisaṁbhidāmagga*)의 연구」, 『보조사상』, 보조사상연구원, 14집.

_____(2001), 「초기불교의 경전에 나타난 싸마타빠싸나」, 『인도철학』, 인도철학회.

임승택 역주(2001), 『빠띠삼비다막가역주』, 가산불교문화연구원.

임승택(2002), 「선정의 문제에 관한 고찰」, 『불교학연구』, vol.5, 불교학연구회.

이필원(2009), 「*Suttanipāta*에 나타난 번뇌론과 수행론 고찰」, 『선문화연구』, vol.6, 한국불교선리연구원.

이자랑(2003), 「사만따빠사디까」의 서문과 빨리 연대기에서의 제3결집(1), 불교원전연구, 제5호, 동국대학교불교문화연구원.

이영진(2005), 「초기경전에 나타난 상수멸의 불일치와 모순」, 『인도철학』, 19집, 인도철학회.

와타나베 후미마로, 김한상 역(2014), 『니까야와 아비담마의 철학과 그 전개』, 동국대학교출판부.

櫻部建·上山春平, 정호영 역(1994), 『아비달마의 철학』, 민족사.

우마 차크라바르티, 박제선 역, 원의범 감수, 『고대 인도사회와 초기불교』, 민족사.

J. W. 드 용, 강종원 역(2004), 『현대불교학 연구사 - 문헌학을 중심으로 - 』, 동국대학교출판부.

早島鏡正·高崎直道(1993), 『인도사상의 역사』, 민족사.

조성택(2009), 「초기불교사 재구성에 관한 검토」, 『불교학연구』, 제23호, 불교학연구회.

정준영(2004), 「상수멸정의 성취에 관한 일고찰」, 『불교학연구』, 9집, 불교학연구회.

_____(2009), 「테라와다 불교의 발생과 흐름」, 『한국불교학』, 제27집, 한국불교학회.

조준호(2000), 「초기불교에 있어 止·觀의 문제」, 『한국선학』, vol.1, 한국선학회.

전재성(2005), 『빠알리한글사전』, 한국빠알리성전협회.

_____(2012), 『빠알리어사전』, 한국빠알리성전협회.

전관응 감수(2006), 『佛敎學大辭典』, 홍법원.

정운길(2003), 『국어사전』, 국어국문학회, 민중서관.

테오도르 체르바츠키·권오민 역(1986), 『小乘佛教概論』, 경서원.

틸만 페터, 김성철역(2009), 『초기불교의 이념과 명상』, 씨·아이·알.

폴 윌리엄스·앤서니 트라이브, 안성두 역(2011), 『인도불교사상』, 씨·아이·알.

파욱 또야 사야도, 정명스님 옮김(2009), 『업과 윤회의 법칙』, 향지.

헤네폴라 구나라타나(2005), 「입출식념과 위빳싸나수행의 일반적 관계」, 근본불교 국제학술대회 자료집, 홍원사.

황순일(2005), 「멸진정과 두 가지 열반 이론」, 『불교학연구』, 11호, 불교학연구회.

______(2013), 「제3결집과 남방 테라와다(*Theravada*) 불교」, 『불교학보』, vol.65, 불교문화연구원.

후지타 코오타츠 외, 권오민 역(1992), 『초기·부파불교의 역사』, 민족사.

히라카와 아키라, 이호근 역(2004), 『인도 불교의 역사』, 민족사.

찾아보기

【ㄱ】

감각적 욕망 269

게틴(R. M. L. Gethin) 23, 117, 146

결집 34

경장經藏 34, 41

계금취戒禁取 268

고엔카 295

고요한 평정 21

골드스타인(J. Goldstein) 27

곰브리치(R. Gombrich) 42

공평 21

공평한 관찰 21, 155

관찰 101, 102, 240

교량적인 역할 231

구나라타나(H. Gunaratana) 146, 187, 297

9분교分教 40

구차제주九次第住 204

균형 21, 117

그리피스(Paul J. Griffiths) 222, 226

기쁨(muditā, 喜) 100

까니슈까(Kaniṣhuka) 왕 41

『까타왇투』 125

깔라아쏘까(Kālāsoka) 왕 36

깔루빠하나(David J. Kalupahana) 223

깜맏타나(kammaṭṭhāna) 80

【ㄴ】

냐나몰리(Bhikkhu Ñāṇamoli) 77

네 번째 선정 92, 172, 176, 182, 253

네 번째 선정(upekkhāsatipārisuddhi, 捨念清淨)의 우뻬카 97

『넫띱빠까라나』 72

논모(mātikā, 論母) 71, 86

논장 65

느낌(vedanā, 受)의 우뻬카 89, 92, 141

닙빠나(nibbāna, sk. nirvāṇa) 281

【ㄷ】

다섯 가지 장애(nivaraṇa, 障碍) 200

다양성과 다양성에 의지한 우뻬카 105

단일성과 단일성에 의지한 우뻬카 109

『담마빠다』 67

담마빨라(Dhammapāla) 65, 78, 225

『담마상가니』 123

동요 21

두 번째 선정 172, 173

들뜸 275

『디가니까야』 47
『디빠왐싸』 35
따뜨라맞잔따따(tatramajjhattatā) 24, 119, 126, 128, 135, 137, 156
따뜨라맞잔따따우뻬카(tatramajjhatta-tāupekkhā) 126

【ㄹ】
로우(B. C. Law) 43
루빠라가(rūparāga) 272
리스 데이비스(Rhys Davids) 43

【ㅁ】
마하깟싸빠(Mahākassapa) 61
「마하빠리닙빠나숫따」 252
『마하왐싸』 35
『맛지마니까야』 34, 48, 94
무명 276, 277
무색계 선정 108, 109
무색계에 대한 탐욕 274
무색정 191, 193, 201
무여열반 213, 214, 222

【ㅂ】
바라밀 259
바브라(Bhābhra) 칙령 43
바왕가(bhavaṅga) 252
박꿀라(Bakkula) 218
반열반 218, 251, 253
법념처法念處 264
베터(Tilmann Vetter) 202
보디쌋따(Bodhisatta, 보살) 259
보리분법 54
본 힌위버(Oskar von Hinüber) 71
부파분열 34
분별설부(Vibhajyavādins) 61
붓다고사(B. Buddhaghosa) 65, 74, 77, 131, 225
비동일성(atammayatā) 109
비심해탈非心解脫 201
빠띠목카(Pāṭimokkha, 戒本) 34, 45, 53
『빠띠쌈비다막가』 69, 150
빠리닙빠나(parinibbāna) 251
빠리와라(Parivāra, 附隨) 53
뽀딸리야(Potaliya) 113
『뿍갈라빵냗띠』 125
쁘라끄리뜨(Prākrit) 비명碑銘 43

【ㅅ】
사념처四念處 55, 103, 204, 239
사념청정捨念淸淨 177
사무량심 99
사범주(cattāro brahma-vihārā, 四梵住) 99, 101, 197, 198
사부 니까야 47
40업처業處 80, 84
사여의족四如意足 55

사정근四正勤 55
삼명통三明通 186
37보리분법菩提分法 59
삼장(Ti-Piṭaka, 三藏) 37
삼행三行 182
상수멸 204, 208, 223
상좌부上座部 84
상좌부불교 36, 61
색계에 대한 탐욕 272
선법(kusala-dhamma, 善法) 123
선정 170
선지(jhānaṅga, 禪支) 169, 171, 228
선한 것에 의지한 우뻬카 94, 96
성냄(dosa) 271
세 번째 선정 133, 148, 172, 175
세 번째 선정의 우뻬카 97
세간의 우뻬카 111
소부小部 45
수관隨觀 239
수념처受念處 92
식(viññāṇa, 識)의 소멸 220, 221
신체적인 느낌(kāyikā vedanā) 89
심해탈(cetovimutti, 心解脫) 26, 98
심해탈에 대한 우뻬카 98, 100, 197
10부정(asubha, 不淨) 81
10수념(anusati, 隨念) 82
12분교 40
싸띠(sati) 98, 103, 178, 187, 188, 231
싸띠-쌈빠잔나 175, 176
싸띠의 확립 240
싸마타(Samatha) 169
싼띠(santi) 283
쌈요자나(saṁyojana) 263
『쌍윳따니까야』 34, 49
쌍카라 183, 247
쌍카라 우뻬카 150
쌍카라우뻬카-냐나 247
쏠레레리스(Amadeo Sole-Leris) 26
『쑤망갈라윌라씨니』 252
쑫따위방가(Suttavibhaṅga, 經分別) 53

【ㅇ】
아날라요(Anālayo) 27, 188
아누룯다(Anuruddhā) 65, 79, 254
「아누빠다쑫따」 196
아라한 205, 280, 288
아비담마 74
『아비담맏타쌍가하』 79, 127
아쏘까(Asoka) 왕 35, 43, 61
『아함경阿含經』 35
악끼웻싸나(Aggivessana) 285
악의 271
『앋타쌀리니』 123
『앙굳따라니까야』 49
업처業處 80
여리작의如理作意 267
연민(karuṇā, 悲) 100
열반 103, 212, 281

오근五根 55
오력五力 55
오부五部 니까야 40, 66
와글(N. N. Wagle) 44
와더(A. K. Warder) 43
우 빤디따 250, 295
우 실라난다(U Sīlānanda) 26
『우다나』 68
우뻬카바라밀(Pārami) 259, 262
우뽀싸타(uposatha, 布薩) 34
원리성遠離性의 우뻬카 113, 125
월폴라 라훌라(Walpola Rahula) 28, 61
웨다나(vedanā) 141
위나야(Vinaya, 律) 34
위딱까(vitakka, 尋) 173, 174, 182
『위방가』 76, 124
위빳싸나 170, 229
『위쑫디막가』 24, 77, 84, 125, 131, 141
위짜라(vicāra, 詞) 173, 174, 182
윈터닡쯔(M. Winternitz) 43
유신견(sakkāyadiṭṭhi) 265
유여열반 214
육근六根의 우뻬카 92, 93
율장 34, 41, 52
『이띠욷따까』 68, 91, 214

【ㅈ】

『자따까』 69
자만(māna, 自慢) 274
자심해탈慈心解脫 201
자애(mettā, 慈) 100
재가 생활에 의지한 우뻬카 105
정신적인 느낌(cetasikā vedanā) 89
정정진正精進 153
정중正中 124
정진의 우뻬카 152, 154
정혜겸수定慧兼修 230
족쇄 263
중도中道 23, 30
지관쌍수止觀雙修 230
『짜리야삐따까』 260

【ㅊ】

첫 번째 선정 172
『청정도론淸淨道論』 31, 131
초기불교 33, 39
출가 생활에 의지한 우뻬카 105
출세간보다 더 높은 출세간의 우뻬카 111
출세간의 우뻬카 111
칠각지七覺支 55, 102
칠론七論 37, 71, 74
칠청정七淸淨 131

【ㅋ】

칸다까(Khandhaka, 健度) 53

케마(khema) 283

쿠안(Tse-fu Kuan) 28

『쿤다까니까야』 46, 51, 66

【ㅌ】

테라와다(Theravāda) 60, 61

『테리가타』 283

【ㅍ】

파욱 또야 사야도 152

팔정도八正道 55

평정平靜 21, 92, 94, 101, 102, 107, 111, 116

평정각지 우뻬카 26, 102, 103, 104, 244

【ㅎ】

하디(E. Hardy) 71

핸슨(Rick Hanson) 297

화지부(Mahīśāsaka) 61

회의적 의심 267

희론(papañca, 戲論) 54, 183

희심해탈喜心解脫 201

박재은

1966년 서울 생.
숭실대학교를 졸업하고, 동국대학교대학원 불교학과에서 석사, 서울불교대학원대학교 불교학과에서 박사학위를 취득하였다.
현재 서울불교대학원대학교에서 강의하면서, 비움가득연구소 소장으로 재직하고 있다.
주요 논문으로 「팔리문헌에 나타나는 우뻬카의 역할과 구분에 대한 연구」, 「사선정수행에서 우뻬카의 역할과 의의」, 「초기불교 공개념의 수행적 성격」 등이 있다.

E-mail : jaeeun8@daum.net

균형의 마음, 우뻬카

초판 1쇄 인쇄 2018년 11월 21일 | **초판 1쇄 발행** 2018년 11월 30일
지은이 박재은 | **펴낸이** 김시열
펴낸곳 도서출판 운주사
(02832) 서울시 성북구 동소문로 67-1 성심빌딩 3층
전화 (02) 926-8361 | **팩스** 0505-115-8361
ISBN 978-89-5746-536-3 93220 값 18,000원
http://cafe.daum.net/unjubooks 〈다음카페: 도서출판 운주사〉